高等职业教育汽车类专业创新教材

汽车钣金喷涂技术
（彩色版配任务工单）

组　编	烟台瑞达汽车科技有限公司
主　编	纪建平　付贺阳　宋元利
副主编	汤少岩　高连江　李　伟　于晓亮
参　编	和豪涛　刘振革　孟永帅　丁泽峰　吴　磊
	杜晓辉　赵　光　高　俊　孙钦超　孙秀良
	刘作平　房前程　刘宇哲　李　庆　杨　涛
	马晓东　何旺盛　宋春阳　付文宇　汲广任

二维码总码

机械工业出版社

本书内容分为上、下两部，分别是广识增智（包括职业生涯篇和理论知识篇）和强技提能（包括钣金技术篇和喷涂技术篇），将汽车钣金修护与车架调校技术、汽车漆面养护和油漆喷涂技术等1+X证书的相关内容以及世界技能大赛、全国职业院校技能大赛中的车身修理与车身喷涂内容融入教材，并结合了保时捷、捷豹、路虎、奔驰等高端汽车品牌的钣喷维修培训内容。职业生涯篇包括行业体验、维修企业体验、钣喷车间安全、职业岗位规划、技能证书认知；理论知识篇包括车身结构认识、车身材料认知、钣喷工具认知、钣喷耗材与辅料认知、碰撞损伤认知；钣金技术篇包括车身钢制外板修复、车身铝制面板修复、免喷漆修复、旧板件的分离、电阻点焊、MAG钢焊接、MIG铝焊接、MIG铜焊接、粘接与铆接、车身测量、车身校正；喷涂技术篇包括损伤评估、底材处理、原子灰施工、喷枪的使用及清洗维护、底漆喷涂打磨、颜色调配、面漆喷涂、喷涂缺陷处理。

本书是校企"双元"合作开发的教材，使用新型活页式工单并配套开发了信息化资源，可作为高等职业院校汽车检测与维修技术、汽车技术服务与营销等专业的教材，也可供汽车钣金、涂装等行业从业人员作为岗位培训教材使用。

图书在版编目（CIP）数据

汽车钣金喷涂技术：彩色版配任务工单 / 烟台瑞达汽车科技有限公司组编；纪建平，付贺阳，宋元利主编. —北京：机械工业出版社，2023.4（2025.1重印）
高等职业教育汽车类专业创新教材
ISBN 978-7-111-72880-1

Ⅰ.①汽… Ⅱ.①烟… ②纪… ③付… ④宋… Ⅲ.①汽车-钣金工-高等职业教育-教材 ②汽车-喷涂-高等职业教育-教材 Ⅳ.①U472.4

中国国家版本馆CIP数据核字（2023）第052180号

机械工业出版社（北京市百万庄大街22号　邮政编码100037）
策划编辑：齐福江　　　责任编辑：齐福江
责任校对：张晓蓉　陈越　封面设计：张　静
责任印制：刘　媛
涿州市般润文化传播有限公司印刷
2025年1月第1版第2次印刷
184mm×260mm・19.5印张・465千字
标准书号：ISBN 978-7-111-72880-1
定价：75.00元（含任务工单）

电话服务　　　　　　　　　网络服务
客服电话：010-88361066　　机　工　官　网：www.cmpbook.com
　　　　　010-88379833　　机　工　官　博：weibo.com/cmp1952
　　　　　010-68326294　　金　书　网：www.golden-book.com
封底无防伪标均为盗版　　　机工教育服务网：www.cmpedu.com

FOREWORD
前 言

　　党的二十大精神进教材是二十大精神"三进"（进教材、进课堂、进头脑）活动的重要组成部分，本教材在行文之际，恰逢党的二十大胜利召开，各地各部门兴起了轰轰烈烈的学习党的二十大精神的热潮。本教材编写组认真学习二十大精神，探索将二十大精神"润物无声"地融入教材。上部增智广识主要融入传统文化（诗词、对联、古籍等）、中国特色社会主义文化、马克思主义；下部强技提能主要融入绿色发展、高质量发展、创新驱动发展、劳动精神、奋斗精神等。

　　本书可作为高等职业院校汽车检测与维修技术、汽车技术服务与营销等专业的教材，也可供技师学院钣金、喷涂专业的学生使用，还可供汽车钣金、涂装等行业从业人员作为岗位培训教材或了解专业技术、提高业务水平的参考用书。

　　本书内容分为上、下两部，分别是广识增智（包括职业生涯篇和理论知识篇）和强技提能（包括钣金技术篇和喷涂技术篇）。职业生涯篇包括行业体验、维修企业体验、钣喷车间安全、职业岗位规划、技能证书认知；理论知识篇包括车身结构认识、车身材料认知、钣喷工具认知、钣喷耗材与辅料认知、碰撞损伤认知；钣金技术篇包括车身钢制外板修复、车身铝制面板修复、免喷漆修复、旧板件的分离、电阻点焊、MAG 钢焊接、MIG 铝焊接、MIG 铜焊接、粘接与铆接、车身测量、车身校正；喷涂技术篇包括损伤评估、底材处理、原子灰施工、喷枪的使用及清洗维护、底漆喷涂打磨、颜色调配、面漆喷涂、喷涂缺陷处理。

　　本书是校企"双元"合作开发的教材（烟台汽车工程职业学院等诸多高职院校与烟台瑞达汽车科技有限公司合作开发），使用新型活页式工单并配套开发了信息化资源。教材实现三融合：将汽车钣金修护与车架调校技术、汽车漆面养护和油漆喷涂技术等 1+X 证书的相关内容融入教材，将世界技能大赛和全国职业院校技能大赛中的车身修理与车身喷涂内容融入教材，将保时捷、捷豹、路虎、奔驰等高端汽车品牌的钣喷维修内容融入教材。

　　本书由烟台汽车工程职业学院纪建平、付贺阳、宋元利担任主编，烟台汽车工程职业学院汤少岩、山东交通职业学院高连江、大理技师学院李伟、烟台瑞达汽车科技有限公司于晓亮担任副主编，参编人员还有河南交通职业技术学院和豪涛、山东技师学院刘振革、长春汽车工业高等专科学校孟永帅、湖南机电职业技术学院丁泽峰、淄博职业学院吴磊、烟台汽车工程职业学院杜晓辉、威海市文登技师学院赵光、捷豹路虎中国有限公司高俊、临沂市技师学院孙钦超与孙秀良、聊城职业技术学院刘作平、烟台汽车工程职业学院房前程、陕西工业职业技术学院刘宇哲、东营市技师学院李庆、日照职业技术学院杨涛、杭州技师学院马晓东、平凉职业技术学院何旺盛、威海市文登技师学院宋春阳、烟台瑞达汽车科技有限公司付文宇和汲广任。

本书内容分为二十九个项目、六十八个任务，由纪建平编写项目一至项目七，付贺阳编写项目八至项目十三，宋元利编写项目十四至项目十七，汤少岩编写项目十八，高连江编写项目十九，李伟编写项目二十，于晓亮编写项目二十一，和豪涛编写项目二十二，刘振革编写项目二十三的任务一，孟永帅编写项目二十三的任务二，丁泽峰编写项目二十四的任务一，吴磊编写项目二十四的任务二，杜晓辉编写项目二十四的任务三，赵光编写项目二十五的任务一，高俊编写项目二十五的任务二，孙钦超编写项目二十五的任务三，孙秀良编写项目二十五的任务四，刘作平编写项目二十六的任务一，房前程编写项目二十六的任务二，刘宇哲编写项目二十六的任务三，李庆编写项目二十七的任务一，杨涛编写项目二十七的任务二，马晓东编写项目二十八的任务一，何旺盛编写项目二十八的任务二，宋春阳编写项目二十八的任务三，付文宇编写项目二十九的任务一，汲广任编写项目二十九的任务二。纪建平、付贺阳、宋元利负责全书的统稿、定稿。

本教材可配合智慧职教国家级精品课使用，可登录智慧职首页 https://www.icve.com.cn/，选择装备制造大类—汽车制造与试验技术（汽车检测与维修技术）—课程中心（更多）—输入汽车钣金喷涂技术课程查询，进入课程进行注册学习。

编　者

前言

上部　广识增智

第一篇　职业生涯篇

项目一　行业体验
- 任务一　行业现状认知 ··· 1
- 任务二　行业协会与技能大赛认知 ································· 3

项目二　维修企业体验
- 任务一　维修企业认知 ··· 6
- 任务二　钣喷车间工位划分与工位布置 ·························· 8

项目三　钣喷车间安全
- 任务一　安全防护 ··· 11
- 任务二　消防安全 ··· 13

项目四　职业岗位规划
- 任务一　钣金维修岗位规划 ·· 15
- 任务二　喷涂维修岗位规划 ·· 18
- 任务三　拓展岗位规划 ·· 19

项目五　技能证书认知
- 任务一　职业资格证书认知 ·· 22
- 任务二　职业技能等级证书认知 ·································· 23

第二篇　理论知识篇

项目六　车身结构认知
- 任务一　车身结构分类 ·· 25
- 任务二　认识车身零部件 ··· 27

项目七　车身材料认知 ·· 31
任务一　钢铁材料认知 ·· 31
任务二　铝合金材料认知 ·· 34

项目八　钣喷工具认知 ·· 37
任务一　钣金工具认知 ·· 37
任务二　喷涂工具认知 ·· 41

项目九　钣喷耗材与辅料认知 ·· 44
任务一　认识钣金耗材与辅料 ·· 44
任务二　认识喷涂耗材与辅料 ·· 47

项目十　碰撞损伤认知 ·· 50
任务一　安全车身认知 ·· 50
任务二　损伤类型认知 ·· 52

下部　强技提能

第三篇　钣金技术篇

项目十一　车身钢制外板修复 ·· 54
任务一　车身钢制外板手工具修复 ·· 54
任务二　车身钢制外板外形修复机修复 ·································· 58

项目十二　车身铝制面板修复 ·· 62
任务一　车身铝制面板手工具修复 ·· 62
任务二　车身铝制面板外形修复机修复 ·································· 65

项目十三　免喷漆修复 ·· 67
任务一　撬棒无痕修复 ·· 67
任务二　胶粘无痕修复 ·· 70

项目十四　旧板件的分离 ·· 73
任务一　板件切割分离 ·· 73
任务二　电阻点焊焊点分离 ·· 75
任务三　铆接件分离 ··· 77

项目十五	电阻点焊	80
任务一	焊机参数设置与调整	80
任务二	电阻点焊焊接	81
任务三	焊点缺陷分析	83

项目十六	MAG 钢焊接	87
任务一	焊机参数设置与调整	87
任务二	对接焊	90
任务三	塞焊	92
任务四	焊接缺陷分析	94

项目十七	MIG 铝焊接	96
任务一	调整 MIG 焊机	96
任务二	铝车身焊接	98

项目十八	MIG 铜焊接	101
任务一	调整 MIG 硬钎焊焊机	101
任务二	MIG 硬钎焊	103

项目十九	粘接与铆接	107
任务一	车身粘接	107
任务二	车身铆接	109

项目二十	车身测量	114
任务一	二维测量	114
任务二	三维测量	117

项目二十一	车身校正	121
任务一	事故车上架举升	121
任务二	车身拉拔校正	124

第四篇　喷涂技术篇

项目二十二	损伤评估	129
任务一	底材鉴别	129
任务二	损伤评估	132

项目二十三	底材处理	135

任务一　干磨设备的使用与维护 ………………………………………… 135
　　任务二　羽状边打磨 …………………………………………………… 139

项目二十四　原子灰施工 …………………………………………………… 143

　　任务一　原子灰调配 …………………………………………………… 143
　　任务二　原子灰刮涂 …………………………………………………… 146
　　任务三　原子灰打磨 …………………………………………………… 148

项目二十五　喷枪的使用及清洗维护 ……………………………………… 151

　　任务一　喷枪的调节 …………………………………………………… 151
　　任务二　喷枪喷涂操作 ………………………………………………… 154
　　任务三　喷枪的清洗 …………………………………………………… 157
　　任务四　喷枪的维护保养 ……………………………………………… 159

项目二十六　底漆喷涂打磨 ………………………………………………… 163

　　任务一　防腐底漆施工 ………………………………………………… 163
　　任务二　中涂底漆喷涂 ………………………………………………… 165
　　任务三　中涂底漆打磨 ………………………………………………… 168

项目二十七　颜色调配 ……………………………………………………… 170

　　任务一　颜色检索 ……………………………………………………… 170
　　任务二　油漆调色 ……………………………………………………… 173

项目二十八　面漆喷涂 ……………………………………………………… 181

　　任务一　溶剂型底色漆喷涂 …………………………………………… 181
　　任务二　水性底色漆喷涂 ……………………………………………… 185
　　任务三　清漆喷涂 ……………………………………………………… 190

项目二十九　喷涂缺陷处理 ………………………………………………… 194

　　任务一　漆膜缺陷分析处理 …………………………………………… 194
　　任务二　漆面抛光 ……………………………………………………… 198

上部　广识增智

第一篇　职业生涯篇

行业、企业、车间、岗位、技能证书，这里有你在职业生涯中想了解的一切。

项目一　行业体验

项目描述

俗话说"干一行爱一行，专一行精一行"，对于新时代的青年，在决定"干一行"之前，应"知一行"。只有事先对行业现状、行业协会、技能大赛等有必要的了解，才能根据自己的特点进行正确的选择，即"干一行"；因为了解该行业自然很容易做到"爱一行"，进而"专一行、精一行"，通过刻苦努力，年长时成为行业精英，承担起行业发展的重任。

任务一　行业现状认知

一、我国汽车生产量

我国汽车产业发展到今天，经历了非常高速的增长阶段，2010年之前的汽车产业年均增长速度达到了24%；2010—2018年处于增速回落的过程，年均增长速度为5.7%，这个速度也很正常，因为毕竟体量已经很大，难以保持那么高的增速，所以增速的下降是大行业发展过程中非常正常的现象；从2018年开始，我国汽车产量出现了28年以来的首次下降，并持续几年处于下滑状态，至近期才有所回升，但近年来我国新能源汽车一直保持着高速发展的态势，见表1-1-1。

表1-1-1　近年来我国汽车和新能源汽车生产量

年　份	汽车生产量（万辆）	新能源汽车生产量（万辆）
2014	2372	7.85
2015	2450	34.04

（续）

年　份	汽车生产量（万辆）	新能源汽车生产量（万辆）
2016	2811	51.70
2017	2901	79.4
2018	2780	125.41
2019	2572	123.93
2020	2532	145.6
2021	2608	354.5

探索发现　　中国汽车产量在世界上排第几位？比较中国汽车产量和美国、德国、日本、英国、法国等发达国家的汽车产量的数值，你有什么发现？2011—2021年这十年间，新能源汽车生产量年均增长率是多少？

二、我国汽车保有量

2021年全国新注册登记机动车3674万辆，截至2021年12月全国机动车保有量达到了3.95亿辆，汽车保有量为3.02亿辆。近年来我国机动车和汽车保有量见表1-1-2。

表1-1-2　近年来我国机动车和汽车保有量

年　份	机动车保有量（亿辆）	汽车保有量（亿辆）
2017	3.1	2.17
2018	3.27	2.4
2019	3.48	2.6
2020	3.72	2.81
2021	3.95	3.02

当然，判断一个地区车辆是否饱和，不仅要看总量，还要看千人汽车保有量。2018年我国的千人汽车保有量为173辆，同期美国、日本、德国千人汽车保有量为837辆、591辆、589辆，所以我国汽车远未饱和，未来还有很大的发展空间。

三、二手车市场

我国的二手车市场从20世纪80年代发展至今，已有40年的历史。1998年以前，二手车市场以车贩子倒车为主要方式，1998年之后，我国的二手车市场开始步入快速发展阶段，开始成为汽车市场的重要组成部分。

2020年，我国二手车交易量为1434.14万辆，二手乘用车交易量占新乘用车销量的百分比仅为56.6%。未来，伴随我国汽车保有量近一步增加、二手车交易制度健全、政策不断完善及落地以及二手车信息不对称问题的解决，未来我国二手车市场增长空间巨大。

就我国二手车市场交易结构而言，仍主要以基本乘用车和SUV为主，如图1-1-1所示。

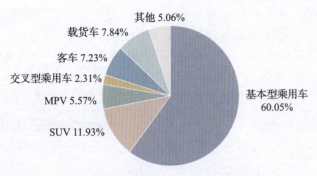

图 1-1-1　我国二手车市场交易结构

四、事故车市场

我国恶性交通事故数量一直居高不下，造成每年数万人死亡，见表 1-1-3。而绝大多数的中小事故，没有人员伤亡，由于当事人自行处理，无法进行准确的数量统计。毫无疑问，这些事故会造成数以千万计的事故车辆，这就促进了事故车定损、汽车保险理赔、汽车钣喷维修等行业的发展。

表 1-1-3　历年恶性交通事故、死亡人数、受伤人数

年　　份	恶性交通事故（起）	死亡人数	受伤人数
2013	198394	58539	213724
2014	196812	58523	211882
2015	187781	58022	199880
2016	212846	63093	226430
2017	203049	63772	209654
2018	244937	63194	258532
2019	247646	67759	275125

事故车维修市场目前的格局是 4S 店、维修连锁和独立维修厂三足鼎立。外观件、通用件的维修多集中在独立维修厂；电子系统等技术门槛高的维修以及大事故车维修集中在 4S 店；维修连锁将向事故车专修的方向发展。

任务二　行业协会与技能大赛认知

一、行业协会认知

1. 中国汽车流通协会

中国汽车流通协会（China Automobile Dealers Association，CADA）是在民政部注册登记的汽车流通行业唯一的国家级社团法人组织。它是由汽车（含二手车）销售企业、汽车生产企业的销售部门、汽车跨国公司在华机构、汽车拍卖企业、二手车鉴定评估、经纪公司、汽车配件企业、摩托车及配件销售企业、汽车有形市场、汽车俱乐部、汽车装饰美容

及用品销售服务企业、汽车租赁企业；地方汽车流通行业组织；相关科研机构、教学单位、社会团体；相关媒体、网站以及个人自愿参加的全国性汽车服务贸易行业社团组织，总部设在北京，于 1990 年由民政部正式批准成立（图 1-2-1）。

2. 中国汽车维修行业协会

中国汽车维修行业协会成立于 2001 年 4 月，是经民政部批准并注册登记，由民政部管理并接

图 1-2-1　中国汽车流通协会年会

受交通运输部行业指导，在中国境内从事汽车维修、检测及相关行业的企业、事业单位、团体及个人在平等、自愿的基础上依法组成的，具有法人资格的全国性非营利社团组织。2014 年及 2019 年连续两次被民政部评定为 4A 级全国性社会组织。成立二十多年来，协会本着双向服务的宗旨，在宣传贯彻国家有关行业政策和法律法规、引领行业健康发展、规范行业自律、反馈广大会员诉求以及提升行业人才素质等方面发挥了巨大作用。协会在汽车维修行业乃至后市场具有强大的影响力和号召力，是连接政府与企业之间重要且不可替代的桥梁和纽带。其网址为 http://www.camra.org.cn。

3. 中国汽车工程学会

中国汽车工程学会（China SAE）成立于 1963 年，是由中国汽车科技工作者自愿组成的全国性、学术性法人团体；是中国科学技术协会的组成部分，非营利性社会组织；是世界汽车工程师学会联合会 (FISITA) 常务理事；是亚太汽车工程年会（APAC）发起国之一。中国汽车工程学会经过五十余年的发展，已经成为推动汽车产业健康、持续发展不可缺少的重要力量，得到了国内外汽车行业、社会各界、政府部门和广大科技人员的认可。

中国汽车工程学会前身是中国机械工程学会汽车工程分会，1963 年成立于长春，1985 年 3 月，经国家体改委批准成为全国性学会，同年加入中国科学技术协会，1991 年 9 月经民政部批准成为社团法人。其网址为 http://www.sae-china.org。

4. 中国汽车工业协会

中国汽车工业协会（CAAM）（简称"中汽协会"）成立于 1987 年 5 月，是经民政部批准的社团组织，具有社会团体法人资格，总部设在北京，是在中国境内从事汽车（摩托车）整车、零部件及汽车相关行业生产经营活动的企事业单位和团体，在平等自愿基础上依法组成的自律性、非营利性的社会团体。中汽协会是世界汽车组织（OICA）的常任理事会员单位，目前已同国际汽车行业组织和许多国家及地区的汽车相关组织建立了密切联系。其网址为 http://www.caam.org.cn。

二、技能大赛认知

1. 中华人民共和国第一届职业技能大赛（http://www.mohrss.gov.cn）

中华人民共和国第一届职业技能大赛（简称：第一届全国技能大赛）是由人力资源和社会保障部主办，广东省人民政府承办，广东省人社厅、广州市人民政府协办的全国性职业技能大赛。这是一场前所未有的"技能全运会"——竞赛规格最高、竞赛项目最多、参赛规模最大、技能水平最高。

第一届全国技能大赛以"新时代 新技能 新梦想"为主题，于2020年12月10—13日在广东省广州市举办，如图1-2-2所示。2020年12月10日，习近平致信祝贺首届全国职业技能大赛举办。大赛共设86个比赛项目，其中，世赛选拔项目63个、国赛精选项目23个。

大赛对各竞赛项目获得前3名的选手，相应颁发金、银、铜牌；对前3名以外但排名在参赛人数1/2以上的选手颁发优胜奖；对各竞赛项目前5名获奖选手（团队双人赛项前3名、三人赛项前2名），授予"全国技术能手"称号。优胜奖以上选手可直接晋升技师职业资格或职业技能等级，已具有技师职业资格或职业技能等级的可晋升高级技师。

图1-2-2 中华人民共和国第一届职业技能大赛开幕式

2. 全国职业院校技能大赛（http://www.chinaskills-jsw.org）

全国职业院校技能大赛是我国职业教育的一项重大制度设计和创新，在服务"三教"改革、推动职业教育高质量发展方面发挥了重要作用。大赛充分展示了职业教育改革发展的丰硕成果，集中展现了职业院校师生的风采，营造了全社会关心、支持职业教育发展的良好氛围，促进了职业院校与行业企业的产教结合，更好地为我国经济建设和社会发展服务。大赛是专业覆盖面最广、参赛选手最多、社会影响最大、联合主办部门最全的国家级职业院校技能赛事，如图1-2-3所示。

经过多年努力，大赛吸引全国各个省、自治区、直辖市以及新疆生产建设兵团和计划单列市积极参与，每年举办一届，已发展成为中国职教界的年度盛会。

该比赛分为中职组和高职组，共设102个赛项。其中，中职组有10个专业大类，40个赛项；高职组有15个专业大类，62个赛项。全国职业院校技能大赛指导教师须为本校专兼职教师，团体赛每队限报2名指导教师，个人赛每名选手限报1名指导教师。

图1-2-3 制冷与空调设备和车身修理比赛现场

3. 世界技能大赛（http://worldskillschina.mohrss.gov.cn）

世界技能大赛（WorldSkills Competition）是全球地位最高、规模最大、影响力最大的职业技能竞赛，代表了职业技能发展的世界先进水平，是世界技能组织成员展示和交流职业技能的重要平台。

世界技能组织成立于1950年，是非政府国际组织，现有77个国家和地区成员，其宗旨是通过各成员之间的合作，促进职业技能水平的提高，在世界范围推动职业技能事业发展。其主要活动为每年举办一次世界技能组织大会和每两年举办一次世界技能大赛。

中国选手首次参加世界技能大赛是2011年在英国伦敦举行的第41届世界技能大赛，当时6位选手参加了6个项目的角逐，取得了5个优秀奖、1枚银牌的成绩。在焊接项目中，来自中国石油工程建设公司第一建设公司的职工裴先锋勇夺银牌，为中国代表队取得了奖牌零的突破。

项目二 维修企业体验

项目描述

汽车维修企业是钣金和喷涂技师工作的地方,学习维修企业的相关内容,可以使学生们对未来工作的地方有必要的了解,增加专业认同和课程认同。井井有条、整洁干净的车间,不仅是维修企业4S的要求,而且还可以提高员工的生产效率,为企业创造更多利润;井井有条、整洁干净的车间,不仅可以让员工身心舒畅,还可以增加客户满意度,提升品牌价值。

任务一 维修企业认知

汽车维修企业包括汽车整车维修企业和汽车综合小修及汽车专项维修业户。

一、汽车整车维修企业

汽车整车维修企业指的是有能力对所维修车型的整车、各个总成及主要零部件进行各级维护、修理及更换,使汽车的技术状况和运行性能完全(或接近完全)恢复到原车的技术要求,并符合相应国家标准和行业标准规定的汽车维修企业。按规模大小分为一类汽车整车维修企业和二类汽车整车维修企业。开设汽车整车维修企业的条件包括人员条件、组织管理条件、安全生产条件、环境保护条件、设施条件、设备条件等。

二、汽车综合小修业户和各类汽车专项维修业户

汽车综合小修业户指的是从事汽车故障诊断和通过修理或更换个别零件,消除车辆在运行过程或维护过程中发生或发现的故障或隐患,恢复汽车工作能力的维修业户(三类)。汽车专项维修业户指的是从事汽车发动机维修、车身维修、电气系统维修、自动变速器维修、轮胎动平衡及修补、四轮定位检测调整、汽车润滑与养护、喷油泵和喷油器维修、曲轴修磨、气缸镗磨、散热器维修、空调维修、汽车美容装潢、汽车玻璃安装及修复等专项维修作业的业户(三类),如图2-1-1所示。

图2-1-1 三类汽车维修企业

汽车综合小修业户和各类汽车专项维修业户统称为三类汽车维修企业，国家标准 GB/T 16739.2—2014《汽车维修业开业条件第 2 部分：汽车综合小修及专项维修业户》对其经营管理、组织管理、安全条件、设施场地、设备工具等提出了不同的要求。

总的来看，一类维修企业包括汽车品牌授权的 4S 店以及一些规模较大的汽修厂，占维修企业总量的 15%~20%；二类维修企业包括部分 4S 店所设立的维修服务网点，以及具有一定规模和技术水平的维修厂，占到总量的 25%~30%；三类维修厂就是规模较小、技术水平较低的维修企业和专项维修业户，占到总量的 50% 以上。

三、汽车 4S 店与经销商集团

1. 4S 店

4S 店是 20 世纪 90 年代末逐步由欧洲传入中国的舶来品，可以视为我国改革开放的成果。由于它与各个厂家之间建立了紧密的产销关系，具有购物环境优美、品牌意识强等优势，被国内诸多厂家采用。4S 店是集汽车销售、维修、配件和信息服务为一体的销售店，是一种以"四位一体"为核心的汽车特许经营模式。"4S"包括整车销售（Sale）、零配件（Sparepart）、售后服务（Service）、信息反馈（Survey）。

汽车 4S 专卖店是按照汽车生产厂家规定的标准建造，店内外设计统一，投资巨大，动辄上千万，豪华气派，环境舒适，只能销售由生产厂家特别授权的单一品牌汽车，能够为顾客提供更透明的价格、更专业的技术支持和更深入的售后服务。4S 店与汽车厂家共同组成汽车品牌联盟，代表汽车品牌文化，体现品牌价值，维持品牌忠诚度，为汽车生产厂家树立汽车品牌的知名度和信誉。通常一个品牌的 4S 店在一个地区只分布一个或相对等距离的几个专卖店，各专卖店之间不能跨区销售。

4S 店的优势包括以下四个方面：

1）信誉度方面。4S 店有一系列的客户投诉、意见、索赔的管理，能给车主留下良好的印象。而普通街边店由于人员素质、管理等问题，经常是出了问题找不到负责的，相互推诿，互相埋怨，给车主留下非常恶劣的印象。

2）专业方面。由于 4S 店只针对一个厂家的系列车型，有厂家的系列培训和技术支持，对车的性能、技术参数、使用和维修方面都非常专业，做到了"专而精"。而综合汽修厂接触的车型多，对每一种车型都不是非常的精通，只能做到"杂而博"，在一些技术方面有时是只知其一，不知其二。

3）售后服务保障方面。随着竞争的加剧，4S 店越来越注重服务品牌的建立，而且 4S 店的后盾是汽车生产厂家，所以在售后服务方面可以得到保障。特别是汽车电子产品和汽车影音产品在改装时要改变汽车原来的电路，如果没有主机厂的保障，会为以后的售后服务带来麻烦。

4）人性化方面。在 4S 店让车主真正享受到"上帝"的感觉，累了有休息室，渴了有水喝，无聊可以看杂志、上网，如果急着用车还有备用车供你使用，整个流程有专门的服务人员为你打理，不用自己操心就能完成整个业务。

2. 经销商集团

汽车 4S 店是由经销商投资建设，一个经销商通常投资多个汽车品牌，该经销商就成为经销商集团。

中国汽车流通协会发布的"2021中国汽车经销商集团百强排行榜榜单"显示，广汇汽车服务集团股份公司、中升集团控股有限公司、利星行汽车分别位列前三名。其中，广汇汽车是自2011年以来第十次登上榜单首位，并实现了自2015年之后的七连冠。

结合2020年宏观经济情况来看，在GDP仅增长2.3%，汽车工业整体下滑1.9%的情况下，百强经销商集团的收入却增长了4.9%，无疑跑赢了整体GDP和汽车产业大盘。这一数据也显露出在汽车产业下行的情况下，传统汽车经销商集团内部的竞争也在加剧，在竞争中头部经销商集团的实力也越来越强。

任务二　钣喷车间工位划分与工位布置

正规的汽车维修企业的生厂车间包括机修车间和钣喷车间，钣喷车间为企业创造的售后服务利润占比超过50%。钣喷车间是一个整体，按其功能不同又分为钣金车间和喷涂车间，如图2-2-1所示。

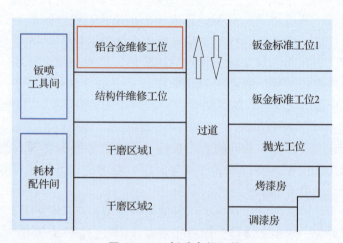

图2-2-1　钣喷车间工位

一、钣金工位划分

钣金车间主要完成的工作包括：事故车辆的检查与定损、车辆零部件拆卸、板件维修、车身测量校正、车身板件更换安装、车身装配调整等。其主要工位有钣金标准工位、结构件维修工位、铝合金维修工位等。

1. 钣金标准工位

钣金标准工位的功用包括：车身附件拆装与调整作业、钢外板修复作业、底盘防护罩/轮胎等底部部件拆装、事故车拆解上架作业，如图2-2-2所示。

图2-2-2　钣金标准工位

2. 结构件维修工位

结构件维修工位通常要配置可移动校正平台和车身测量设备，主要功用包括：车身尺寸电子测量、钢制结构件更换作业（胶粘＋铆接）、钢制事故车校正作业、钢制车身板件焊接作业，如图2-2-3所示。

图2-2-3　结构件维修工位

3. 铝合金维修工位

铝合金粉尘达到一定浓度会爆炸，且铝合金粉尘和铁接触会产生接触腐蚀，所以铝合金维修工位需要一个独立的密闭空间，且需配备抽排设备和防爆吸尘器，如图2-2-4所示。其主要功用包括：铝合金结构件更换作业（胶粘＋铆接）、铝合金结构件定位与测量、铝合金外板件整形作业、铝合金件焊接作业。

图2-2-4　铝合金维修工位

二、喷涂工位划分

喷涂车间主要完成的工作包括：底材处理、原子灰的施涂、底漆喷涂、底漆打磨、面漆调配、面漆喷涂、抛光处理等。其主要工位有干磨区工位、烤漆房、抛光工位、调漆房等。

1. 干磨区工位

现在的喷涂工艺，为了防止板件腐蚀，一般不允许采用水磨工艺。干磨区工位可以有若干个，主要对喷漆前的板件进行处理，主要功用包括：原子灰施工、原子灰研磨与干燥、中涂底漆研磨，如图2-2-5所示。

图2-2-5　干磨区工位

2. 烤漆房

烤漆房是个独立的密闭空间，以防止汽车在潮湿和灰尘的恶劣环境中喷漆造成的金属件腐蚀，同时可以通过喷漆上色使汽车达到艺术化审美的设计风格，让物体外型更美观，带来更多的商业价值和视觉美感。烤漆房就是这种通过专业技术处理对汽车表面进行装饰、修复的重要设备，如图2-2-6所示。其主要功用包括：底漆喷涂、色漆喷涂、清漆喷涂、油漆干燥。

图2-2-6　烤漆房

3. 抛光工位

汽车在喷漆后，需要进行抛光处理流挂橘皮等缺陷，如图2-2-7所示。没有经过抛光处理，车漆不平整，容易造成客户投诉，影响企业效益。

4. 调漆房

调漆房用于进行汽车油漆颜色的调配，里面有专业的灯光设计和防爆开关设计，如图2-2-8所示。

图 2-2-7　抛光工位　　　　图 2-2-8　调漆房

三、气路抽排电路布置

1. 气路布置

空气喷涂是汽车维修行业的主要涂装方式，完美的空气喷涂工作取决于三大客观要素：洁净的压缩空气、先进的喷涂工具和高质量的油漆材料。其中影响空气喷涂质量的最关键因素是压缩空气的洁净度，然而，压缩空气的洁净度也是最容易被忽视的一个环节。压缩空气用于驱动工具或设备，喷涂时对油漆起到传输和雾化作用，压缩空气必须达到充足、稳定、干燥、洁净的要求。因此，压缩空气系统的设备选型、合理规划、正确安装和维护就显得尤为重要。

维修车间内压缩空气的压强一般为 0.5~0.8 MPa，气路要安装油水分离器（在烤漆房里要求采用三级油水分离器），并可以对气压进行调节，保证压缩空气的干燥和清洁，同时为了防止积水进入气源终端，管路通常采用天鹅颈结构，如图 2-2-9 所示。

图 2-2-9　气路布置

2. 抽排系统布置

在进行钣金焊接的时候，通常采用焊烟抽排设备（可以是移动式抽排设备）进行抽排烟雾，净化空气，如图 2-2-10 所示。

3. 电路布置

气体保护焊焊接时的电流不能小于 15 A，电阻点焊机焊接时的电流不能小于 30 A，在调漆室和铝合金维修工位需要采用防爆开关，吸尘器也需要采用防爆吸尘器。

图 2-2-10　抽排系统布置

四、车间标识张贴

在钣喷车间内合适和醒目的位置，需要张贴标识，这些标识包括：危险标识、警告标识、安全状况与急救标识、强制标识、消防安全标识、禁止标识等。

项目三 钣喷车间安全

项目描述

"学习强国"中有这样一道题目：经典热门台词"道路千万条，安全第一条"是出自哪部影视作品？（答案是《流浪地球》）安全生产在钣喷车间是非常重要的，企业不能为追求经济效益而忽略安全，员工也不能因为追求工作速度而忽略安全。

任务一 安全防护

安全防护是企业所有员工必须重视的重要项目，其目的在于建立安全防护的观念并透过安全防护的动作，确保各岗位从事不同工作的人员皆能保有健康的身体及安全无虞的工作环境，并减少企业不必要的成本支出和不必要的时间浪费，同时降低企业的潜在危机。安全防护是企业永续经营的重要条件之一。

汽车钣喷车间的安全防护包括以下三方面。

1. 对自身的安全防护

在进行钣金喷涂时，如不正确佩戴自身的安全防护用品，操作中产生的粉尘、有毒烟雾、紫外线、电磁波、噪声等会对自身的呼吸系统、面部、四肢、皮肤、眼睛、耳朵等产生损伤。常用安全防护用品如图 3-1-1 所示。

图 3-1-1 常用安全防护用品

1）粉尘的危害：在进行打磨或切割时，会产生粉尘，粉尘对人体的呼吸系统危害极大，吸到肺里的粉尘很难被排除，粉尘长时间堆积后，对大脑影响较大，使人反应迟钝。

2）有毒烟雾的危害：在焊接、加热除胶、施涂原子灰、喷涂时，会产生有毒烟雾，有毒烟雾严重腐蚀肺部，严重时可导致肺结核。

3）紫外线的危害：在焊接时产生紫外线，紫外线会破坏人体皮肤细胞，杀死细胞，损伤眼睛晶状体，诱发皮肤癌。

4）电磁波的危害：在电阻点焊时会产生电磁波，造成基因突变，引发癌症，造成免疫系统伤害。

5）噪声的危害：噪声的危害主要是对听觉器官的，长期接触较强烈的噪声会引起听觉器官暂时性或永久性损伤。

穿戴合适的防护劳保用品，可以有效降低以上危害对人体的伤害。不同工作项目穿戴的劳保用品见表3-1-1。

表3-1-1 不同工作项目穿戴的劳保用品

工作项目	工作服	耳塞耳罩	防尘口罩	护目镜	焊接套装	棉手套	皮手套	溶剂手套	防毒口罩	全呼吸面罩
打磨漆面	✓	✓	✓	✓		✓				
板件修复	✓	✓	✓	✓		✓				
保护焊焊接	✓				✓		✓			
电阻点焊	✓		✓	✓			✓			
打胶密封	✓							✓	✓	
施涂原子灰	✓			✓				✓	✓	
底漆喷涂	✓							✓		✓
面漆喷涂	✓							✓		✓
颜色调配	✓			✓				✓	✓	

在从事不同操作项目时，需要在身体的不同部位穿戴不同的劳保用品，如图3-1-2所示。

图3-1-2 不同部位穿戴的劳保用品

敢想敢说 分析图3-1-3，并与同学讨论一下维修人员在个人安全防护方面有哪些缺失。

图3-1-3 缺失的个人安全防护

2. 对他人及工作环境的安全防护

在进行钣金喷涂时，应防止对车间里的其他工作人员造成伤害，也应避免对工作环境造成污染，如图3-1-4所示。例如，在切割打磨时，为防止火花飞溅伤人，应拉上透明帘；在进行施涂原子灰时，应打开排风，降下透明帘；在进行铝合金修复时，为防止铝粉尘悬浮空中，应在专门的铝合金工位维修。

图3-1-4 对他人及工作环境的安全防护

3. 对顾客及车辆的安全防护

在进行钣金喷涂时，还应注意对顾客和车辆进行安全防护，如图3-1-5所示。例如，在维修时，应对车辆安装车内防护三件套；在进行车身焊接时，应用防火毯盖住车身其他部位，防止飞溅损伤车身油漆；维修完毕的车辆，应用车衣罩住。

图3-1-5 对顾客及车辆的安全防护

> **敢想敢说** 一位打扮入时的保时捷女车主，要进入维修车间观看爱车的钣喷维修，而公司规定非必要不得让顾客进入维修车间。如果你是该公司的维修接待，请问你应该怎么办？与同学们演练此情景。

任务二 消防安全

一、灭火器种类

生产车间常见的灭火器有水基灭火器、泡沫灭火器、干粉灭火器、二氧化碳灭火器四种类型。具体情况见表3-2-1。

表3-2-1 灭火器类型

灭火器		火灾类型				
类型	筒体颜色	固体	易燃液体	易燃气体	电气设备	注意事项
水基灭火器	视需要	✓	×	×	×	禁止用于液体引发的火灾或带电设备的火灾
泡沫灭火器	视需要	✓	✓	×	×	禁止用于电气火灾
干粉灭火器	视需要	✓	✓	✓	✓	最高安全电压为1000 V
二氧化碳灭火器	视需要	×	✓	×	✓	可在高低压电路上安全使用，切勿在狭小区域内使用

科学探索　分析图 3-2-1 并查阅资料，了解燃烧的过程及燃烧三要素。

二、灭火器的使用

1）选择适用于火灾类型的正确灭火器，如果无法确定，则查阅象形图或说明书。

2）检查灭火器是否存在损坏迹象，确保铅封处于原位并且压力表处于绿色区域。

3）如果灭火器通过了这些检查，拆下铅封，到达距离火焰约 2~3m 的位置。

4）拔掉安全销，将灭火器对准火焰的根部。

5）压下压把以喷射灭火剂，从一侧向另一侧喷洒灭火剂，直至所有火焰都被扑灭。

图 3-2-1　燃烧三要素

在使用灭火器时，必须做到以下事项：用尽灭火器中的灭火剂，以免复燃；每月一次，目视检查所有灭火器；每年一次，对其进行保养，确保灭火器各就各位；正确放置灭火器并使用标志指示其类型和位置。

在使用灭火器时，禁止事项包括：使用灭火器挡住打开的门；使用二氧化碳灭火器时，触摸喷嘴；不使用时将灭火器从其位置上移开；使用损坏的灭火器；使用错误类型的灭火器；忘记报告和更换使用过的或损坏的灭火器。

三、车间火灾

在车间发生火灾时，应尽量按照以下步骤处置：

1）保持冷静，保持逻辑分析能力。

2）向人们发出警报并使用最近的火灾报警按钮，以便鸣响警报器确保立即通知消防队。

3）关闭所有电器设备，但仅在确保安全的情况下这样做。

4）仅尝试扑灭小型火灾。

5）利用常识进行判断，如果不安全，则离开建筑物，冷静地遵照标志步行至最近的紧急出口。

6）前往最近的应急避难场所。

7）如果坚信有人困在建筑物中，请通知消防负责人，待在集合地点并等待进一步指示。

当车间发生火灾时，禁止事项包括：尝试扑灭大型火灾；产生恐慌；收拾个人物品；不存在直接危险时奔跑；重新进入建筑物；没得到指令离开集合地点。

项目四 职业岗位规划

项目描述

与现实接轨、行之有效的岗位规划能够引导你评估个人目标与现实之间的差距,能够引导你前瞻与实际相结合的职业定位,搜索或发现新的或有潜力的职业机会,找到适合你的职业发展规划,增强你的职业竞争力,实现职业目标。

任务一　钣金维修岗位规划

钣金是针对钢板、铝板、铜板等金属薄板(通常在6mm以下)的一种综合冷加工工艺,包括剪、冲、切、折、铆接、拼接、成型等工艺。

说文解字　　钣,繁体字为鈑 bǎn〈名〉①钣金,饼状金银块 [gold or silver shaped like a cake],如:钣锭(金属块)。②金属板 [plate],如:钢钣、铝钣。《康熙字典》:《集韵》《韵会》《正韵》补绾切,音版。鉼金曰钣。《尔雅·释器》鉼金谓之钣。《释文》钣,音版。《周礼·秋官·职金》祭五帝供金钣。《贺知章诗》钣镂银盘荐蛤蜊。又《字汇补》与版同。《庄子·徐无鬼》金钣六弢。

汽车钣金是汽车维修的一种加工方法,可以使发生碰撞损坏变形的车身恢复原来的形状和状态。汽车钣金已经由原始的"砸拉焊补"发展成为车身二次制造装配。碰撞事故车辆的修复不再是简单的敲敲打打,修复的质量也不能单靠肉眼去观察车辆的外观、缝隙。维修人员不但要了解车身的技术参数和外形尺寸,更要掌握车身材料特性、受力的特性的传递、车身变形趋势、受力点以及车身的生产工艺如焊接工艺等。在掌握这些知识的基础上,维修人员还要借助先进的测量工具,通过精准的车身三维测量,以判断车身直接或间接的受损变形的情况,以及因车身变形存在的隐患,制订出完整的车身修复方案,然后配合正确的维修工艺与准确的车身各关键点的三维尺寸数据,将车身各关键点恢复到原有的位置,将受损车身恢复到出厂时的状态。

汽车钣金喷涂简称汽车钣喷,其工作的场所是售后维修的钣喷车间。在事故车维修中,钣金和喷涂是前后相连、存在密切关系的两个工序,业界有"钣喷不分家"之说。图4-1-1能够使人们

钣金能把爱车磕瘪了的地方完美修复,就相当于美容界的整形手术

喷涂可是汽车界的美容大法,能把汽车受损的漆面进行修复,还原如新

卡通人物 钣金技师和喷涂技师

钣+喷=钣喷

钣喷就是整形+美容
就是通过钣金将汽车金属外壳变形部分进行修复,使之恢复原样再通过喷漆将受损的汽车漆面完美修复,光亮如新

图4-1-1　汽车钣喷卡通形象

更好地、更形象地理解汽车钣喷。

按照钣金技师（此处的技师不是职业资格认证中的技师，泛指所有从事汽车钣金的维修人员）工作内容难易程度的不同，钣金岗位可以分为钣金小工岗位、钣金中工岗位、钣金大工岗位三种，对外统称为钣金技师，如图4-1-2所示。

图4-1-2　钣金技师

1. 钣金小工岗位

通常，我们将在车身表面可以看到的部件称为外观件，也叫覆盖件；将车身的内部骨架称为结构件，如图4-1-3所示。

a）外观件　　　　　　　　b）结构件

图4-1-3　外观件和结构件

钣金小工指的是可以对事故车小损伤进行维修的钣金技师。事故车小损伤指的是未伤及车身结构件，不需要切割与焊接、更换部件就可以维修的损伤，如图4-1-4所示。

图4-1-4　钣金小工维修工作

事故车小损伤还包括可以通过拆装螺栓卡扣等可拆卸连接拆装更换的损伤，如图4-1-5所示。

图4-1-5　钣金小工拆装工作

一个学徒工（实习生）在进入维修企业半年至一年的时间内基本都可以达到钣金小工的技能要求，即对事故车小损伤进行维修。钣金小工的薪资收入各地有所差异，通常在3000~5000元不等。事故车小损伤的维修工作量，占到了钣喷车间钣金维修岗位工作量的70%左右。

2. 钣金中工岗位

钣金中工指的是可以对事故车中损伤进行维修的钣金技师,如图4-1-6所示。中损伤指的是未伤及车身结构件无需校正结构,而车身外观件损伤严重不能维修需要切割更换的损伤。

图4-1-6　钣金中工工作

图4-1-7所示为常见的一些中损伤维修部位。

a) 车身侧围　　　　b) 车身顶盖　　　　c) 车身后侧围板

图4-1-7　中损伤维修部位

一个钣金小工在2~4年的时间内基本都可以达到钣金中工的技能要求,即对事故车中损伤进行维修。钣金中工的薪资收入各地有所差异,通常在5000~8000元不等。事故车中损伤的维修工作量,占到了钣喷车间钣金维修岗位工作量的20%左右。

3. 钣金大工岗位

钣金大工指的是可以对事故车大损伤进行维修的钣金技师,通常钣金大工可以带徒弟,并可在一个钣金维修小组担任组长,如图4-1-8所示。

大损伤指的是伤及车身结构件,需要上架校正测量作业以恢复原车数据尺寸并更换损伤的结构件或外板件。

图4-1-8　钣金大工工作

如图4-1-9所示为常见的一些大损伤维修部位。

结构件　　　　A柱加强件　下门槛加强件　　前纵梁　　后纵梁

图4-1-9　大损伤维修部位

一个钣金中工在 2~4 年的时间内基本都可以达到钣金大工的技能要求，即对事故车大损伤进行维修。钣金大工的薪资收入各地有所差异，通常在 8000~12000 元不等。事故车大损伤的维修工作量，占到了钣喷车间钣金维修岗位工作量的 10% 左右。

任务二 喷涂维修岗位规划

涂装即指对金属和非金属表面覆盖保护层或装饰层。涂装是现代产品制造工艺中的一个重要环节。防锈、防蚀涂装质量是产品全面质量的重要方面之一。产品外观质量不仅反映了产品防护、装饰性能，还是构成产品价值的重要因素。涂装是一个系统工程，它包括涂装前对被涂物表面的处理、涂布工艺和干燥三个基本工序，还包括设计合理的涂层系统、选择适宜的涂料、确定良好的作业环境条件，以及进行质量、工艺管理和技术经济等重要环节。

史海泛舟 我国的涂装工业真正起源于 20 世纪 50 年代引进苏联技术之后，从 60 年代开始，由于轻工业的发展，首先在自行车制造行业出现了机械化生产的流水线和自动化生产的流水线。这期间我国涂装工业的主要任务还是以防腐为主。但随着经济的发展，我国涂装技术开始飞速发展，在涂装自动化生产方面，静电喷涂和电泳涂漆技术的推广应用、粉末喷涂技术的研制及推广，特别是家电行业、日用五金、钢制家具，铝材构件、电器产品、汽车工业等领域的蓬勃发展，使涂装事业有了明显的进步。

汽车涂装是指对汽车表面覆盖保护层或装饰层，由于在汽车维修企业汽车涂装通常是通过喷枪将油漆喷涂到汽车表面，所以业界一般将汽车涂装称为汽车喷涂或汽车喷漆。汽车喷涂工序大致包含旧漆膜处理、施涂原子灰、底漆喷涂、油漆颜色调配、面漆喷涂、漆膜缺陷处理等。

图 4-2-1 喷涂技师

按照喷涂技师（此处的技师不是职业资格认证中的技师，泛指所有从事汽车喷涂的维修人员）工作内容难易程度和熟练程度的不同，喷涂岗位可以分为喷涂小工岗位、喷涂中工岗位、喷涂大工岗位三种，对外统称为喷涂技师，如图 4-2-1 所示。这三种岗位的工作内容在各个维修企业会有所差异。

1. 喷涂小工岗位

喷涂小工指的是能熟练地对旧漆面进行处理、对简单表面施涂原子灰、在师傅指导下完成底漆喷涂的喷涂技师，如图 4-2-2 所示。

一个学徒工（实习生）在进入维修企业半年至一年半的时间内基本都可以达到喷涂小工的技能要求，喷涂小工的收入通常在 3500~5500 元不等。

图 4-2-2 喷涂小工工作

2. 喷涂中工岗位

喷涂中工指的是能对复杂表面施涂原子灰、进行底漆喷涂、完成简单的面漆喷涂的喷涂技师,如图 4-2-3 所示。

一个喷涂小工在 2~4 年的时间内基本都可以达到喷涂中工的技能要求。钣金中工的薪资收入各地有所差异,通常在 5000~8000 元不等。

图 4-2-3 喷涂中工工作

3. 喷涂大工岗位

喷涂大工指的是能熟练完成面漆喷涂、进行基本的面漆调配并能对喷涂漆膜缺陷进行处理的喷涂技师,如图 4-2-4 所示。

一个喷涂中工在 2~4 年的时间内基本都可以达到喷涂大工的技能要求。喷涂大工的薪资收入各地有所差异,通常在 8000~12000 元不等。

图 4-2-4 喷涂大工工作

另外在有些维修企业,采用了新的生产经营模式,将喷涂维修分为涂装工和调漆员两个工作岗位。涂装工从事底材处理、底漆和面漆喷涂、抛光处理等工作。调漆工作可以外包给油漆品牌公司或专门调漆企业,也可以由本维修企业人员完成,主要看业务量的多少。调漆员专门从事珍珠漆和金属漆的颜色调配工作,需要对颜色非常敏感。

任务三　拓展岗位规划

钣金维修岗位是一个技术岗位,随着维修技术的提升,其岗位晋升的顺序为钣金小工、钣金中工、钣金大工、钣金组组长、钣喷车间经理直至售后服务经理。在工作过程中,维修企业会根据员工的个人特点和企业需求,对员工进行职业规划和岗位调整,将钣金小工或钣金中工岗位员工调整为非技术岗位的服务顾问、配件管理员、车险理赔员岗位。详情如图 4-3-1 所示。

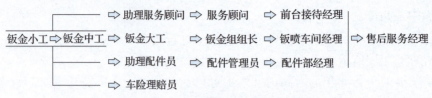

图 4-3-1 钣金维修岗位的拓展岗位

喷涂维修岗位也是一个技术岗位，随着维修技术的提升，其岗位晋升的顺序为喷涂小工、喷涂中工、喷涂大工、喷涂组组长、钣喷车间经理直至售后服务经理。在工作过程中，维修企业也会根据员工的个人特点和企业需求，对员工进行职业规划和岗位调整，将喷涂小工或中工岗位员工调整为非技术岗位的服务顾问、配件管理员、车险理赔员岗位。详情如图 4-3-2 所示。

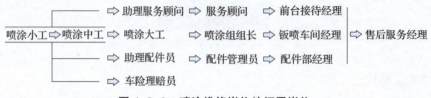

图 4-3-2 喷涂维修岗位的拓展岗位

这里涉及两个重要的拓展岗位，即服务顾问和配件管理员。有的读者可能会说，不是还有车险理赔员岗位吗？严格来说，车险理赔员岗位是服务顾问岗位的一种，属于事故车服务顾问。

一、服务顾问

售后服务顾问，又叫维修接待、前台接待，英文简写 SA，是汽车维修企业中一个非常重要的非技术岗位。服务顾问按照从事工作的时间和工作能力可以分为实习服务顾问、助理服务顾问、服务顾问、高级服务顾问四个类型，也可以按照工作内容的不同分为一般维修服务顾问和事故车服务顾问。

汽车维修售后服务的核心流程包括客户预约、预约准备、个性化接待、车间派工与生产、维修质量控制、交车、客户回访与关怀，其中服务顾问参与的流程为客户预约、预约准备、个性化接待、交车、客户回访与关怀，如图 4-3-3 所示。

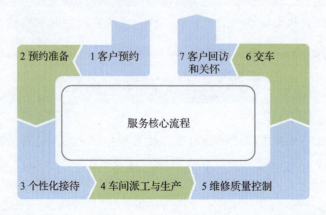

图 4-3-3 服务核心流程

敢想敢说　如图 4-3-4 所示为某汽车品牌维修企业从招揽客户入厂到跟踪服务的全流程，分析一下，服务顾问参与的流程有哪些？

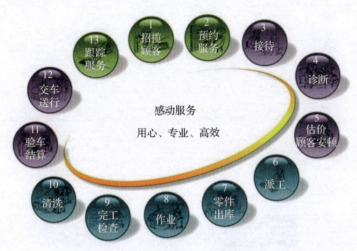

图 4-3-4　招揽客户入厂到跟踪服务的全流程

二、配件管理员

维修企业的客户满意度、盈利重点转移已经由汽车销售转到售后服务，而配件部是售后服务重要的盈利部门，对售后服务有着非常重要的作用。

广义的配件管理员岗位指的是仓务管理、计划管理、柜台销售管理、统计管理等四个岗位，狭义的配件管理员仅指仓务管理，也就是平时说的仓库保管，本书的配件管理员是广义上的，如图 4-3-5 所示。

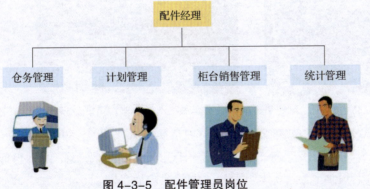

图 4-3-5　配件管理员岗位

敢想敢说　以上岗位是否可以兼职？说明理由。

项目五 技能证书认知

项目描述

一证在手,畅行天下。职业技能证书是表明劳动者具有从事某一职业所必备的学识和技能的证明。它是劳动者求职、任职、开业的资格凭证,是用人单位招聘、录用劳动者的主要依据,也是境外就业、对外劳务合作人员办理技能水平公证的有效证件。本文介绍了贯彻落实国务院"放管服"改革调整后的《国家职业资格目录》中与汽车相关的职业资格证书,以及国务院发布的《国务院关于印发国家职业教育改革实施方案的通知》中明确要求的与汽车相关的职业技能等级证书。

任务一 职业资格证书认知

机动车检测维修专业技术人员职业资格证书,号称汽车维修人员的职称证书,是由中华人民共和国人力资源和社会保障部、中华人民共和国交通运输部共同颁发的证书如图 5-1-1 所示。人社部和交通部共同成立机动车检测维修职业水平考试办公室(设在交通部),负责研究机动车检测维修专业技术人员职业水平评价相关政策。

图 5-1-1 机动车检测维修专业技术人员职业资格证书封面

交通部组织成立机动车检测维修专业技术人员职业水平考试专家委员会,负责编写考试大纲、命题,研究建立考试题库。各省、自治区、直辖市的考试工作由当地交通行政部门会同人事行政部门共同负责,具体职责分工由各地协商确定。

可以登录全国机动车检测维修专业技术人员职业资格管理平台(https://jdcjcwx.jtzyzg.org.cn/JDCJCWX/LEAP/)办理证书报名、资料下载、证书查询等业务,如图 5-1-2 所示。

机动车检测维修专业技术人员职业水平考试划分为机动车检测维修士、机动车检测维修工程师两个级别,每个级别划分为机动车机电维修技术、机动车整形技术、机动车检测评估与运用技术三个专业。机动车整形技术专业的考生考试时,可选择机动车钣金维修技术和机动车涂装维修技术中的一个专业内容作答。

图 5-1-2　全国机动车检测维修专业技术人员职业资格管理平台

机动车检测维修士考试设"机动车检测维修法规与技术"和"机动车检测维修实务"两个科目。机动车检测维修工程师考试设"机动车检测维修法规与技术"、"机动车检测维修实务"和"机动车检测维修案例分析"三个科目。其中,机动车检测维修法规与技术和机动车检测维修案例分析科目考试时间均为 3 小时,均采用纸笔作答方式进行;机动车检测维修实务科目考试时间为 2 小时,采用现场实际操作的方式进行。机动车检测维修工程师考试成绩实行两年为一个周期的管理办法,参加上述三个科目考试的人员,必须在连续两个考试年度内通过全部科目考试,方可获得机动车检测维修工程师职业水平证书,如图 5-1-3 所示。

图 5-1-3　机动车检测维修专业技术人员职业资格证书

任务二　职业技能等级证书认知

2019 年 1 月 24 日国务院发布《国务院关于印发国家职业教育改革实施方案的通知》(即"职教二十条"),明确职业教育与普通教育是两种不同的教育类型,具有同等重要地位。明确要求从 2019 年开始,在职业院校、应用型本科高校启动"学历证书+若干职业技能等级证书"制度试点（以下称1+X证书制度试点）工作。

院校内实施的职业技能等级证书分为初级、中级、高级，是职业技能水平的凭证，反映职业活动和个人职业生涯发展所需要的综合能力。

可登录1+X门户网站 https://vslc.ncb.edu.cn，进入职业技能等级证书信息管理服务平台办理相关业务，如图5-2-1所示。

图5-2-1　职业技能等级证书信息管理服务平台

院校是1+X证书制度试点的实施主体。试点院校要推进"1"和"X"的有机衔接，进一步发挥好学历证书作用，夯实学生可持续发展的基础，积极发挥职业技能等级证书在促进院校人才培养、实施职业技能水平评价等方面的优势，将证书培训内容有机融入专业人才培养方案，优化课程设置和教学内容，对专业课程未涵盖的内容或需要强化的实训，组织开展专门培训。

培训评价组织作为职业技能等级证书及标准的建设主体，对标准质量、声誉负总责，主要职责包括标准开发、教材和学习资源开发、考核站点建设、考核颁证等，并协助试点院校实施证书培训。

涉及汽车钣金和喷涂的社会评价组织是北京中车行高新技术有限公司和北京祥龙博瑞汽车服务（集团）有限公司。

第二篇 理论知识篇

项目六 车身结构认知

项目描述

汽车是现代文明的产物,在人们看来,它生就拥有一副钢筋铁骨,让我们一起随着本书的展开,透过这错落有致的钢铁之躯,探寻汽车车身结构的奥秘。

任务一 车身结构分类

一、车身结构分类

现代车身结构分为两大类:非承载式车身(车架式车身)和承载式车身(整体式车身)。早在汽车尚未问世之前,承载式车身已经在马车上得到相当程度的应用,弹簧直接固定在车身上。在汽车问世后,非承载式车身曾在汽车车身上得到广泛应用。直到20世纪末,承载式车身才开始慢慢取代非承载式车身成为主流。

二、非承载式车身

非承载式车身又称为车架式车身,因其主要载荷由车架承担,车身几乎不承受载荷而得名,如图 6-1-1 所示。目前它主要应用在货车、部分客车和大型 SUV 上。

车架是一个独立的部件,没有和车身外壳任何主要部件焊接在一起。车身一般用螺栓固定在车架上,为了减少乘员舱内的噪声和振动,车身与车架之间柔性连接,安装特制橡胶垫块,还安装了减振器,将振动减到最小,如图 6-1-2 所示。

车架还是汽车的基础，车身和主要部件都固定在车架上，所以要求车架有足够的坚固度，在发生碰撞时可以保持汽车其他部件的正常位置。车架是一种桁架结构，各杆件受力均以单向拉、压为主，内部横梁、纵梁和支撑架的合理布置，可适应结构内部的弯矩和剪力分布，如图6-1-3所示。

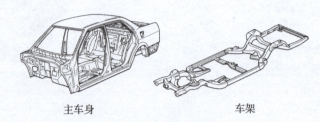

图 6-1-1　非承载式车身

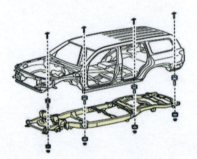

图 6-1-2　车身与车架柔性连接

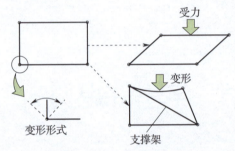

图 6-1-3　桁架结构

车架式车身可以拥有更好的越野性能，常见的SUV大多不是车架式车身。SUV是指运动型多用途汽车（SUV全称是Sport Utility Vehicle），按照功能性，SUV通常分为城市型与越野型，如图6-1-4所示。城市型SUV又称为跨界车，一般以轿车平台为基础，在一定程度上兼具舒适性和越野性，采用的不是车架式车身；越野型SUV采用的是车架式车身，在崎岖路面和野外有良好的通过性。

图 6-1-4　城市型SUV与越野型SUV

三、承载式车身

承载式车身取消了车架，由车身承受所有载荷，目前几乎所有轿车和城市型越野车均采用这种车身。承载式车身大量采用高强度钢板，在发生碰撞时，通过吸能、溃缩等方式保证车内人员的安全。相比车架式车身，它不管在安全性还是在稳定性方面都有很大的提高；其缺点是产生的噪声和振动相对较大，车体的刚性和载重能力相对较弱，所以一般专业越野车和货运车辆不采用这种结构，如图6-1-5所示。

图 6-1-5　承载式车身

承载式车身是雷门结构，各接点部位为刚性连接，受到轻微外力时，不容易产生变形。但外力达到一定程度后，该结构将会完全变形。汽车车身是由很多块薄钢板，通过焊接方

式连接形成整体。当撞击力达到一定程度，即使在没有相关构件传递撞击力量的时候，车身另一侧，也有可能在惯性力、冲击波的影响下产生变形，如图6-1-6所示。

承载式车身前后还设有溃缩吸能区，在发生碰撞时利用车身前后部位的变形来吸收撞击能量，最大程度保障驾乘人员的安全性。

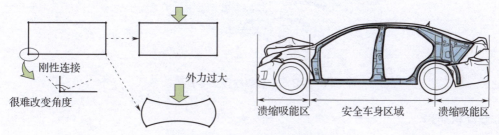

图6-1-6 雷门结构与溃缩吸能区

> **敢想敢说**　　一张保时捷与林肯碰撞事故的图片引发了争论（图6-1-7），大多数网民认为保时捷车身太不安全了，变形太严重了。这场事故的具体信息如下：保时捷前部车身发生严重损伤，林肯尾部几乎没有变形。请问你从以上描述中看到了什么信息？

图6-1-7 碰撞事故照片

任务二　认识车身零部件

一、车身前部零部件

车身前部零件包括前纵梁、减振器支座及挡泥板、散热器安装支架、发动机舱盖锁等，其中前纵梁是前部碰撞的主要承载部件，如图6-2-1所示。

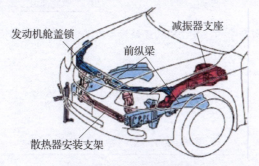

图6-2-1 车身前部零件

二、车身螺栓连接零部件

车身上采用螺栓连接的零部件主要包括前门、后门、发动机舱盖、翼子板和行李舱盖，如图6-2-2所示。

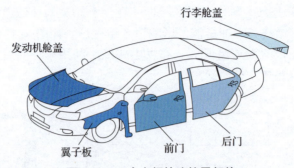

图 6-2-2 车身螺栓连接零部件

1. 发动机舱盖

发动机舱盖由外板、内板和加强梁组成，如图 6-2-3 所示。内板和外板的四周以折边连接，外板包围内板，密封胶涂抹于内板和外板的间隙中，加强梁则通过点焊连接在内板上。

发动机舱盖通过铰链与车身连接，在发动机上方部位布置隔热垫，防止发动机热量损坏发动机舱盖表面油漆。为防止发生碰撞时发动机舱盖侵入发动机舱，除发动机舱盖采用铰链连接外，在车身上还设有预变形的吸能部位，如图 6-2-4 所示。

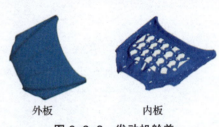

图 6-2-3 发动机舱盖

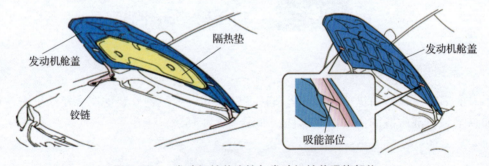

图 6-2-4 发动机舱盖连接与发动机舱盖吸能部位

2. 车门

按照制造方法不同，车门可以分为整体式车门、分体式车门、框式车门和无框式车门，见表 6-2-1。

表 6-2-1 车门特点与应用

车门名称	特点与应用	图片
整体式车门	整体式车门内板和外板都是由整块钢板制作的，采用冲压成型的工艺将车门的两个主要部件制作出来，在德系汽车中比较常见该种形式的车门，其代表车型有奔驰系列、大众宝来等	

(续)

车门名称	特点与应用	图 片
分体式车门	分体式车门的结构在最近几年得到了广泛应用,它的外板只有车门下部的一半,而车门内板是整体的,利用车门上的密封条来替代车门外板的上半部分	
框式车门	框式车门的结构特点比较明显,它的车门外板下部、车门内板下部、是由汽车钢板冲压而成,最后通过小的冲压件与车门内板链接,目前在日韩车系中得到了广泛应用	
无框式车门	无框车门一般属于高端汽车的配置,尤其是跑车,如奥迪的A7、A5等车型,除了造型看起来炫酷,还显得比较高档	

车门的结构也包括外板、内板和加强梁。内板和外板的四周采用折边连接方式,并将密封胶涂抹于内板和外板的间隙中。内板与加强梁采用电阻点焊连接,一旦加强梁发生弯曲变形,则必须更换车门总成,如图6-2-5所示。

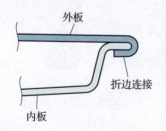

图6-2-5 车门折边连接与防撞加强梁

3.行李舱盖

行李舱盖同样包括外板、内板和加强梁。内板和外板的四周也采用折边连接方式,加强梁和支座是由点焊焊接于行李舱盖上,密封胶涂抹于内板和外板的间隙中,如图6-2-6所示。

行李舱盖外板　　行李舱盖内板

图6-2-6 行李舱盖内外板

三、焊接连接零部件

1. 侧围板

现代车身制造厂的侧围板一般是一体式结构，通过电阻点焊接合到车身内板上，如图6-2-7所示。

在维修时，有的车型提供一体式的侧围板，而有的车型可以单独提供前立柱外板、中立柱外板、后侧围等零部件。车顶外板一般是单独提供，如图6-2-8所示。

图6-2-7　一体式侧围板

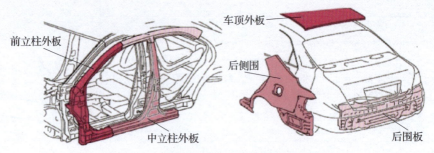

图6-2-8　单独提供的立柱外板和车顶外板

2. 立柱

前立柱（即A柱）由前立柱内板、加强板、外板组成，对于钢铁车身三者通过电阻点焊接合在一起，三者的材料和厚度都有所区别，如图6-2-9所示。

中立柱（即B柱）也是由立柱内板、加强板、外板组成，三者之间通过电阻点焊接合在一起，三者的材料和厚度也是有所区别，中立柱加强板通常是车身上强度最高的部件，如图6-2-10所示。

前立柱内板　　前立柱加强板　　前立柱外板　　中立柱内板　　中立柱加强板　　中立柱外板

图6-2-9　前立柱　　　　　　　　　　图6-2-10　中立柱

车身后侧围板（后翼子板）通常与内部侧围板通过电阻点焊接合为一个整体，称为后立柱（即C柱），以提高车身的强度，如图6-2-11所示。

内部侧围板　　　　后侧围板

图6-2-11　后立柱

车身侧面零部件装配

项目七 车身材料认知

项目描述

随着人们对环保和车身安全的要求越来越高,在不知不觉中,看来几乎一成不变的车身,其材料却发生了脱胎换骨的变化,低碳钢的占比越来越小,铝合金、高强度钢、超高强度钢、热成型超高强度钢占比越来越大(图 7-0-1)。穿过车身表面一成不变现象的迷雾,看到车身材料已经发生根本的变化的实质,这就是透过现象看本质的科学认识方法。

下面让我们一起探索车身材料的奥秘。

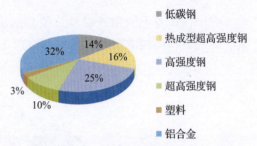

图 7-0-1 某车型车身材料占比

任务一 钢铁材料认知

一、金属材料的性能

金属材料随着承受载荷的变大,相继发生弹性变形、塑性变形、断裂,在其变性过程中出现弹性极限、屈服强度、抗拉强度,如图 7-1-1 所示。

1. 弹性变形

弹性变形是金属受到拉伸后能够恢复到原来的形状的能力,也就是在修理中常见的金属回弹。

在受到损坏的金属板上会发生弹性变形,修理技师可以利用金属的回弹倾向进行修理。任何比较平滑的部位都可能发生回弹,即使它们受到邻近部位的影响而偏离了原来的位置,当临近部位的变形消除后,这些受影响的部位往往会跳到其原来的形状。弹性极限指的是金属即将发生塑性变形的载荷。

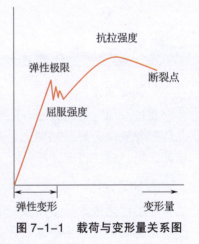

图 7-1-1 载荷与变形量关系图

2. 塑性变形

塑性变形是金属发生弯曲或变成各种形状的能力。当金属的弯曲超过了它的弹性极限时,它将出现回弹的倾向,但它并不能完全回到原来的形状。发生塑性变形时它的晶体组织变成另一种结构,了解塑性变形对于车身修理技师非常重要,因为大多数受到损坏的金属都会在不同的部位发生拉伸变形(永久的变形)。

3. 屈服强度

屈服强度是金属材料发生屈服现象时的屈服极限,也就是抵抗微量塑性变形的载荷。

它分为上屈服强度和下屈服强度,一般把下屈服强度作为屈服强度。

4. 抗拉强度

抗拉强度是金属由均匀塑性变形向局部集中塑性变形过渡的临界值,也是金属在静拉伸条件下的最大载荷。

二、钢铁材料分类

应用在车身上的钢铁材料,按其抗拉强度不同可以分为低碳钢、高强度钢、超高强度钢、热成型超高强度钢等。各种钢材在车身上的应用和抗拉强度如图7-1-2所示。

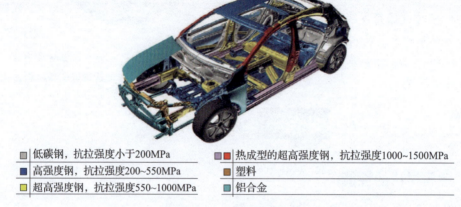

- 低碳钢,抗拉强度小于200MPa
- 高强度钢,抗拉强度200~550MPa
- 超高强度钢,抗拉强度550~1000MPa
- 热成型的超高强度钢,抗拉强度1000~1500MPa
- 塑料
- 铝合金

图7-1-2 车身材料分布

三、钢铁的强化方式

1. 固溶强化

通过添加合金元素的方法增强材料的强度,称为固溶强化,如图7-1-3所示。溶入的晶体颗粒使原金属晶格畸变,晶格畸变增大了错位运动的阻力,从而使合金的强度与硬度增加,但其韧性和塑性却有所下降。

2. 加工硬化

加工硬化指的是金属被弯曲过的部位会变得非常硬,如图7-1-4所示。受弯曲或加工部位的金属都会产生加工硬化,在车身制造、车身碰撞和车身修理的过程中都会产生加工

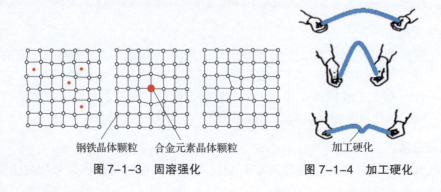

图7-1-3 固溶强化　　　图7-1-4 加工硬化

硬化。在车身制造的过程中，可以利用加工硬化提高车身的强度。在车身碰撞中会产生新的加工硬化，这是碰撞损伤的根源，而不正确的维修会加剧加工硬化。加工硬化产生的原因是晶粒变形后倾向于回到原先的位置而产生的应力。

3. 时效强化

时效强化指的是添加合金元素后再对材料进行热处理的一种强化方式，如图 7-1-5 所示。钢的热处理是通过调整加热温度和冷却速率来控制的，其结果依钢铁的碳含量和合金的种类而有所不同。常见的热处理有以下四种：

1）正火是指将材料加热到临界温度（760℃）以上 40℃ 保持一段时间后空气冷却，可以调整材料内部结构，使机械性能得到提升。

2）淬火是指将材料加热到临界温度（760℃）以上 40℃ 保持一段时间后急速冷却，可以使材料硬度增加，韧性下降，如图 7-1-6 所示。

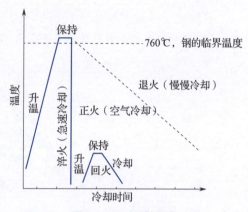

图 7-1-5 时效强化

加热到临界温度以上40℃保持一段时间，水或油中急速冷却

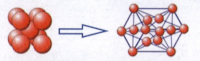

材料晶体颗粒细化，强度和硬度增加

图 7-1-6 淬火

3）回火是指将淬火的材料再次加热到一定温度后保持一段时间再冷却，可以增加材料韧性。

4）退火：将材料加热到临界温度（760℃）以上 25℃ 后保持一段时间后慢慢冷却，可以增加材料延展性，提高冷加工性能。

文化熏陶

唐朝诗人卢纶的古诗作品《和张仆射塞下曲·其二》其全文如下：

林暗草惊风，将军夜引弓。
平明寻白羽，没在石棱中。

这首诗取材于《史记》中李广列传的一段记载，说的是飞将军李广晚上归来，猛然发现草丛中有只老虎，情急之下，奋力用箭射虎，结果将箭射入石中。等到后来李广发现射中的不是老虎，仅是一块石头时，无论再怎么努力射箭，也无法将箭射入石中了。

从本节时效强化和热处理的角度，分析为什么"白羽"会"没在石棱中"。

敢想敢说　用气动钻钻除车身板件的过程中，因为钻头与车身板件的摩擦作用会产生大量的热量，如果操作不当或冷却不及时，可导致钻头过热发黑或发蓝，导致钻头硬度降低，极大缩短钻头使用寿命。

从时效强化和热处理角度分析钻头使用寿命降低的原因并提出解决方法。

硼钢就是通过时效强化获得的强度，其抗拉强度能达到 1300~1400MPa，在侧面碰撞时它可以防止车内乘员免受或减少伤害，如图 7-1-7 所示。

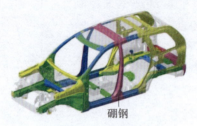

图 7-1-7　硼钢

任务二　铝合金材料认知

现代汽车的设计尝试克服两种相互冲突的需求：燃油经济性（更轻、空气动力特性和燃油感应技术）和舒适性（这通常需要更高规格和增加更多附件）。而铝合金是满足燃油经济性和舒适性的理想材料，它使车身更轻，而刚度更大。铝合金与传统钢材维修方法不同，利用正确的知识和合适的工具，很容易对其进行维修。

史海泛舟　地球上最多的金属是铝，在地壳中，铝的含量占到了整个地壳总质量的 7.5%。与铁不同的是，人们发现并冶炼铝的历史要更晚，因为铝的化学性质非常活泼，这也就导致了它很不容易被还原，炼铝的难度非常高。人类利用铁的历史有两千多年，但是世界上第一块金属铝，直到 1825 年才被英国人戴维制造出来。

在两百年前，铝被视为一种非常珍贵的金属，当时的欧洲贵族把铝制作的餐具视为比黄金还要珍贵的东西，一度被视为上流社会的专属。一直到 20 世纪前夕，人类才发明了大量获得铝的办法，随后铝的价格开始逐渐平民化，并成为我们现在生活中再平常不过的东西。

在汽车行业中，铝材应用已有多年历史。其主要性能为低密度，变形时较强的冲击能量吸收能力，高强度、耐蚀性和可回收性。铝材主要应用于发动机舱盖、车门和翼子板等车身覆盖件，但也更多地应用于车身结构部件中，甚至出现了全铝车身，如图 7-2-1、图 7-2-2 所示。

图 7-2-1　铝制车身覆盖件

图 7-2-2　铝制车身结构件

一、铝合金分类

按照添加合金元素的不同,铝合金可以分为 1000 系列 ~9000 系列不同的种类,在汽车车身上有应用的主要是 4000 系列 ~7000 系列,见表 7-2-1。

表 7-2-1 铝合金系列特征与用途

铝合金系列	添加合金元素	热处理与否	特征	用途
4000 系列	铝硅合金 Al-Si	非热处理型	抗磨损性佳,低熔点	减振器支座和铝合金焊丝
5000 系列	铝镁合金 Al-Mg	非热处理型	在所有非热处理铝合金中,此种合金强度最强,且焊接性、耐蚀性都很好,易于加工成型	铝合金复杂的冲压件、铝合金焊丝
6000 系列	铝镁硅合金 Al-Mg-Si	热处理型	此种合金强度强,耐蚀性佳,且具有抗压性、良好的加工性	铝合金纵梁和外板件
7000 系列	铝锌镁合金 Al-Zn-Mg	热处理型	此热处理合金是最强的铝合金	用于汽车的车架和保险杠加强梁

按照铝合金板件制作工艺的不同,铝合金分为铝板、挤压铝型材、压铸铝三种。挤压铝型材是用圆铝棒加热到它的临界点经过挤压机挤压成型的;压铸铝是用铝锭和合金材料,经熔炉熔化,进入压铸机中模具成型。压铸铝制品形状可设计成各种形状,造型各异,方便各种方向连接,硬度强度较高,如图 7-2-3 所示。

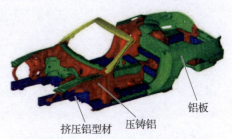

图 7-2-3 不同类型的铝合金应用

二、铝合金特点

铝合金与钢铁在密度、导热性、熔点、电阻率等物理性能方面有很大差异,见表 7-2-2。

表 7-2-2 铝合金与钢铁的特点比较

材料	铝合金	钢铁
密度 / (kg/dm^3)	2.7	7.9
导热性 / [$W/(m^2·K)$]	238	50~60
熔点 /℃	660	1460
电阻率 / ($Ω·mm^2/m$)	0.029	0.14~0.18

铝在空气中极易与氧气发生反应生成氧化铝,氧化铝形成的时间非常短,大约半小时之内,在处理后的铝板表面就形成一层致密的氧化铝薄膜,这层氧化铝好似盔甲阻止了铝板进一步被氧化,所以铝合金是一种难得的防腐蚀材料,如图 7-2-4 所示。

这一点与钢铁有明显的区别,在空气中形成氧化铁的时间要比形成氧化铝的时间长,但是氧化铁是个松散的结构,如图 7-2-5 所示。它并不能阻止钢铁进一步被氧化,空气通过氧化铁的缝隙接触钢铁表面使其继续腐蚀。

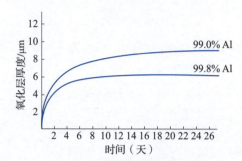

图 7-2-4　铝合金氧化时间

图 7-2-5　松散的氧化铁与致密的氧化铝

探索发现

机灵的小王

小王是一位有着十年经验的钣金技师，最近因薪资问题跳槽到某高端品牌4S店从事钣金修理，经过短暂的入职培训后，小王顺利上岗。一天，维修店接到一辆铝合金车身的事故车，车门发生凹陷，钣喷经理指定小王进行维修。小王从来没有修理过铝合金车身，但觉得自己有十年的钢车身维修经验，应该可以修好。小王是个热爱学习的技师，他根据以前积累的知识，去除了附在铝合金表面和介子机介子上的氧化膜，顺利地完成了一半的修复任务。到饭点了，同事小李来叫小王一起去单位食堂吃工作餐，小王本想干完再吃，但碍于情面就去和小李匆匆吃完饭。回来后他想把剩下的修复任务完成，但之前可以顺利焊接的介子机介子却怎么也不能焊接到车身上。小王害怕修理不好车身对自己影响不好，灵机一动用钻头在凹陷的车门处钻了几个孔，将钩子伸进孔中拉出凹陷，并找到喷涂技师要求其直接抹上原子灰遮盖并喷漆。钣喷经理和维修接待顺利完成验车并交接给车主。

请从铝合金特点分析小王饭前饭后不能顺利完成介子焊接的原因。根据以上陈述分析，小王的优点是什么？该维修企业在经营中存在哪些问题？

三、电化学腐蚀

电化学腐蚀是最为广泛的腐蚀（图 7-2-6）。当车身中的铝合金和钢铁处在潮湿的大气中时，金属表面会形成一种微电池，也称腐蚀电池。腐蚀电池的形成原因主要是金属表面吸附了空气中的水分，形成一层水膜，空气中的 CO_2、SO_2 等溶解在这层水膜中，形成电解质溶液。如果钢铁与铝合金紧密接触在电解液中，电化学腐蚀就会不断进行。因此，在车身维修和制造中，要采用措施使钢铁和铝合金不直接接触。

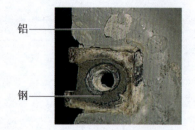

图 7-2-6　电化学腐蚀

以上特点决定了在车身制造与车身维修中，对于铝合金需要采用与钢铁不同的工艺。

项目八 钣喷工具认知

项目描述

工欲善其事,必先利其器——语出《论语·卫灵公》。这句话的意思是工匠想要使他的工作做好,一定要先保养好工具使其锋利,并熟练地掌握它。要想做好汽车钣金喷涂技术,就必须对钣金和喷涂工具有必要的了解。

任务一 钣金工具认知

一、手动工具认知

1. 锤类工具

锤类工具包括球头锤、橡胶锤、木锤、镐锤、冲击锤、精修锤等,其中镐锤和精修锤也可以统称为钣金锤,见表 8-1-1。为保证钣金锤锤面平整,需要经常对锤子进行维护保养,方法是定期用打磨工具修整锤面。

表 8-1-1 锤类工具

名称	工具简介	图片
球头锤	质量为 250~500 g,用于校正弯曲的基础结构,修平重规格部件,加工未开始用车身锤和手顶铁作业之前粗成形的车身部件	
橡胶锤	橡胶锤用于柔和地锤击薄钢板,这样不会损坏喷漆表面,它经常与吸杯配合用于大面积的凹陷修复上,当用吸杯将凹陷拉上来时,用橡胶锤围绕着高起的点按圆周状轻打	
木锤	木锤的用法与橡胶锤相同,用于柔和地锤击薄钢板,这样不会损坏喷漆表面,它经常与吸杯配合用于大面积的凹陷修复上	
镐锤	能维修许多小凹陷,其尖顶用于将凹陷从内部锤出,对中心进行柔和地轻打,其平顶端与顶铁配合作业可以去除高的点和波纹。镐锤有多种形状和尺寸,有些有锐利的锥形尖,有些则具有钝的锥形尖	
冲击锤	大的凹陷需要使用冲击锤,冲击锤的顶角有圆的或方的,顶面的表面近似是平的。这种锤顶面大,打击力散布在较大的面积上,用于凹陷板面初始的校正,或加工内部板和加强部位的板件。这些操作需要较大的力量而不要求光洁的表面	
精修锤	精修锤用于修理最后的外形,精修锤的锤面较冲击锤的锤面小,表面是隆起的,以便力量集中在高点或波峰的顶端。收缩锤是有锯齿面或交错缝槽面的精修锤,这种锤用来收缩那些被过度锤打而延伸的部位	

2. 顶铁

顶铁也叫垫铁，一般由合金钢制成，重量是锤子的 2~3 倍，敲击时，顶铁不会弹起。它通常顶在被锤子敲击的金属板的背面，用锤子和顶铁一起作业使凸起的部位下降，或使低凹部位上升。顶铁有高隆起、低隆起、凸缘等多种不同形状的，每种形状用于特定的凹陷形式和车身板面外形，如图 8-1-1 所示。

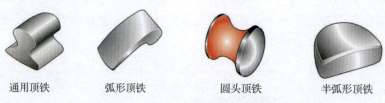

图 8-1-1 顶铁

顶铁与面板外形的配合非常重要，假如在高隆起的面板上使用平面或低隆起的顶铁，结果将会增加凹陷。顶铁有不同形状，同一顶铁上也有许多形状以实现不同功能，如弧形顶铁可以用于在狭窄部位进行敲击，也可以用其平面直角边矫正凸缘。

3. 匙形铁

匙形铁可以当作锤子或垫铁使用。它有许多种形状和尺寸，可与不同的面板形状匹配，如图 8-1-2 所示。平直表面的匙形铁把敲打力分布在宽的接触面上，在皱折和隆起部位特别有用。当面板后面空间有限时，匙形铁可当作垫铁用，敲击匙形铁与锤子一起作业，可降低隆起。内边匙形铁可撬起低凹处，或与锤子一起敲击来拉起凹陷。冲击锉匙形铁则有锯齿状的表面，用来拍打隆起或里边的皱折，使金属板回复到原来的形状。

图 8-1-2 不同类型的匙形铁和使用匙形铁敲击修复

4. 撬杠

在免喷漆修复时，需使用撬杠，如图 8-1-3 所示。撬杠用作撬起凹点，它们有不同的长度和形状，大多数有末端把手，可以用来修复密闭空间的车身部件上的凹点。

图 8-1-3 撬杠

5. 车身锉

车身锉用于检查车身上的高低点，由锉刀把手、调节旋钮、可调节弧度锉刀三部分构成，如图 8-1-4 所示。可以根据板件的形状，通过调节旋钮，使锉刀的弧度与板件的形状匹配。在对损伤部位进行修整后，用车身锉可以磨去高点而显露出需要再加以敲击的低点（高点发亮，低点发暗）。操作时要注意，不要大力使用车身锉，否则可能会锉薄金属板。钣金锉的作用不是锉平板件、锉去高点，而是检查车身上的高低点。

6. 铁皮剪刀

铁皮剪刀可用于1mm以下低碳钢的剪裁，一般分为左弯剪刀、直剪刀、右弯剪刀，可以剪裁直线、外弧线和内弧线，如图8-1-5所示。

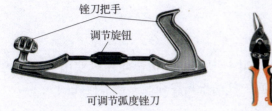

图8-1-4　车身锉　　　　　　　　图8-1-5　铁皮剪刀和手锯

7. 手锯（锯弓）

在车身钣金维修中使用的锯弓，用于锯切薄车身钢板，如图8-1-5所示。使用时，锯齿应朝前，用"推"的动作进行锯切。

8. 夹持工具

在车身修复中用的夹持工具一般指大力钳。大力钳按照使用功能不同，可分为直嘴大力钳、C形大力钳、焊接大力钳、折边大力钳等，见表8-1-2。每种大力钳又有不同的尺寸，可以通过调整大力钳上的螺母，改变夹持力度。

表8-1-2　大力钳

大力钳种类	用　途	图　片
直嘴大力钳	用于板件边缘的夹持定位	
C形大力钳	用于板件内部有障碍物处的夹持定位	
焊接大力钳	在电阻点焊或塞焊时，用焊接大力钳夹持定位	
折边大力钳	用于板件边缘的夹持定位，在对板件进行折边时，也可用此大力钳夹持	

9. 打孔器

打孔器（图8-1-6）用于车身板件塞焊时在新板件上打孔的操作，打孔与钻孔相比没有金属毛刺。

10. 折边机

折边机（图8-1-6）用于车身板件搭接的接缝的折边或车门等内外板的折边成形。

图 8-1-6 打孔器与折边机

二、动力工具

动力工具包括气动工具和电动工具。其中气动工具是钣金喷涂时使用最广泛的工具,为保障气动性能,延长气动工具的使用时间,气动工具在开始工作前应先滴入 1~2 滴气动工具润滑油,并空转约 30s。

1. 打磨工具

常用打磨工具见表 8-1-3。

表 8-1-3 打磨工具

打磨工具种类	用　途	图　片
圆盘打磨机	一般用于油漆层的去除、腻子层的打磨等工作,需要与不同型号的圆盘砂纸相配合使用	
角磨机	也可以叫做砂轮机,有气动和电动两种,一般用于金属磨削、焊点和焊缝的打磨,需要用不同型号的砂轮打磨片配合使用,也可以用于高强度金属的切割,切割时需将砂轮打磨片更换为砂轮切割片	
砂带打磨机	一般用于打磨狭窄和凹陷位置的漆膜和焊点,需要与不同型号的砂带相配合使用	
黑金刚打磨机	适用于漆面、焊缝、去污除锈等打磨作业,需要与黑金刚打磨片相配合使用	

2. 切割工具

常用切割工具见表 8-1-4。

表 8-1-4 切割工具

名　称	用　途	图　片
气动锯	适用于板件的切割,在车身维修中应用广泛,配合不同齿数的锯条,可以切割低碳钢板、铝板、塑料板	
剪刀	适用于 1mm 以下周围无约束的车身低碳钢板的剪切,有气动和电动两种	
切割机	适用于车身高强度钢板的切割,有气动和电动两种,需要与切割片配合使用	

(续)

名 称	用 途	图 片
气动錾	适用于对车身板件快速进行粗切割作业,可以节省大量时间,也可以用于去除焊接溅出物和破碎焊点	
电动剪板机	适用于平整的低碳钢板的剪切,尤其适用于面积大的钢板,工作效率高	
等离子切割机	适用于车身高强度钢板的切割和车身板件的粗切割,工作效率高	

3. 钻孔工具

常用钻孔工具见表 8-1-5。

表 8-1-5 钻孔工具

名 称	用 途	图 片
气动钻	用于在金属板件上钻孔,需要与不同尺寸的钻头配合使用	
焊点去除钻	用于车身电阻点焊焊点的去除分离,有进度限位装置,保证在分离板件的同时不会损伤下层板,可以对钻除的深度进行调节,转动调整旋钮,每格为 0.05mm,转动一圈为 20 格、1mm	
气动打孔器	用于车身板件塞焊时在新板件上打孔的操作,打孔与钻孔相比没有金属毛刺	
台钻	广泛用于工业生产中,在车身修复中用于平坦可移动钢板的钻孔,需要与不同尺寸的钻头配合使用	

除了以上工具设备外,钣金中常用的设备还有介子机、钢焊机、铜焊机、铝焊机等,将在以后的项目中详细讲解。

任务二　喷涂工具认知

一、手动工具认知

喷涂中使用的手动工具主要是原子灰刮涂工具以及遮蔽纸架。原子灰刮涂工具包括刮刀、原子灰调和板、搅拌棒、干磨指示层等。刮刀是原子灰施涂作业中的主要工具。按其软硬程度的不同,可分为硬质刮刀和软质刮刀,见表 8-2-1。

表 8-2-1　原子灰刮涂工具

名称	用途	图片
硬质刮刀	适用于大面积的刮涂作业,如大的凹坑、大的平面缺陷部位等,由于其刮口硬度较高,易于刮涂平整,工效高、材料省	钢板刮刀　铁铲
软质刮刀	适用于刮涂圆弧形、曲面形状的部位的原子灰	塑料刮刀　橡胶刮刀
原子灰调和板	适用于原子灰的调和,除了贴纸的可撕式调合板外,还有金属、木材、塑料等材料	
搅拌棒	原子灰容易沉淀,取用之前,一定要搅拌均匀	
干磨指示层	主要用于显示原子灰的缺陷,使用时,用海绵将黑色的碳粉均匀地涂抹到原子灰上,打磨之后,原子灰高的部位的碳粉会被打磨掉,残留有碳粉的部位,说明有气孔或凹陷	
遮蔽纸架	可以用于同时放置不同尺寸的遮蔽纸与遮蔽胶带,自带切纸器,遮蔽纸与遮蔽胶带直接粘附,裁切方便整齐,方便使用,缩短遮蔽时间	

二、动力工具认知

1. 打磨工具

常用打磨工具见表 8-2-2。

表 8-2-2　打磨工具

名称	作用与特点	图片
单作用打磨机	用于漆膜的去除与打磨,打磨盘垫绕一固定的点转动,砂纸只作单一圆周运动	
轨道式打磨机	砂垫外形都呈矩形,便于在工件表面上沿直线轨迹移动,整个砂垫以小圆圈振动	
双作用打磨机	打磨盘垫本身以小圆圈振动,同时又绕其自己的中心转动,兼有单一运动及轨道式打磨机的运动特点,其切削力比轨道式打磨机强	
往复直线式打磨机	小型轨道打磨机,砂垫作往复直线运动的,称为直线式打磨机	

2. 喷枪

喷枪是指利用空气压力将液体转化为小液滴的喷涂工具，该过程即雾化，如图8-2-1所示。雾化的过程就是喷枪工作的过程，雾化使涂料成为可喷涂的细小且均匀的液滴，当这些小液滴被以正确的方式喷在汽车表面后就会结合形成一层厚度极薄的、像镜子一样平整的膜。在以后的项目中将对此进行详细讲解。

图8-2-1 喷枪与烤漆房

3. 汽车烤漆房

汽车烤漆房一般是用来喷涂和烘烤车漆的，因此，烤漆房最确切的描述应为汽车喷漆烤漆房，如图8-2-1所示。烤漆房能够节约场地，使用方便，同时可对底漆、面漆进行强制干燥，加快工作节奏，提高工作效率和涂层质量。

4. 调色工具

常用调色工具见表8-2-3。

表8-2-3 调色工具

名　称	用途与特点	图　片
调漆架	用于放置油漆色母，内置搅拌棒，防止油漆沉淀	
电子秤	用于称量油漆色母重量，也可以称量原子灰、固化剂的质量	
调色灯箱	用于油漆调色，可将制作的调色样板放入其中比对样色差异	调色灯箱
烤箱	用于快速风干调色样板	烤箱

项目九 钣喷耗材与辅料认知

项目描述

钣喷耗材和辅料都属于一次性消耗品，正确认识和使用耗材与辅料，对社会和企业都有非常重要的意义。对社会而言，减少环境污染和能耗，有利于建设美丽中国；对企业而言，节省企业成本，可以提高经济效益。

任务一　认识钣金耗材与辅料

在车身维修中，耗材有广义和狭义之说，广义的耗材包括耗材和辅料，狭义的耗材与辅料不是一个概念。耗材是在维修过程中消耗的材料，最终不能在修好的事故车上找到，例如砂纸等；辅料是车身维修实体材料，最终可以在修好的事故车上找到，例如铆钉等。

一、钣金耗材

1. 打磨类耗材

常用打磨类耗材见表9-1-1。

表9-1-1　打磨类耗材

名　称	用途与特点	图　片
普通砂纸	用于手工研磨车身金属或用于工具修整，以使其光洁平滑。通常在原纸上胶着各种研磨砂粒而成	
植绒砂纸	配合圆盘打磨机使用，按照尺寸、孔数、粒度可以组合成多种型号，例如9寸6孔60#、7寸8孔80#、9寸10孔100#	
砂带	配合砂带打磨机使用，用于车身狭窄区域的打磨	
碟形打磨片	配合角磨机使用，砂纸用胶水粘合而成，用于金属打磨、除锈、去毛刺	
砂轮片	配合砂轮打磨机使用，用于金属打磨、除锈、去毛刺	
黑金刚打磨片	配合黑金刚打磨机使用，适用于漆面、焊缝、去污除锈等打磨作业	

2. 钻头

常用钻头见表 9-1-2。

表 9-1-2 钻头

名 称	用途与特点	图 片
麻花钻头	配合气动钻、台钻使用，适用于在金属板件上钻孔	
焊点去除钻头	配合焊点去除钻使用，用于车身电阻点焊点的去除分离，有 6.5mm 8mm 两种钻头	

3. 锯片

锯片与气动锯配合使用。按照不同的车身材料选择不同的锯片齿数，锯片齿数指的是 1in（2.54cm）的齿数，见表 9-1-3。

表 9-1-3 锯片齿数与适用材料

锯片齿数	适用车身材料
14	铝或塑料等较软的材料
18	曲线切割较软的材料
24	多层钢板、厚度在 4mm 以下
32	1mm 以下的钢板

4. 焊丝

车身焊接中需使用指定类型和直径的成卷焊丝，主要类型有钢焊丝、铜焊丝、铝焊丝三种，见表 9-1-4。

表 9-1-4 焊丝

名 称	特点与用途	图 片
钢焊丝	广泛用于低碳钢板、高强度钢板的焊接，钢焊丝含有硅和锰，直径为 0.6mm 和 0.8mm	
铜焊丝	用于高强度钢板、超高强度钢板的焊接，型号为 $CuSi_3$，直径为 1.0 mm	
铝焊丝	用于 5000 系列和 6000 系列的铝合金焊接，分为铝硅焊丝和铝镁焊丝两种，直径为 1.2mm	

5. 清洁剂

汽车清洗剂具有强力的除污力以及渗透力、杀菌力和抛光光亮性等特性。汽车清洗剂按去污垢机理,可将其划分为三大类:多功能清洗剂、去油剂、溶剂。汽车钣金用的清洁剂主要是去油剂,又叫油脂清洗剂,它的突出特点是去油功能,用于油污较重部位的清洁。

除了以上所讲,耗材还包括胶嘴、无纺擦拭纸、溶剂手套、遮蔽纸、纸胶带等。

二、辅料

1. 胶类黏接剂

常用胶类黏接剂见表9-1-5。

表9-1-5　胶类黏接剂

名称	特点与用途	图片
车身结构胶	车身结构胶广泛应用在原厂制造与售后维修中的钢板件与钢板件连接、铝板件与铝板件连接、钢板件与铝板件连接等位置。其成分为双组分环氧,最适合粘接金属	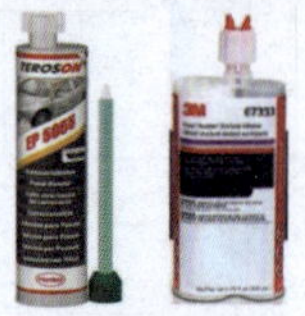
车身密封胶	车身密封胶广泛应用于车身板件折边连接处和车身金属板件搭接处,避免泥沙和潮湿气体进入金属板件内部,防止车身被腐蚀	
车身填充胶	车身填充胶又叫金属原子灰,广泛应用在钢制板件与铝制板件难以修复的凹坑位置和焊接接口等位置打磨后凹陷的部位	

2. 车身防腐材料

常用车身防腐材料见表9-1-6。

表9-1-6　防腐材料

名称	用途与特点	图片
锌喷剂	广泛应用于板件内部的防腐蚀,在进行电阻点焊前,需对板件内部喷涂锌喷剂进行防腐蚀	
空腔防腐蜡	广泛应用于车身维修后内腔的防护(如车门内腔、A柱/B柱/C柱内腔、支架、梁架、发动机舱),要求需喷涂两次,中间留干燥时间,确保覆盖整个空腔	

> **探索发现**
>
> 从内部开始腐蚀的车身
>
> 　　堡垒最容易从内部攻破。车身腐蚀往往也是从内部开始的,在修理厂或停车场,经常可以看到如图9-1-1所示的从内部开始腐蚀的车身,这类腐蚀的显著特点是:当腐蚀被发

现时，车身钢板已经锈穿。从技术上分析，这种腐蚀发生的原因是什么？如何才能减少这种腐蚀？联系实际，分析该腐蚀广泛存在的社会原因是什么？应如何改善？

图 9-1-1　从内部开始腐蚀的车身

3. 铆钉

钣金维修中常用的铆钉为拉铆钉和冲压铆钉，如图 9-1-2 所示，分别配合拉铆枪和冲压铆枪使用。在粘接与铆接项目中将详细讲解。

除了以上所讲，钣金辅料还包括玻璃胶、卡扣、膨胀泡沫隔声密封件等。

图 9-1-2　拉铆钉和冲压铆钉

任务二　认识喷涂耗材与辅料

一、喷涂耗材

1. 砂纸

常用砂纸见表 9-2-1。

表 9-2-1　砂纸

名　称	用途与贴点	图　片
水砂纸	水砂纸是汽车喷涂维修湿磨最常用的砂纸，大小规格约为 28cm×23cm。水砂纸湿磨使用时应先浸水，使砂纸完全浸湿，可以防止手工打磨时因折叠而引起脆裂	
粘扣式砂纸	粘扣式砂纸适用于车身板件的干磨，使用时需与双作用打磨机配套使用，砂纸能紧扣托盘，易于装卸，可重复使用。在使用过程中只要砂纸上的孔与研磨盘上的孔对齐，就不会尘粒飞扬，可减少环境污染	
三维打磨材料（百洁布）	适合打磨外形复杂或特殊材料的表面，如打磨车板的边缘和分界部位，可以用于干磨或者湿磨，是研磨颗粒附着在三维纤维上形成的打磨材料	

2. 清洁剂

喷涂用清洁剂主要是除油剂，是一种专用化学清洁剂。它是对车身待喷涂表面进行清洁工作的必需产品，其主要作用是去除硅脂、蜡、污垢、手印、油脂和油渍等。喷涂清洁工作比钣金清洁工作重要得多，所以所用清洁剂种类要多一些，见表 9-2-2。

表 9-2-2 清洁剂

名称	用途	图片
除硅清洁剂	用于去除旧漆膜、干燥且已完成打磨的中涂漆漆面以及新板件的硅油、沥青、蜡、油脂、油和环境的脏物	
塑料通用清洁剂	用于塑料板件,去除制造塑料零件的脱模剂。塑料件上的清洁剂残留物会降低附着力或造成起泡	
脱脂清洁剂	用于去除待修补板件表面的硅油、油脂和油类残留物,也可用于清洁塑料件表面残留的脱模剂	
金属清洁剂	用于铝、镀锌件和钢板表面的清洁,属于最强的清洁剂,是可将金属表面腐蚀性盐物质去除的清洁剂,能够去除金属表面所有污染物	

使用清洁剂清洁完板件,需要使用擦拭纸进行擦拭,擦拭纸也是一种维修耗材。

3. 遮蔽耗材

常用遮蔽耗材见表 9-2-3。

表 9-2-3 遮蔽耗材

名称	用途与特点	图片
遮蔽纸	适用于对局部非修补区域进行覆盖保护,专业的遮蔽纸不容易沾附灰尘、耐溶剂性及耐渗透性强,使用简单方便	
遮蔽胶带	适用于将遮蔽纸固定在车身上,遮蔽胶带耐热及耐溶剂性强,剥离后不会有粘胶残留在车身上	
防漆防尘塑料薄膜	适用于整车遮蔽,成本较遮蔽纸低,使用时若配合专门的压贴磁条和薄膜切割刀将更省时、节约、方便	
缝隙胶带	适用于在发动机舱盖或车门处防止涂料透入缝隙。缝隙胶带为聚氨酯泡沫体,并加入黏合剂而制成,它简化了有缝隙区域的遮盖程序	
窗缘胶带	窗缘胶带对玻璃及橡胶黏性好,强度高,可将油漆分界线清晰分出,不阻碍研磨施工,方便漆面与塑料橡胶接缝部位整个工序的修补	

4. 调漆耗材

常用调漆耗材见表9-2-4。

表9-2-4　调漆耗材

名　称	用　途	图　片
调漆杯	用于面漆的称量和调配，是一次性用品	
过滤网	用于面漆的过滤	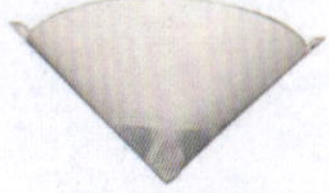
调漆密封桶	用于将调好的油漆临时性储存	

二、喷涂辅料

1. 原子灰

原子灰，俗称汽车腻子，是一种以不饱和聚酯树脂为主要原料，配入了钴盐引发剂、阻聚剂、滑石粉等添加剂，用过氧化物作为固化剂，可根据实际需要随时调配使用、方便快捷的新型嵌填材料。原子灰在汽车修理业和汽车制造业中被广泛使用，如图9-2-1所示。

图9-2-1　原子灰

2. 中涂底漆

在原子灰填补过的区域，由于原子灰对面漆涂层具有一定的吸收作用，会在面漆上留下明显的修补痕迹，所以需要喷涂中涂底漆加以隔离封闭如图9-2-2所示。中涂底漆的主要作用包括：增加面漆层与原子灰涂层的附着力；填充微小的划痕、小坑等，提高漆面的平整度；起到隔离封闭作用，防止渗色发生；保证面漆涂层具有一定的弹性、韧性，提高面漆的丰满程度。

图9-2-2　中涂底漆

3. 面漆

面漆是汽车多层涂装中最后一层的涂料，有各种颜色。它不但具有涂层色泽艳丽、光亮丰满的装饰效果，而且还具有良好的保护性、耐水性、耐磨性、耐油及耐化学品腐蚀性。按照涂料装饰性的不同，面漆可分为素色漆、金属漆、珠光色漆和罩光清漆。

项目十 碰撞损伤认知

项目描述

以人为本,就是以人民为根本、为依靠,人之所以生生不息,是因为人民充满创造力。在汽车车身上,有很多充满创造力的以人为本的设计,这些设计最大程度上保证了人的安全。

任务一 安全车身认知

什么样的车身是安全车身呢?在碰撞中没有变形的车身,也许是安全的,如果车身尺寸不足够大则势必是以牺牲了汽车的动力性、舒适性等性能为代价的;在碰撞中发生变形的车身未必是不安全的。安全车身指的是在重大事故发生后乘员舱能几乎保持完整,使乘员免于受到严重伤害的车身。

汽车车身不仅能经受日常驾驶中的振动及载荷,还要在碰撞中给乘员提供安全保护。因此,汽车前部和后部要设计为在某种程度上容易损伤,以形成一个能吸收碰撞能量的结构,同时中部乘员舱要设计得结实牢固、不易变形,能够给驾驶员和乘客提供一个安全的生存空间,如图10-1-1所示。

汽车安全性一般通过汽车碰撞试验来进行验证,当汽车以一定的速度撞上障碍物时,发动机舱和行李舱溃缩区域的长度会被压缩30%~40%,但安全区域乘员舱的长度仅被压缩1%~2%,如图10-1-2所示。

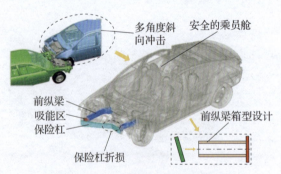

图10-1-1 碰撞中的安全车身设计

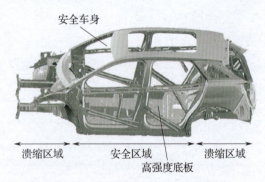

图10-1-2 车身安全区域和溃缩区域

一、新车安全评价

新车安全评价机构(NCAP)最早始于美国,在1978年美国新车安全评价机构(USNCAP)提出5星评价方法,用于在正面碰撞中评价汽车保护车内乘员的性能。在世界上所有的新车安全评价机构中,欧洲安全评价

NCAP 新车安全评价

宝马5系汽车的全方位安全测试

机构（EURONCAP）影响力较大。它创始于 1997 年，某些厂商可能对它颇有微词，但这个机构在欧洲可是深受消费者欢迎，并拥有广泛的群众基础和非常高的公信力。

NCAP 对于促进汽车厂商提高车辆被动安全性功不可没。在 20 世纪 90 年代末进行的碰撞试验中，几乎没有车型能获得 3 星以上的成绩，一两颗星的情况很普遍。但三十年后的今天，即使微型车也有很多获得了 5 星以上的高分。

二、吸能区设计

为了获得安全系数高的车身，除了需要提高车身上高强度钢的占比外，还要在车身上设置吸能区（预溃缩区）。

1. 应力集中

当一个截面积处处相等的物体受到拉伸或压缩负荷时，该物体所有截面上将会受到恒量应力的作用。因截面积的改变而导致该部位的应力变大，即称为应力集中。

以一个物体形状改变，导致截面积变化为例，应力将集中在形状改变的部位，如果作用在该物体的负荷增加，则该部位将变形或断裂，在横截面积突然变化及弯曲的部位，就会产生应力集中，如图 10-1-3 所示。

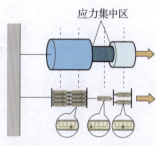

图 10-1-3　应力集中区

2. 吸能区

利用应力集中原理，在车身上设置了能够按照预先设计的方向逐渐变形的区域，这些区域称为吸能区。为了在发生碰撞时能更好地保护车内乘员的安全，轿车车身的前后均应设计变形区，从而尽量减小传递到乘员舱和乘员身体的冲击，减小乘员舱的变形，保障车内乘员的安全。设计变形吸能区时，需要在车身上设计一些强度比较小的区域。

汽车在前部和后部设计了大量吸能区。前部的保险杠支撑、前纵梁、挡泥板、发动机舱盖设计了吸能区；后部的后保险杠支撑、后纵梁、挡泥板、后行李舱盖设计了吸能区。这些吸能区的设计，保证了中部乘员舱的结构完整及安全。

在车身上，吸能区通常采用的设计形式有横截面积变化、波纹加工、弯曲结构、孔洞等，如图 10-1-4 所示。

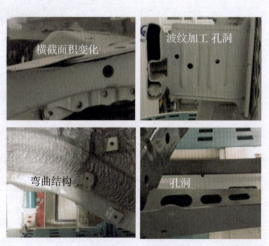

图 10-1-4　吸能区

任务二　损伤类型认知

一、影响碰撞变形的因素

影响碰撞变形的因素包括：被碰撞汽车的尺寸、结构、碰撞位置；碰撞时汽车的速度；碰撞时汽车的角度和方向；碰撞时汽车上乘员、货物的数量及位置。

1. 驾驶员反应对碰撞变形的影响

由于碰撞发生前驾驶员会有预先反应，某些类型的碰撞多数会以一定的形式和次序发生。如果驾驶员的第一反应是要绕离危险区，汽车的侧面会被碰撞蹭伤；如果驾驶员的第一反应是制动，汽车的前部会损伤变形，如图10-2-1所示。

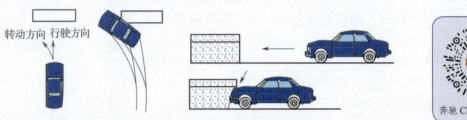

图10-2-1　驾驶员反应对碰撞变形的影响

2. 碰撞的位置对碰撞损伤的影响

当碰撞点位于车身前部中间位置，则车身发生前后长度方向变形；当碰撞点位于车身前部一侧位置，则车身不仅发生前后长度方向变形，也发生左右弯曲变形。当碰撞点在汽车前端较高位置时，会引起车身和车顶后移及后部下沉；当碰撞点在汽车前部下方，因车身惯性使汽车后部向上变形、车顶被迫上移，在车门的前上方与车顶板之间形成裂口。碰撞物不同对变形的影响如图10-2-2所示。

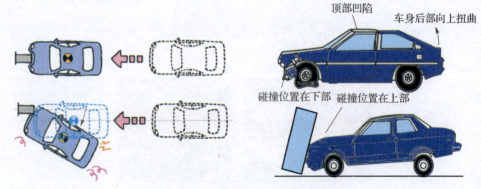

图10-2-2　碰撞物不同对变形的影响

两辆相同的车，以相同的车速碰撞，当撞击对象不同时，撞伤结果差异就很大。如果撞上墙壁，损伤程度就较轻；相反，车辆撞上电线杆后，因碰撞面积小，其损伤程度会较严重，如图10-2-3所示。

3. 行驶方向对碰撞损伤的影响

当横向行驶的汽车撞击纵向行驶汽车的侧面，纵向行驶汽车的中部会产生弯曲变形，而横向行驶汽车除产生压缩变形，还会产生弯曲变形，如图10-2-4所示。

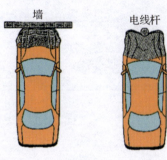

图 10-2-3　碰撞物不同对变形的影响

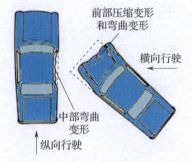

图 10-2-4　行驶方向对碰撞损伤的影响

二、损伤种类

事故车辆的损伤种类见表10-2-1。

表 10-2-1　损伤种类

损伤种类		造成原因	损伤实例
一次损伤	直接损伤	障碍物直接造成的损伤	
	波纹效应损伤	撞击力传播过程造成的损伤	
	间接损伤	产生的挤压或拉伸力对其他部件造成的损伤	
二次损伤	惯性损伤	机械部件或货物因惯性作用发生在车内的损伤	
	搬运损伤	在事故车运输过程中造成的损伤	
	维修损伤	不正确维修对车辆造成的损伤	

探索发现

日、德系车碰撞安全之争

日系车与德系车相撞的安全问题一直是网络上争论的焦点。在搜索引擎上输入相关文字，会出现大量文章和图片，如图10-2-5所示。请利用本项目的所学内容，对此进行正确分析。

图 10-2-5　日系本田与德系大众碰撞

下部　强技提能

第三篇　钣金技术篇

项目十一　车身钢制外板修复

项目描述

目前对于中低端车型来说，车身外板（车身覆盖件）的主要材料还是以钢制为主。车身外部钢板的变形可以分为弹性变形和塑性变形，在维修的时候一定要注重区分这两种变形，塑性变形是主要矛盾，在维修时应着重解决主要矛盾即修理塑性变形，当塑性变形修好后，次要矛盾即弹性变形会减轻或消失。修理时要做到主次有别，先主后次。

任务一　车身钢制外板手工具修复

知识链接

钢板维修是指通过对受损钢板维修以达到可以施涂原子灰状态的操作。

一、车身钢板

1. 钢板内部结构

钢材也和其他物质一样，由原子构成，许多原子结合在一起，形成晶粒。晶粒以一定的形式构成晶体组织，如图 11-1-1 所示。

钢板内部晶体组织状态决定了它能够被弯曲或成形加工的程度。

为了改变平坦的钢板的形状，应改变位于折缝或

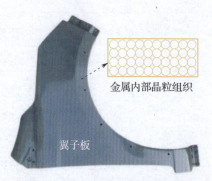

图 11-1-1　钢的内部晶体结构

弯曲的所有晶粒的形状和位置。

2. 钢板表面组成

汽车车身由各种不同形状的钢板组成，有简单表面的，也有复杂表面的。简单表面是由一个凸面组成的钢板形状，如车顶板（图 11-1-2）；复杂表面是由两个以上不同形状的表面（含凹面和车身线）组成的钢板表面，如发动机舱盖板（图 11-1-3）。

图 11-1-2 简单表面

图 11-1-3 复杂表面

如图 11-1-4 所示为车门面板的表面形状，由凸面、凹面、车身线和平面组成，表面比较复杂，而且各个区域的刚度也不尽相同，所以针对不同部位可采取不同的维修方法。

冲压的钢板通过塑性变形塑造车身线，以保持钢板的形状和强度。同一块钢板的强度（刚度）随表面形状的不同而不同。维修刚性最高的钢板边缘，为整个钢板形状的修正打好基础。如图 11-1-5 所示，表面加工硬化程度大的区域其刚度大。在进行钢板维修作业时，如果表面不止一处塑性变形，则从刚性最高的变形区域开始维修。

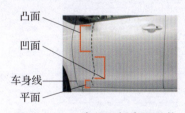

图 11-1-4 车门面板表面形状

图 11-1-5 钢板刚度

二、钢板维修工艺流程和适用范围

1. 工艺流程

目前，事故车按照受损情况可分为两种形式：轻微损坏的车辆（小事故车/小损伤）和严重损坏的车辆（大事故车/大损伤）。轻微损坏的车辆，损坏部位主要是车身外板件的变形，所进行的修理工作，主要是对外板或外板安装件进行整形修理。严重损坏的车辆，除了车身外部板件的变形外，车身的结构件也发生了弯曲、扭曲等变形，非车身零部件也会损坏，一般需要上校正平台，才能完成修理工作。对轻微损坏和严重损坏车辆的修理，正是汽车钣金维修人员最典型的工作，大致的修理工艺流程如图 11-1-6 所示。

2. 适用范围

针对不同的维修区域，我们选用不同的维修方法，具体的钢板维修适用范围见表 11-1-1。

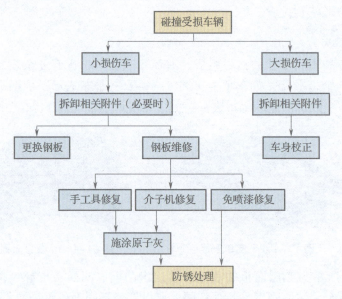

图 11-1-6 车身修理工艺流程

表 11-1-1 钢板维修适用范围

钢板修理法	锤子顶铁修复	外形修复机修复	缩　火	免喷漆修复
适用范围	可以触及内侧的区域	不可以触及内侧的区域	强度降低或高点部位	漆膜未受损的小凹陷区域
实　例	1) 前翼子板 2) 后翼子板后段 3) 后下围板 4) 车顶钢板中段 5) 行李舱盖板	1) 前后车门外板 2) 车顶钢板前后及侧部 3) 发动机舱和行李舱钢板	1) 延展的钢板 2) 高点部位	漆膜未受损的车门板、盖板等

三、锤子垫铁敲击修理法

1. 实敲修理法

实敲法，又称之为"直接敲击法"或"正托法"，即顶铁垫在哪里锤子敲在哪里（图 11-1-7）。这种铁锤在垫铁上敲击的修理方法适用于修理较小、较浅的凹陷和折损，也可以用这种方法来延伸金属，使其恢复原来的形状。这些情况一般出现在隆起处，偶尔也会出现在平坦的金属板上。为了整平一个折损，可以将垫铁放在金属板的反面折损处的下方，并用铁锤从正面敲击。铁锤对垫铁的敲击将造成垫铁的轻微回弹，同时，垫铁也会从反面敲击金属板。

板件修理操作中，采取这种敲击法，存在面板延展的较大风险，因此在敲击时，应控制敲击力度，并保证正确敲击在受损的区域。

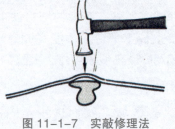

图 11-1-7 实敲修理法

实敲修理法

2. 虚敲修理法

虚敲法，又称之为"间接敲击法"或"偏托法"，即顶铁垫在最低点，锤子敲击附件的高点（图11-1-8）。这是铁锤不在垫铁上敲击的修理方法。采用铁锤不在垫铁上敲击的方法来修整金属板时，将垫铁放在金属板最低处的下面，用铁锤敲击附近的高处，实际上铁锤并没有敲击垫铁。垫铁和铁锤一样，也是用来校正损坏部位的，它相当于一个冲击工具，只能敲击拉伸区（当其用在金属板的下面时）。

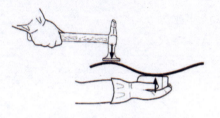

图11-1-8 虚敲修理法

采取这种敲击法，面板延展较小，同时需要控制敲击力度和敲击点，适合于大面积损伤凹陷的修复。

任务实施

小凹陷手工具修复操作流程如下。

1. 安全防护用品佩戴

为了保障个人安全，提高工作效率，在维修过程中需要佩戴必要的防护用品。

2. 损伤评估（评估受损范围）

对于面板维修损伤，要确定其受损范围，有以下四种评估方法：目测、触摸、对比、按压。

3. 粗修

1）拆下装配件。

2）若有车身筋线或板件边缘损伤的，先维修，维修流程如图11-1-9所示，按照L1（车身线）→L2（板件边缘）→S1（塑性变形大的区域）→S2（塑性变形小的区域）的顺序依次进行维修，如果没有车身筋线或者板件边缘损伤的，跳过此步骤。

3）通过敲击声判定垫铁的位置，确保其位于凹陷最低点。

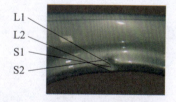

图11-1-9 车身线维修流程

4）需先通过木锤或者橡胶锤粗修，均匀敲击凹陷周围区域，释放其应力，同时可最大程度减少板件的延展。

5）凹陷较大的区域采取虚敲方式，垫铁始终处在最低点位置，敲击高点区域。

6）凹陷较小的区域可采取实敲方式，为了避免过多的延展，控制实敲力度和次数。

7）随时检查凹陷和突起情况。

4. 精修（图11-1-10）

1）通常采取实敲和虚敲相结合的方式进行精细修整。
2）可使用木锤，防止钢板过多延展。
3）木锤无法维修的变形，再使用其他的锤子。
4）确保修复后钢板表面光滑。

图 11-1-10　精细修整

5. 缩火

1）打磨旧漆膜并进行清洁作业。
2）对强度低的区域进行碳棒缩火。
3）对局部高低区域进行碳棒缩火。
4）打磨缩火的痕迹。

6. 质量评估

1）对照检验标准进行质量评估。
2）评估确认符合要求，进行部件装配。

防锈处理　　手锤的保养

7. 防腐处理

在手工具修复时，已破坏了其原有的防腐层，需对板件进行全面的防腐蚀处理，要保证维修后的板件和原来板件一样的耐久性和耐腐蚀性（图11-1-11）。

图 11-1-11　防腐处理

任务二　车身钢制外板外形修复机修复

知识链接

一、外形修复机

外形修复机又称为介子机、整形机，是汽车车身蒙皮专修设备。它通过将垫圈、三角垫片、螺钉等介子与板件焊接在一起，从而进行拉伸操作，很轻松地将凹陷区域拉出，同时还可以除去高点（热收缩）的作业。

1. 工作原理

外形修复机的电源是380 V，通过内部的变压器转换成10V左右的直流电。主机上有两条输出电缆线，一条为焊枪电缆，另一条为搭铁电缆，在工作时两条电缆形成一个回路。

把搭铁连接到工件上,焊枪通过垫圈等介子把电流导通到面板的某一部分上,由于电流达到 3500 A 左右,垫圈接触面板的部位产生巨大的电阻热,使温度能够熔化钢铁,熔化的垫圈就焊接到面板上了。

2. 结构组成

1)组成:主机、控制面板、搭铁夹、介子机焊枪以及各种配件等(图 11-2-1)。
2)配件:垫圈、三角垫片、螺钉、精修极头、拉拔挂钩、铜棒、碳棒、多功能滑锤以及多种夹持头等(图 11-2-2)。

图 11-2-1 外形修复机

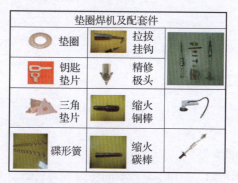

图 11-2-2 外形修复机配件

3. 注意事项

1)焊接操作前,必须将焊接件焊接部位的油漆、油污清理干净,以确保工作件表面导电良好。
2)不能长时间作业,以免机器部件过热,有损机器。
3)清洁保养机器前,务必断开电源。
4)在进行焊接、起动或充电中的任何一项操作期间,切忌不要转动功能开关。
5)焊枪、焊条、焊头及其他焊接导体在焊接期间或焊接结束后会产生高温,注意防止烫伤。
6)不能在潮湿的环境中进行焊接操作。
7)更换焊接接头及耗材时必须关闭焊机电源。
8)不能焊接可燃物或装有油品的容器。
9)严格按说明书对机器进行保养及检修。

二、拉拔法修复钢板的原理和方法

许多车身板都由于受到焊接在一起的内部板件和车窗等结构的限制而难以触及它们的内部;或是因为损伤比较轻微且只局限于金属外板,内板没有损坏,如果拆卸内板或拆卸相关构件,对于车身维修来讲工作量会无形之中加大很多,生产效率大大降低。因此,车身维修中还使用另一种方法专门用于上述情况,将凹陷的金属用拉拔的方法抬高,在拉拔的同时,用钣金锤对高点进行敲击,如图 11-2-3 所示。这种方法,有些类似于锤子和顶铁的错位敲击。

对于拉拔修复后可能出现的高点区域,可采用热收缩的方式消除。

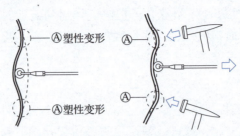

图 11-2-3 拉拔修复

任务实施

门板凹陷处的介子机修复流程如下。

1. 判定损伤范围

通过"一摸、二看、三对比、四按压"的方法进行板件损伤评估。

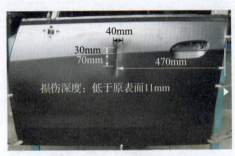

图 11-2-4 门板损伤区域

2. 打磨旧漆膜

确认损伤范围后,划出需打磨的区域(图 11-2-4)。对损伤范围的旧涂膜,要彻底地进行打磨、清洁。

1)采用气动打磨机清除表面的油漆层,如图 11-2-5、图 11-2-6 所示。

2)采用气动砂带研磨机,用于钢板狭窄面的打磨,清除油漆层及拉拔的焊点。

每次打磨后要对进行打磨好的板件进行清洁,用气枪对着板件进行 45° 斜角进行清洁,边清洁边用布进行擦拭,如图 11-2-7 所示。

使用圆盘打磨机打磨

图 11-2-5 打磨

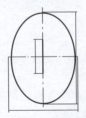

图 11-2-6 打磨效果图　　图 11-2-7 清洁除尘

3. 凹陷拉拔修复

1)搭铁:搭铁区域涂层清除,使用 60 号砂纸,打磨面积大约为 5cm×5cm。调节大力钳松紧度,将外形修复机搭铁线固定在板件未受损的部位,如图 11-2-8 所示。

外形修复机修复凹陷流程

2）检查焊枪三角焊片是否有焊渣。如焊片有焊渣，用打磨机或挫刀清洁，如烧蚀严重，更换新焊片，如图11-2-9所示。

3）将拉伸锤安装在焊接枪上，用扳手旋紧螺母，枪的顶端三角调至自己操作的适宜角度，如图11-2-10所示。

图11-2-8　搭铁　　　　　　图11-2-9　修整三角焊片　　　　图11-2-10　安装焊枪

4）打开外形修复机电源开关，选用三角焊片修理类型的档位，调节焊拉电流和时间，找一块与修复板件相同的钢板或在搭铁线附近进行试焊和试拉伸，调整好电流和时间参数，参数的调整由小向大调整，如图11-2-11所示。

5）拉拔操作，使用焊枪离直接损坏的最远点先进行拉伸，缓慢地向中间靠拢，如图11-2-12所示。

6）拉拔与敲击，如图11-2-13所示。

外形修复机维修侧围板后端案例

图11-2-11　调整参数　　　图11-2-12　拉拔操作　　　　图11-2-13　拉拔敲击

7）打磨。对拉拔后的板件进行打磨，研磨表面以去除易使板件生锈的焊接痕迹，也便于下一步测量操作（砂纸选用80号），如图11-2-14所示。

8）质量评估。对拉拔后的板件进行测量，修复部位形状低于原板面高度≤1mm；修复部位形状不能高于原板面；修复部位不能出现孔洞；对于低于原板件高度超过1mm的修复部位进行再次拉拔，如图11-2-15所示。

4. 缩火操作

根据修复要求，对局部高点位置或强度弱的部位进行缩火操作，可采用碳棒或铜电极，如图11-2-16所示。

缩火处理

图11-2-14　打磨　　　　图11-2-15　质量评估　　　　图11-2-16　缩火

项目十二 车身铝制面板修复

项目描述

随着汽车产业的高速发展和环保节能的要求,汽车轻量化是必然的趋势。目前,在中高端汽车和新能源汽车的车身上,普遍采用了铝合金这种轻量化材料来取代传统的钢材料。有数据显示,铝合金的使用可以最大程度地使汽车整车质量减轻30%,而且在车辆安全和材料回收利用等多方面也有较为突出的优势。铝合金由于其物理性能与钢铁有着显著的区别,作为售后维修人员,我们需要根据铝合金材料的特性,选用合适有效的维修方法,掌握其正确的维修方法。

任务一 车身铝制面板手工具修复

知识链接

一、铝的特性

1. 氧化性

铝极易与氧气结合,生成氧化铝,防腐性好。

2. 易燃易爆性

铝粉末易燃易爆,最低爆炸极限 $30g/m^3$。

3. 延展性

铝具有较强的延展性,修复中易产生裂纹。

4. 熔点

铝的熔点低(纯铝熔点为660℃),受热后无颜色变化。

5. 化学性能

铝的化学性能活泼,在一定条件下易与其他金属离子发生电化学反应,造成接触腐蚀。

二、铝合金的优点

1. 经济性好

铝的密度是铁的三分之一,铝合金的大量采用可以降低车身总质量20%~30%,可由此减少约10%的燃油消耗。

2. 环保性优

铝的环保性能优于钢铁,生产过程中可以减少排放,同时,99%的铝可以循环再利用。

3. 安全性高

铝材具有高的能量吸收性能，可增加车身的被动安全性。

4. 防腐蚀和可加工性好

铝合金的抗腐蚀能力强，具有良好的刚性和塑性，而且一致性高于钢铁，可用冲压或挤压成型加工。

三、铝合金的种类与应用

常见的铝合金的种类及其应用见表 12-1-1。

表 12-1-1 铝合金的种类及其应用

系列	名称	特性	应用
1000 系列铝合金	99% 纯铝	具有可加工性、良好的抗腐蚀性和焊接性，强度低	电器等
2000 系列铝合金	铜铝合金	强度和钢相仿	飞机等
3000 系列铝合金	锰铝合金	具有可加工性、良好的抗腐蚀性，强度比纯铝高	建筑材料、容器等
4000 系列铝合金	硅铝合金	添加硅可以增加高耐磨性	发动机活塞等
5000 系列铝合金	镁铝合金	非热处理铝合金中强度最大，有良好的抗腐蚀性	结构材料、汽车和船舶等
6000 系列铝合金	硅镁铝合金	有良好的强度、抗腐蚀性、可塑性和再利用率	汽车、建筑物的窗框等
7000 系列铝合金	锌铝合金	铝合金中强度最高	汽车结构材料、加强件等

目前，用于汽车车身板材的铝合金主要有 Al-Si(4000 系列)、Al-Mg(5000 系列) 和 Al-Mg-Si(6000 系列) 三种。6000 系列铝合金由于其可塑性好、强度高，成为许多汽车生产商的首选新型车身材料。

四、铝合金维修

在进行铝合金维修前，需要考虑铝合金的特性，维修过程中需要避免电化学腐蚀、铝板破裂等现象的发生。

1. 冷维修

这种冷维修方式仅适用于周长不大于 50mm、深度为 2~4mm 的外观受损铝制区域，而大于此范围的受损区域需要采用加热处理，如图 12-1-1 所示。

图 12-1-1 冷维修

2. 热修复

加热可对受损面板进行辅助整形。通过加热，铝会暂时具有弹性，从而有助于矫直以恢复原始外观，而不会破裂或出现裂痕。如果未进行热处理，则存在由于处理硬化效应（使面板变脆）而导致铝材破裂或出现裂痕的风险。

可使用热风机直接对受损区加热，如图 12-1-2 所示。由于肉眼无法看到铝外观所发生的变化，因此必须监测热量，以确保达

图 12-1-2 热风机

到正确的温度,最高温度为140℃。

铝散热非常快,要确保在维修过程中维修区域保持所需的温度。因为铝在变热时没有任何物理迹象(颜色),所以存在维修区过热的风险,导致永久性的损伤。

任务实施

车身铝制面板手工具修复流程如下。

1. 防护用品穿戴

为了保障个人安全,提高工作效率,在维修过程中需要穿戴必要的防护用品。

2. 损伤评估

对于面板维修损伤,要确定其受损范围,有以下四种评估方法:目测、触摸、对比、按压。

3. 铝板加热

如果凹陷损伤面积小、凹陷较浅,请忽略此步骤。

如果铝合金板件发生较严重变形时,必须利用加热的方法增加铝板的可塑性。如果不加热,施加校正力会引起铝板开裂。但由于铝熔点较低(660℃),如加热过量会造成铝材变形或熔化,所以,在对铝板进行加热时,应用红外线测温仪监控温度,如图12-1-3所示。可用电热风枪进行加热,加热温度控制在120~150℃。

图 12-1-3 检测温度设备

4. 敲击

由于铝材的可延展性较强,在受到碰撞后,很难恢复到原来的形状和尺寸。维修技师修复时可使用木锤或橡胶锤进行错位敲击(图12-1-4),以减少铝材的延伸。如必须采取正位敲击(图12-1-5),应采用多次轻敲,否则将会加重铝材的损伤程度。

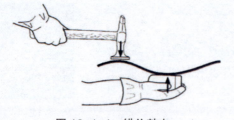

图 12-1-4 错位敲击

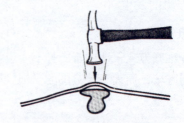

图 12-1-5 正位敲击

5. 缩火

1)打磨旧漆膜并进行清洁作业。
2)对强度低的区域进行碳棒缩火。
3)对局部高低区域进行碳棒缩火。
4)打磨缩火的痕迹。

在铝板上打磨时,要防止高速砂轮机上粗糙的砂轮烧穿柔软的铝,还要注意打磨过程中产生的热量使铝板弯曲变形。建议使用粒度为80号或120号的砂纸打磨。

6. 质量评估

铝板维修检验标准如下：表面形状恢复，无裂纹，无穿孔，无高点，低点在1mm以内；车身线和钢板边缘恢复；铝板强度恢复，确保受损区域和未受损区域的强度一致；配件能够正确安装，满足装配要求。

任务二　车身铝制面板外形修复机修复

知识链接

铝板外形修复机与钢板外形修复机修复的工作原理相同，也是在板件上焊接介子，铝板焊接的介子是铝焊钉，然后通过介子对铝板进行拉伸，达到修复的效果。

铝板外形修复机和钢板外形修复机的结构不一样，钢板外形修复机内部有线圈变压器，通过线圈变压器变成低电压高电流，然后通过垫圈与板件接触通电产生电阻热熔化钢铁焊接在一起，如图12-2-1所示。

铝的电阻大约是钢板的1/5~1/4，对铝焊接时的电流就需要钢铁焊接的4~5倍。因为很难做到这么大的电流，所以铝板外形修复机内部没有线圈变压器，而是有十几个大容量的电容，通过所有电容瞬间放电来焊接。

铝焊钉的头部有一个小尖与板件接触，接触面积小，电阻大，产生电阻热大，容易焊接，如图12-2-2所示。如果铝焊钉没有尖头就不能用了，因为这么大的接触面积，正常的焊接电流不能够焊接，所以铝焊钉是一次性使用的，不能重复使用。

图12-2-1　铝介子机

图12-2-2　铝焊钉

快修组合工具认知

任务实施

车身铝制面板介子机修复操作流程如下。

1. 判定损伤范围

通过"一摸、二看、三对比、四按压"的方法进行板件损伤评估。

2. 清除氧化层

因铝合金表面有一层致密氧化膜，影响铝介子的焊接牢固性，需要提前清除，如图12-2-3所示。除去表面氧化膜的方式有以下两种：

铝制面板介子机维修流程

1）采用钢丝刷，刷去表面氧化膜，直至锃亮为止。
2）采用气动砂带研磨机，选用 P80 或 P120 型号砂纸。

3. 安装焊钉、调整参数

把焊钉安装在焊枪上，接通铝焊机的电源，调整合适的电流大小，如图 12-2-4 所示。

图 12-2-3　清除氧化膜

图 12-2-4　安装铝焊钉

4. 焊接铝焊钉

1）把焊钉用一定力压在板件上，焊钉要与板件接触面垂直，按压焊枪的起动开关，焊钉通电后会牢牢地焊接在铝板表面，如图 12-2-5 所示。
2）把拉伸连接件拧到焊钉的螺纹上，如图 12-2-6 所示。

5. 拉伸敲击修复

通过拉伸连接件对板件凹陷处进行拉伸操作，如图 12-2-7 所示。动作要轻柔，力量要慢慢加大，防止局部变形过大，拉伸的同时可以用钣金锤对拉伸部位进行敲击整形。

图 12-2-5　焊接铝焊钉

图 12-2-6　拉伸连接件安装

图 12-2-7　拉伸修复

6. 清除焊钉

1）拉伸完毕后，用偏口钳清除焊接在表面的铝焊钉，如图 12-2-8 所示。

图 12-2-8　清除铝焊钉

2）焊接部位用锉或打磨机打磨平整，可采用车身锉锉平板件。由于铝很柔软，应减轻手施加在车身锉上的压力。铝板处理后不用单独进行防腐处理，因为铝板会马上形成氧化膜，阻止进一步被氧化。

项目十三　免喷漆修复

项目描述

汽车在高速行驶中遭遇一些小石子出其不意地"侵袭",事后就在车身表面留下一个个凹陷;或是遇到冰雹恶劣天气,露天停放的汽车难免遭冰雹一顿"暴揍",车身表面到处都留下冰雹坑。传统的修复方法要经过七八道工序,费时费力费钱不说,还会对车身造成根本性的损害。现在可以采用一种"无痕修复"技术,即在不补漆、不破漆、不刮腻子、不伤板件的前提下,仅利用工具就可将汽车凹陷进行还原平整。

任务一　撬棒无痕修复

知识链接

撬棒无痕修复,简称为PDR,即在车漆未破损的前提下,利用撬棒等工具就可将汽车凹陷还原平整的一种维修方法。众所周知,并非所有的车身凹陷损伤都可适用无痕修复的方式,要想成功完成板件的无痕修复作业,需要具备多种前提条件。

一、PDR 维修工具

PDR工具多种多样,包括杆、棒、鲸鱼尾棒、胶棒和楔块等。这些工具的每一种都有特定用途。PDR流程中最常用的工具是棒和杆。为了实现对损坏部位内侧的接触,这些工具有多种不同的长度和角度。

1. 棒和杆

棒和杆的头部有不同的形状,如图 13-1-1 所示。四种最常见的撬棒头部形状如图 13-1-2 所示。

图 13-1-1　撬棒(杆)

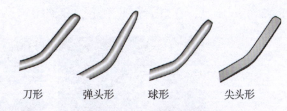

刀形　　弹头形　　球形　　尖头形

图 13-1-2　撬棒头部形状

2. 鲸鱼尾棒

鲸鱼尾棒是以其头部的形状来命名的,如图 13-1-3、图 13-1-4 所示。它设计用于修复紧凑区域中的凹痕,如车门加强杆或面板加强件的后面。棒的长度可从不足 12cm(4.5in)到 100cm(40in)。

图 13-1-3　鲸鱼尾棒

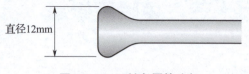

图 13-1-4　鲸鱼尾棒头部

3. 胶棒

胶棒的端部有四种粗细规格，可根据凸起部分面积大小选择合适粗细的胶棒，如图 13-1-5 所示。

图 13-1-5　胶棒

二、修复原理

1. 损伤评估

面板损伤评估方法通常有目测、触摸、对比和按压四种。因其表面漆膜未破损，在足够的光照强度照射下，通过目测的方式非常容易观察到表面凹陷情况，所以我们借助目测的方式进行损伤评估。

如图 13-1-6 所示，按照要求，在损伤修复区域安装好照明灯和反射板。其目的是能更好地帮助维修技术人员观察损伤范围和程度。

反射板设计为在前端面上有一系列的平行线或一条单独的模糊线，这些线在面板损坏部位进行反射后即可帮助识别凹痕，如图 13-1-7 所示。

图 13-1-6　反射板安装示意图　　　　图 13-1-7　反射识别凹痕

具有平行线的反射板通过以下方式识别损坏：如果是低点损伤，则产生光晕；如果是高点损伤，则产生尖峰。

如图 13-1-8 所示，在灯管的照射下，我们很容易从侧面观察到损伤的范围和程度。

图 13-1-8　凹陷损伤区域

2. 推压修复

当面板上形成凹痕时，受损区域被拉伸。PDR 的目的就是减少已经发生的拉伸，即通过一系列轻推，将面板调整回正确的外形。对于每次推压，都要遵照特定的顺序来达到精确的维修质量，如图 13-1-9～图 13-1-11 所示。

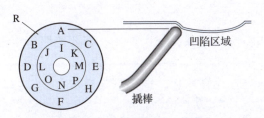

图 13-1-9 推压修复示意图

图 13-1-10 机盖凹陷顶压修复

项目	说明	项目	说明
A	第1次外层推压	J	第2次内层推压
B	第2次外层推压	K	第3次内层推压
C	第3次外层推压	L	第4次内层推压
D	第4次外层推压	M	第5次内层推压
E	第5次外层推压	N	第6次内层推压
F	第6次外层推压	O	第7次内层推压
G	第7次外层推压	P	第8次内层推压
H	第8次外层推压	R	凹痕
I	第1次内层推压		

图 13-1-11 推压顺序

在推压特定凹痕时，对于应该施加多大压力的理解极为重要，这是维修质量好坏的差别所在。在维修技术人员向凹痕施加多大的压力时，光线的利用非常重要。利用光线可以识别已经达到正确外形的一次推压与该外形上方或下方的推压之间的差别。在维修时，技术人员可以使用反射板来起到帮助作用。

任务实施

撬棒无痕修复操作流程如下。

1. 防护用品穿戴

为了保障个人安全，提高工作效率，在维修过程中需要穿戴必要的防护用品。

2. 安装照明灯和反射板

在损伤修复区域安装好照明灯和反射板，如图 13-1-12 所示。其作用是能更好地帮助维修技术人员观察损伤范围和程度。

3. 损伤评估

在灯光照射下，侧面观察损伤区域，并进行标记，如图 13-1-13 所示。

图 13-1-12 照明灯和反射板

图 13-1-13 损伤评估

4. 反复推压

1）选用合适的撬棒从背面推压凹陷拉伸区域，每次推压，都要遵照特定的顺序来进行，如图 13-1-14 所示。

2）进行无痕修复，可结合加热的方式让其软化，凹陷恢复更加自然，如图 13-1-15 所示。

图 13-1-14 推压修复　　　图 13-1-15 加热修复区域

5. 恢复高点

顶推完成后，如有高点，可用橡胶锤敲击，面积较小的情况下，可借助胶棒配合使用，如图 13-1-16 所示。

6. 抛光处理

凹陷区域性状恢复之后，因漆膜有厚度，可以进行抛光处理，如图 13-1-17 所示。

图 13-1-16 修复高点区域　　　图 13-1-17 抛光处理

任务二　胶粘无痕修复

知识链接

一、胶粘无痕修复的优点

胶粘无痕修复如图 13-2-1 所示，其优点如下：

1）不破坏油漆，可以直接从外部维修凹坑。
2）不用对饰板和其他车身部件进行拆装。
3）保持车身原始状态，固定件不必更换。
4）节省工作时间，提高维修效率。

图 13-2-1 胶粘无痕修复

二、胶粘修复的前提条件

为了确保胶粘无痕修复能正常完成,需具备以下几点要求:
1)必须掌握使用锤子和销子对车身表面平整的要领和注意事项。
2)钣金受损没有折痕和皱纹(漆面通过抛光不能处理的)。
3)钣金表面应保持清洁,便于修复作业。
4)板件表面的温度在20℃左右(粘结效果最佳)。
5)光线良好,可以很好地观察受损区域。

胶粘无痕修复前后对比如图13-2-2所示。

图13-2-2 胶粘无痕修复前后对比

三、工具和辅料

胶粘修复过程中,主要用到的工具和辅料包括:拉拔块、涂胶枪、塑料介子、热熔胶棒、专用除胶剂、干净的抹布、锤子和平整销以及抛光机、抛光蜡等,如图13-2-3所示。

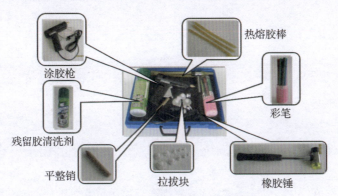

图13-2-3 胶粘修复工具和辅料

任务实施

胶粘无痕修复操作流程如下。

1. 判定损伤范围并清洁

通过用灯光辅助确认损伤变形区域,清理灰尘杂物,对变形区域用带有颜色的笔做好标记,如图13-2-4所示。

粘结配合整形支架修复凹陷

2. 粘接塑料粘耳

胶枪加热,将胶涂在塑料介子上,2~5s后将塑料介子粘结于受损凹陷处,粘结后间隔30~60s,胶体凝固,如图13-2-5、图13-2-6所示。

图 13-2-4　清洁损伤区域　　图 13-2-5　粘耳打胶　　图 13-2-6　粘接塑料粘耳

3. 拉拔修复

1）损伤面积小，可以滑锤拉拔修复，如图 13-2-7 所示。

2）损伤面积大时，可将多个塑料粘耳粘结至板件表面，穿入拉拔销，选择强力拉拔组合工具，可多次拉拔作业，直至凹坑被完全修复，如图 13-2-8 所示。

图 13-2-7　滑锤拉拔修复　　　图 13-2-8　组合工具拉拔修复

4. 取下粘耳

1）拉拔修复完，如果在拔的过程中没能取下塑料粘耳，则使用专用的试剂。

2）将试剂喷在胶体上，等几秒钟后用专用的塑料铲取下塑料粘耳。用专用清洁剂清洁钣金表面，如图 13-2-9 所示。

5. 修整高点

拉拔过程中如拉力过大，致使凹坑上拱，必须再用锤子和销子修整。

图 13-2-9　清洁剂

通过灯光或良好的光线观察修复结果，用锤子和牛筋销消除高点，大多数情况下需要多次重复，处理完凹坑之后对油漆表面进行抛光处理，如图 13-2-10、图 13-2-11 所示。

图 13-2-10　修整高点区域　　图 13-2-11　修复区域抛光处理

6. 抛光处理

打上细蜡，进行抛光处理。

项目十四　旧板件的分离

项目描述

汽车车身是由若干车身覆盖件、结构件和附件组成的。在车辆发生碰撞时,车身外部面板受到较大力,产生严重翘曲,发生冷作硬化,导致无法维修,或者板件发生严重的腐蚀损坏时,在这些情况下,更换板件才是唯一的解决方案。这就需要对旧板件进行正确的切割分离,更换新板件,达到最佳维修的目的。

任务一　板件切割分离

知识链接

一旦车身板件发生严重变形或者腐蚀损伤时,就需要对旧板件进行局部切割更换,目前常用的钢板切割方法有以下几种:钢剪剪切法、气动切割锯锯切法、砂轮机切割法、等离子切割法。

在对车身局部区域进行切割分离时,以气动切割锯锯切法和砂轮机切割法最为常见。

一、气动切割锯锯切法

1. 气动锯

气动锯用于车身薄钢板等材料的切割作业,如图 14-1-1 所示。

图 14-1-1　气动锯

2. 锯条

锯条材质建议选用双金属锯条,切割强度高,也具有很好的韧性,如图 14-1-2 所示。

图 14-1-2　双金属气动锯条

3. 切割方式

气动锯的切割方式主要有以下三种:

1)重叠切割,如图 14-1-3 所示。
2)标记切割,如图 14-1-4 所示。
3)末端切割,如图 14-1-5 所示。

图 14-1-3 重叠切割　　　图 14-1-4 标记切割　　　图 14-1-5 末端切割

二、砂轮机切割法

1. 气动砂轮机

使用配备切割盘的小型气动砂轮机,此类工具允许技术人员划出非常狭窄并具有一定深度的平直切割线,如图 14-1-6、图 14-1-7 所示。

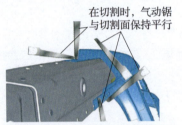

图 14-1-6 砂轮机切割　　　图 14-1-7 气动锯平行切割面

2. 适用范围

切割盘应该适合于切入额定强度高于 800 MPa 的钢板。

3. 砂轮材质

建议选择陶瓷/氧化铝制成的磨削砂轮。

三、切割要点

板件进行切割前,一定要注意以下几点:
1)切割操作之前,一定要做好个人防护,包括戴好防切割手套、护目镜等。
2)制作切割线时,不要切割内部或加强面板。
3)应该尽可能地将气动锯锯条平放在面板表面上(平行)。
4)使用砂轮机切割盘切割时,需要更好地控制切割深度。
5)经常出问题的区域是急弯处,所以切割一般要避开急弯处。

任务实施

板件切割分离流程如下。

1. 确定切割位置

确定板件材质、厚度以及板件切割位置是否合理,如图 14-1-8 所示。

2. 划线定位

切割位置确定后,划线定位,方便切割,如图14-1-9所示。

图14-1-8 确定切割位置　　图14-1-9 划线定位切割位置

3. 设备调试

1)选择合适的切割工具:气动切割锯。

2)设定调试:更换新的气动锯片,设备滴入润滑油,接入气源,如图14-1-10所示。

图14-1-10 气动锯调试　　图14-1-11 压力切割

4. 压力切割

切割可以从板件棱线位置开始,稍微施加压力有助于切割,如图14-1-11所示。

5. 切割质量检查

切割后,观察切割线是否与定位线一致,切割下来的板件可用打磨机打磨毛刺,如图14-1-12所示。

图14-1-12 切割线质量检查　　图14-1-13 工位整理整顿

6. 7S 管理

整个过程确保无危险动作。切割作业完成后,整理工具和设备,打扫工位,如图14-1-13所示。

任务二　电阻点焊焊点分离

知识链接

一、分离电阻点焊焊点的方法

电阻点焊是钢制车身壳体结构内最常用的板件结合方式。更换板件之前需要对焊点进行清除或分离。焊点的清除需要使用专门设计的钻头、焊点切刀或小型带式砂光机等。

1. 焊点去除钻分离焊点法

目前焊点去除钻分离焊点法是焊点分离最主要的一种方法。

(1)焊点去除钻

使用自身具有夹紧装置(G形卡夹)的焊点去除钻(图14-2-1),钻头有行程限制,在钻透第一层板后不会损伤下面的板件。

（2）钻头

常见钻头尺寸是 6.5mm、8.0mm 和 10.0mm，钻头带有一个切割面和 2~3 个槽形面，切割面上带有铣削出的导向点，导向点用于确定焊点中心，从而确保准确从受损面板上除去整个点焊焊点，钻头表面由耐热材料碳化钨制成，如图 14-2-2 所示。

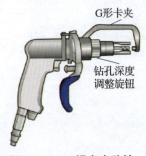

图 14-2-1 焊点去除钻

图 14-2-2 焊点去除钻钻头

2. 焊点切割器分离法

1）切割原理：焊点切割器通过切割焊点的周围来清除点焊焊点，从而松开受损面板，然后再使用合适的研磨工具清除未受损面板上的焊点，如图 14-2-3 所示。

2）注意事项：使用焊点切割器去除焊点，切割时不要切割到下层板件，因其工具没有类似于焊点钻头那样的切割导向，所以一定要准确地切掉焊点，以避免产生过大的孔。建议在每个点焊焊点的中心上冲出一个小导向孔，保证切割位置精确。

3. 磨削分离法

并非所有点焊焊点都能用切刀或钻头清除，这种情况下建议使用带式砂轮机或者高速研磨砂轮机，如图 14-2-4 所示。砂带宽度不应大于 10mm，确保所有周围区域都受到保护，操作时只需要磨削掉上层板，而不需要破坏下层底板。

图 14-2-3 点焊切割器分离

图 14-2-4 砂带打磨机

任务实施

电阻点焊焊点分离操作流程如下。

1. 准备工作

选择合适的分离方式并做好安全防护、工具工位准备等。

2. 确定焊点位置

使用定位冲确定焊点中心位置。

电阻点焊分离作业

3. 调试焊点去除钻

根据板件的厚度，调试去除钻间隙，使其保持一致，以防钻削时打穿或打伤底板。

4. 焊点钻除

使用焊点去除钻去除焊点，如图 14-2-5 所示。

⚠ **注意** 对准定位冲的位置进行钻除，切记不要打伤底板。

5. 板件分离

1）去除焊点后，在两块板件中打入錾子，使两块板件慢慢分离。

2）去掉焊点后，对板件进行清洁处理（对钻削处进行打磨，钻削位置无毛刺），如图 14-2-6 所示。

图 14-2-5 焊点钻除

图 14-2-6 打磨去毛刺

6. 7S 管理

工作完成后将工具设备归位，确保工作现场干净和整洁，正确处理废弃材料、零件、包装袋等（7S）。整个操作过程中，禁止出现任何安全事故。

任务三　铆接件分离

知识链接

在钢制车身上，使用机械紧固件将面板固定在位的情况下是很少见的，只有需要将两种不同的材料结合在一起时才需要使用此方法。目前常见的两种铆接为断杆式铆钉和自攻铆钉（SPR）。针对这两种铆接的分离方法如下。

一、拉铆接件的分离

拉铆接件常见于铝车身的连接处，一般选用 6.4mm 的铆钉，其铆钉芯为 4mm，如图 14-3-1 所示。

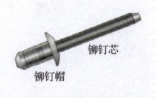
a）拉铆钉

b）拉铆钉（正面）

c）拉铆钉（剖面）

图 14-3-1 拉铆钉

1. 分离方法

1）方法一：利用 4mm 平行销冲头（图 14-3-2）和锤子，拆除铆钉中心杆（铆钉芯）

来完成。

2)方法二:使用6.5mm的气动钻头钻除铆钉,如图14-3-3所示。

2. 注意事项

1)拆除铆钉作业有风险,要安全规范操作,做好防护。

2)禁止暴力拆卸。

3)拆卸铆钉后,清除铆钉孔周边区域的铁屑碎渣。

图14-3-2 平行销冲头　　图14-3-3 气动钻

二、压铆接件的分离

自攻铆接(压铆接)使用的电动铆接设备(ESN50)如图14-3-4所示,其铆接或拆除都可以通过该设备完成。

图14-3-4 电动铆接设备(ESN50)

1. 分离方法

1)方法一:在可以两侧进入板件的情况下,使用电动铆接设备(ESN50)配合拆卸附件(铁砧、冲头)拆卸压铆钉,如图14-3-5所示。将柱塞和铁砧定位在板件件上,冲头对准板件背面铆钉,并按下开关,使冲头作用于板件铆钉,并从面板上将其卸下。铆钉枪可与更大的C形框架(200mm深度)配合使用,以增大工作范围。

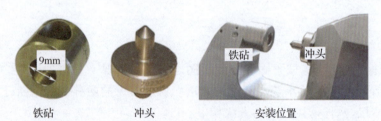

图14-3-5 铁砧和冲头(压铆钉拆卸工具)

如没有铆钉枪工具,也可以在板件上对铆钉进行打磨,然后用样冲从背面冲掉并取下铆钉,如图14-3-6所示。

图14-3-6 使用样冲从背面冲除铆钉

2)方法二:使用5.3mm钻头钻除。在无法从两侧进入的地方,使用专用的5.3mm钻头钻除铆钉,并清除残留物和所有碎屑。也可以使用类似铝介子机的专用设备在铆钉表面上焊接不锈钢螺杆,然后使用专用气动拉铆枪将其拉出,如图14-3-7所示。

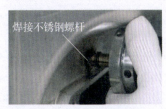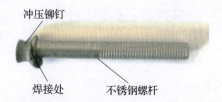

图 14-3-7　焊接螺杆拉出铆钉

2. 注意事项

1）要规范操作铆钉设备（ESN50），拆卸附件易损坏。
2）拆除铆钉作业有风险，做好防护。
3）禁止暴力拆卸。
4）及时清理铆钉孔周边区域的毛刺。

任务实施

铆接件分离操作流程如下。

1. 准备工作

做好安全防护，准备合适的拆卸工具和设备。

2. 拉铆接拆除

利用 4mm 平行销冲头和锤子，拆除铆钉中心杆（铆钉芯）来完成；或使用 6.5mm 的钻头钻除铆钉，如图 14-3-8 所示。

图 14-3-8　拉铆接拆除

3. 压铆接拆除

使用电动铆接设备（ESN50）配合拆卸附件（冲头、铁砧）拆卸压铆钉，如图 14-3-9 所示；或使用 5.3mm 钻头钻除压铆钉。

4. 毛刺打磨

及时清除铆钉周围区域的毛刺、铁屑。

5. 7S 管理

1）将工具设备归位。
2）保证工作现场干净和整洁。
3）正确处理废弃材料、零件等。
4）整个操作过程中，禁止出现任何安全事故。

图 14-3-9　使用专用拆卸设备
（ESN50）拆除压铆钉

项目十五　电阻点焊

项目描述

现代汽车车身以整体式车身居多。整体式钢车身的结构件是由若干个板件通过电阻点焊等形式结合在一起的。在汽车维修时,为了确保维修质量,维修厂会选用接近原厂制造工艺的方式来进行维修,正是由于这一点,电阻点焊越来越多地出现在汽车的车身维修工艺中。

任务一　焊机参数设置与调整

知识链接

目前,电阻点焊设备有两大类:风冷式和水冷式。它们的区别在于用于冷却电极臂的方式不同。水冷式点焊机冷却效果明显,可长时间持续工作,所以本项目以水冷点焊机为主进行讲解。

1. 结构组成

点焊机主要组成部分包括主机、焊枪、控制系统(控制面板)、弹簧悬架等,如图15-1-1所示。

2. 焊枪

焊枪通过电极臂向被焊金属施加挤压力,并流入电流实现焊接,所以说焊枪是电阻点焊机的执行部件。目前焊枪主要有两种:X型焊枪和C型焊枪,如图15-1-2所示。

图15-1-1　强制水冷电阻点焊机

a)X型焊枪

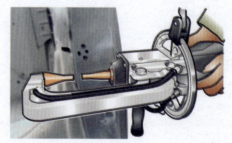
b)C型焊枪

图15-1-2　焊枪的类型

3. 控制系统(控制面板)

焊接参数的选择和调整主要通过控制面板实现,控制面板有七个板块,通过这些板块,可实现功能和参数的选择以及调整操作。

任务实施

电阻点焊机参数设置与调整操作流程如下。

1. 开机

接入气源,将设备开机,等待 3~5s,设备自检。电源指示灯亮,设备方可正常使用,如图 15-1-3 所示。

2. 调整气压

拔出气压调节旋钮就可以进行气压调节,如图 15-1-4 所示。为了保证电阻点焊焊接更加牢固,需要确保设备气压在 0.6MPa(6bar)以上。

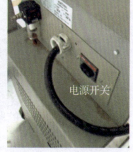

图 15-1-3 设备开机 　　图 15-1-4 调整气压

3. 选择板厚

根据焊接件的单层板厚选择(图 15-1-5),单层板厚主要有 0.8mm、1.0mm、1.5mm、2.0mm、3.0mm 五种。

4. 选择合适的焊接电流

选择板厚后,设备都有默认电流和时间,可根据焊接质量,在此基础上通过上下选择键微调整,如图 15-1-6 所示。

5. 选择合适的模式

设备上有高强度钢板、三层钢板、镀锌钢板三种模式,通过其不同组合可提供八种焊接模式,焊接时,可根据焊接件的材质和板厚,选择最佳模式,如图 15-1-7 所示。

图 15-1-5 板厚选择 　　图 15-1-6 电流选择 　　图 15-1-7 模式选择

任务二　电阻点焊焊接

知识链接

一、焊接工作机理

焊枪通过电极臂向被焊金属施加挤压力,并流入焊接电流;电阻点焊机都带有一个加力机构,可以产生很大的电极压力,使熔融金属相互渗透,进而稳定焊接质量,如图 15-2-1 所示。它的工作机理可分为以下三个阶段。

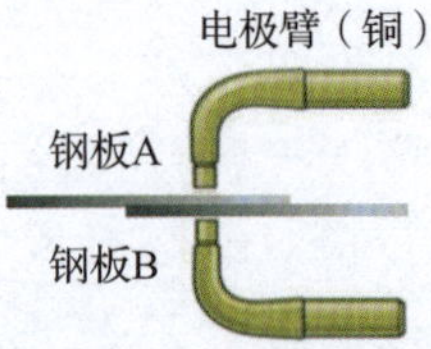

1. 预压阶段

板件重叠后,电极臂在气源的驱动下,紧紧压牢板件,如图 15-2-2 所示。此处,在电极臂端部能产生最大 5000N 的压力。

2. 焊接阶段

此阶段为通电加热,实现板件高速焊接阶段,如图 15-2-3 所示。

根据焦耳定律,$Q=I^2Rt$(Q——热量;I——电流;R——电阻;t——时间),设备产生大电流,流过板件的瞬间产生大量的电阻热,熔化钢板结合区域。

3. 保持阶段

通完电,板件熔化,电极臂没有立即松开,而是继续保持挤压状态,在这过程中,两层钢板熔化的部分会相互交融渗透,合为一体,我们称之为熔核,如图 15-2-4 所示。

经过这三个阶段,实现了电阻点焊接的全过程。

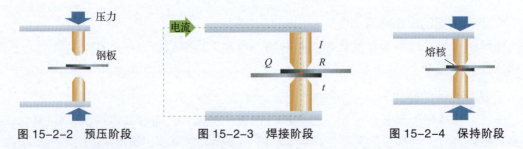

图 15-2-1 焊接工作机理

图 15-2-2 预压阶段　　图 15-2-3 焊接阶段　　图 15-2-4 保持阶段

二、电阻点焊特性及注意事项

1. 电阻点焊特性

1)焊接时间短且加热区域小,所以钢板几乎不会变形。

2)点焊最适于焊接薄钢板(0.7~1.4mm)。

3)焊接经验和专业技术并非特别需要。

4)通过目视难以评估焊接的质量;施加电流时会产生磁场。

5)因为需要产生大电流,所以焊机重量较重。

2. 注意事项

1)焊接前,正确处理好面板。

2)不能靠电极臂来夹持板件。

3)施加在板件上的压力不宜过大,也不宜过小。

4)挤压力 $F=5000N$,注意挤压的风险。

5)推荐使用可产生电流高于 12000A 的点焊机。

6)焊接时,避免产生分流现象。

7)高电流可产生强磁场,注意强磁场的危险。

任务实施

电阻点焊操作流程如下。

1. 个人安全防护穿戴（PPE）

穿戴好所有的个人安全防护用品。

电阻点焊　　带胶粘的电阻点焊

2. 焊接预处理

进行划线、清洁（图15-2-5）以及定位夹持。

3. 焊机调试

设定焊接参数，并进行试焊，做破坏性试验，确保焊接质量，如图15-2-6所示。

图15-2-5　板件清洁

图15-2-6　焊机调试

4. 焊接

采用跳焊的方式完成板件多个焊点的焊接作业，如图15-2-7所示。

5. 效果评估

对焊点进行评估，主要评估外观是否有缺陷、尺寸是否满足要求，如图15-2-8所示。

6. 7S管理

进行7S管理，包括设备工具整理、卫生清洁等，如图15-2-9所示。

图15-2-7　点焊焊接

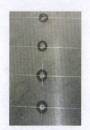
图15-2-8　效果评估

图15-2-9　7S管理

任务三　焊点缺陷分析

知识链接

对于焊点的质量好坏、有无缺陷，需要通过焊点检查完成。焊点检查一般有目视检查、尺寸测量和破坏性检查。目视检查的主要目的是观察焊点外观有无缺陷。进行目视焊接检查时，建议照明亮度为 350~500lx（办公照明），使用 2~5 倍放大镜检查所有电焊点。

一、焊点缺陷及原因分析

常见的五种电阻点焊的焊接缺陷类型以及原因分析，见表 15-3-1。

表 15-3-1　焊点缺陷及原因分析

缺陷类型	原　因	图　片
表面裂缝	1）电极头压力过小 2）保持压力时间太短	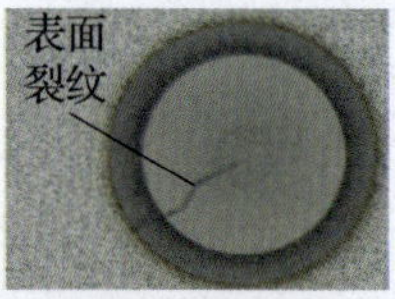 表面裂纹
表面气孔	1）电极头脏污 2）面板表面有油污	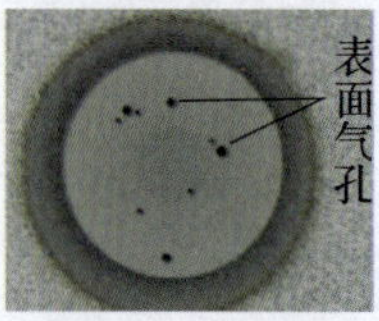 表面气孔
表面喷溅	1）板件表面脏污 2）预压时间过短 3）焊接电流过大 4）焊接时间过长 5）电极头的原因	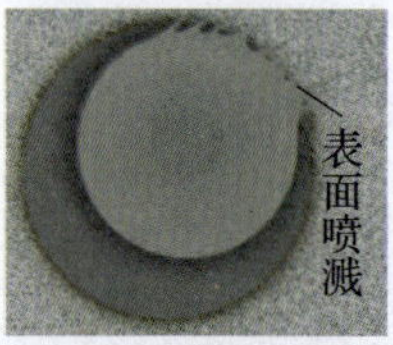 表面喷溅
面板过热	1）焊接电流过高 2）焊接时间过长	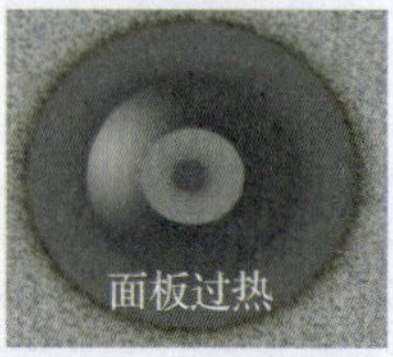 面板过热
焊点变形	1）焊接电流过高 2）电极头与板件错位（角度非垂直）	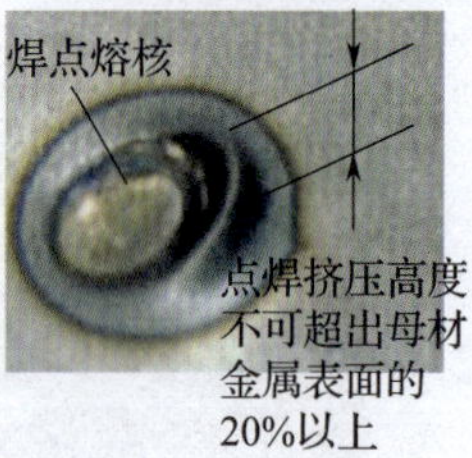 焊点熔核 点焊挤压高度不可超出母材金属表面的 20% 以上

二、焊点尺寸测量

焊点尺寸包括焊点直径和压痕深度两个主要参数，其尺寸需要通过游标卡尺测得。

1. 焊点直径

原厂焊点直径为 7.0~8.4mm，如图 15-3-1 所示。

2. 压痕深度

压痕深度不超过单层板厚的 20%，如图 15-3-2 所示。

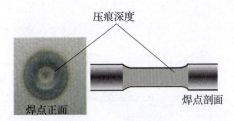

图 15-3-1　焊点直径　　　　　图 15-3-2　压痕深度

三、焊点强度检查

1. 破坏性试验

进行剥离测试时，通过台虎钳牢固地固定住剥离测试板件，并使用大力钳对板件进行撕裂测试（图 15-3-3），撕裂后在其中一个焊片上留有一个大于焊点直径的孔，另外一块焊件上有一个熔核，如图 15-3-4 所示。

图 15-3-3　撕裂测试　　　　　图 15-3-4　标准撕裂焊点

焊缝断裂形式有两种：部分断裂、界面断裂，如图 15-3-5 所示。

如果留下的孔过小或根本没有孔，说明焊点的焊接强度太低，质量不过关，需要重新调整焊接参数。

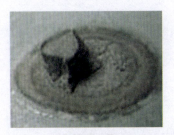

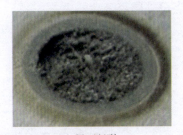

a）部分断裂　　　　　　　b）界面断裂

图 15-3-5　焊缝断裂形式

2. 非破坏性试验

在点焊完成后，可用錾子和锤子按以下方法检验焊接的质量：如图 15-3-6 所示，将錾子插入焊接的两层金属板之间（距离焊点 7~10mm），并轻敲錾子的端部，直到在两层金属板之间形成 3~4mm 的间隙（当金属板大于 1mm 厚度时）；如果两层金属板的厚度不同，操作时两层金属板之间的间隙限制在 1.5~2mm 范围内。如果进一步凿开金属板，将会变成破坏性试验。检验完毕后，一定要将金属板上的变形处修好。

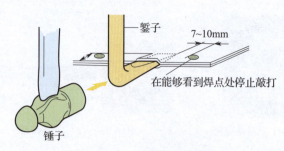

图 15-3-6 非破坏性试验

任务实施

焊点缺陷分析流程如下。

1. 观察焊点外观是否有缺陷

建议在照明亮度位于 250lx 以上的环境下，使用 2~5 倍放大镜检查所有焊点是否存在表面裂缝、表面气孔、表面喷溅、面板过热、焊点变形五种常见外观缺陷，如图 15-3-7 所示。

图 15-3-7 焊点外观检查

2. 测量焊点尺寸是否符合要求

使用游标卡尺测量所有焊点的直径和压痕深度，确保符合原厂尺寸要求，如图 15-3-8 所示。

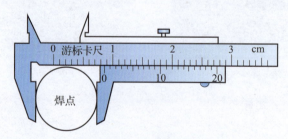

图 15-3-8 测量焊点尺寸

3. 用破坏性试验和非破坏性试验，检查焊点强度是否符合要求

进行撕裂测试，使用台虎钳固定住测试板件，用大力钳对板件进行撕裂测试，撕裂后在其中一个焊片上留有一个大于焊点直径的孔。若出现部分断裂或者界面断裂现象的焊点，说明焊点连接强度不够，需要重设设备参数再次焊接。

项目十六　MAG 钢焊接

项目描述

汽车车身构件发生碰撞变形无法恢复时，需要局部更换新的板件。此类车身维修就需要先通过切割技术将车身旧板件分离下来，然后通过接合技术将新的部件焊装在车身上。考虑到车身钢板多为薄板件，受热易变形，强度易退化，所以选用活性气体保护电弧焊（MAG）来进行车身焊接。

任务一　焊机参数设置与调整

知识链接

活性气体保护电弧焊（MAG）采用 CO_2 或混合气等活性气体作为焊接的保护气，在车身上主要用来焊接钢板，所以可以称作 MAG 钢焊接。

焊接时，需要对下列参数进行调整(有些参数的数值是可调的)：焊机输入电压、焊接电流、电弧电压、导电嘴与板件之间的距离、焊接角度、焊接方向、保护气体的流量、焊接速度和送丝速度。

1. 焊接电流

焊接电流的大小会影响母材的焊接熔深、焊丝熔化速度、电弧的稳定性以及焊接溅出物的量。

随着电流强度的增加，焊接熔深、剩余金属的高度和焊缝的宽度也会增大，如图 16-1-1 所示。

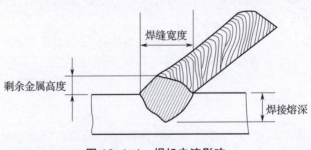

图 16-1-1　焊机电流影响

2. 焊接电压

焊接电弧长短是由电弧电压决定的，如图 16-1-2 所示。焊接电压过高，电弧的长度增大，焊接熔深减小，焊缝呈扁平状；焊接电压过低，电弧的长度减小，焊接熔深增加，焊缝呈狭窄的圆拱状。

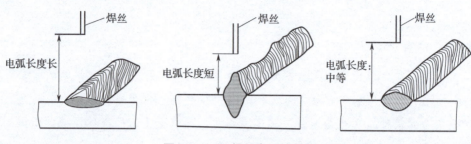

图 16-1-2　焊机电压的影响

3. 导电嘴到板件的距离

标准的距离应该是 8~15mm，如图 16-1-3 所示。距离过大，从焊枪端部伸出的焊丝长度增加而产生预热，增加了焊丝熔化的速度，焊接熔深浅，保护气体所起的作用也会减小；如果导电嘴到母材的距离过小，热量易在板件集中，熔穿风险大，并且枪头易挡住焊缝，难以焊接。

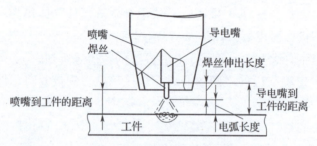

图 16-1-3　导电嘴到板件距离

4. 焊接方向和焊接角度

焊接方向分为正向焊接和逆向焊接两种。正向焊接的熔深较小且焊缝较平；逆向焊接的熔深较大，并会产生大量的熔敷金属。对于 MAG 钢焊接，这两种焊接方式都可以采用。

焊接角度如图 16-1-4 所示，为了便于观察焊接熔池情况，焊枪会沿焊缝方向倾斜，焊枪的轴线与面板法线夹角就是焊接角度，一般 10°~15° 为最佳。

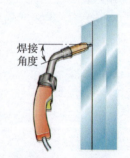

图 16-1-4　焊接角度

5. 气体流量

如果气体流量太大，将会形成紊流而降低保护层的效果，同时也会造成大量气体浪费，不经济。如果流出的气体太少，焊接区域保护效果也会下降。一般应根据喷嘴和母材之间的距离、焊接电流、焊接速度及焊接环境来调整保护气体的流量。

建议的气体流量为 10~15L/min。气体的流量可直接从压力调节器的压力指示玻璃柱读出来，如图 16-1-5 所示；也可采用临时安装在焊枪喷嘴端的气体流量计测出来，如图 16-1-6 所示。后者测量的气体流量较准确。

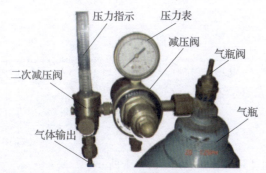

图 16-1-5　压力调节器

图 16-1-6　气体流量计

6. 焊接速度

如果操作者快速地进行焊接，焊接熔深和焊缝的宽度都会减小，而且焊缝会变成圆拱形。进一步增加焊接速度，将会产生咬边；而焊接速度过低则会产生许多烧穿孔。一般来说，焊接速度由母材的厚度、焊机电流大小两种因素决定。

7. 送丝速度

如果送丝速度太慢，随着焊丝在熔池内熔化并熔敷在焊接部位，将听到"啪哒"声；送丝速度太快将堵塞电弧，同时会产生更多飞溅。送丝速度正常，会听到"嘶嘶"声，此时焊接熔点自动循环产生的频率为 50~200 次 /s。

任务实施

焊机的参数设置与调整需要在试焊的过程中不断调整完善，以达到最佳的焊接效果。具体参数设置与调整操作流程如下。

1. 准备工作

1）穿戴劳保用品。
2）设备工具准备到位。
3）打磨清洁试焊片。
4）进行板件的定位夹持等工作。

2. 气体流量设定

1）打开气瓶阀门（逆开顺关）。
2）打开气压调节器，调整出气量，如图 16-1-7 所示，建议气体流量设定在 10~15L/min。

图 16-1-7　气体流量调整

焊接防护的佩戴

气体流量调整

3. 设置调整焊接电流

根据板厚，选择合适的焊接电流，如图 16-1-8 所示。如在试焊时极易出现熔穿现象，调小焊接电流；若试焊时熔深不足，调大焊接电流。

4. 设置调整送丝速度

根据焊接电流大小，选择合适的送丝速度，

图 16-1-8　焊接电流调整

焊接电流调整

如图 16-1-9 所示。焊接电流越大,送丝速度越快。

5. 设置焊接方向和焊接角度

正向焊接和逆向焊接两种方式都可以,一般建议采用逆向焊接方式;焊接角度一般为 10°~15° 最佳,如图 16-1-10 所示。

焊接方向

焊接角度

6. 导电嘴到板件的距离

导电嘴到板件的距离建议是 8~15mm,如图 16-1-11 所示。

图 16-1-9　送丝速度

图 16-1-10　焊接方向和角度

图 16-1-11　导电嘴到板件的距离

7. 焊接速度

薄板件焊接一般采用连续点焊,所以要控制焊接时间和焊接间隔时间,从而达到更好的热管理。

8. 7S 管理

收拾设备工具,打扫工位。整个操作过程禁止出现任何安全问题。

连续点焊

任务二　对接焊

知识链接

目前,用于车身钣金维修的常见焊接方法主要包括定位焊、对接焊、塞焊和搭接焊。

1. 定位焊

定位焊实际上是一种临时点焊,在永久焊接前,用一种很小的临时焊点来取代定位装置或薄金属螺钉,对焊接的工件进行定位,如图 16-2-1 所示。各定位焊点的距离大小与母材厚度有关,一般其距离为母材厚度的 15~30 倍。

定位焊

2. 对接焊

对接焊是将两个相邻的金属板边缘安装在一起,沿着两个金属板相互配合或对接的边缘进行焊接的一种方法,如图 16-2-2 所示。在进行对接焊时要注意(尤其是焊薄板)每次焊接的长度不要超过 20mm,要密切注意金属板的熔化及焊丝和焊缝的连续性;同时要注意焊丝的端部不可偏离

对接焊

金属板的对接处。如果焊缝较长，需要在金属板的若干处提前进行定位焊，以防止金属板变形。

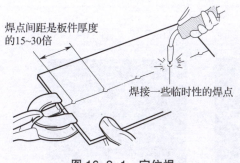

图 16-2-1 定位焊

图 16-2-2 对接焊

3. 塞焊

塞焊经常用在车身上曾在汽车制造厂进行过电阻点焊的所有地方，它的应用不受限制，而且焊接后的接头具有足够的强度来承受各结构件的载荷，如图 16-2-3 所示。

塞焊是点焊的一种形式，它是通过一个孔进行的点焊。其方法是在需要连接的外层板件上钻（或冲）一个孔来进行焊接，一般结构性板件的孔直径为 8~9mm，装饰性板件上孔的直径为 5~6mm。

4. 搭接焊

搭接焊是在需要连续的几个相互重叠的金属板的上表面的棱边处将两个表面熔化，这与对接焊相类似，所不同的是，其上表面有一个棱边，如图 16-2-4 所示。搭接焊只能用于修理原先在制造厂进行过这种焊接的地方，或用于修理外板和非结构性金属板时。当金属板多于两层时，不可采用这种方法。

图 16-2-3 塞焊

图 16-2-4 搭接焊

搭接焊

对接焊（带衬板）

任务实施

对接焊操作流程如下。

1. 准备工作

1）穿戴劳保防护用品。
2）设备工具准备到位。

2. 板件清洁

对板件和试焊片进行除油、除锈、除尘等清洁工作，如图 16-2-5 所示。

3. 板件定位夹持（图 16-2-6）

1）确保钢板之间的间隙（焊缝）为 0.5~1.0mm。

图 16-2-5 板件清洁

图 16-2-6 板件定位夹持

2）确保钢板表面对齐，无高度差。
3）确保焊件牢牢固定，焊接时不会移动。

4. 试焊（调节焊机参数）

通过试焊，把设备参数调整到最佳状态，如图16-2-7、图16-2-8所示。

图16-2-7　焊机参数设置调整

图16-2-8　试焊

5. 定位焊

如果板件过长，采用定位焊点固定板件，然后将定位焊点正面打磨平整，如图16-2-9所示。

6. 分段连续点焊

为了最大程度降低板件的热变形，采用分段的连续点焊形式。每个焊点依次重叠1/2，焊点间无间隙，无其他焊接缺陷，如图16-2-10所示。

图16-2-9　定位焊

图16-2-10　分段连续点焊

分段焊

7. 防锈处理

对焊接区域的背面进行防锈处理，确保在所有焊接痕迹上施涂防锈剂。

8. 7S管理

收拾设备工具，打扫工位。整个操作过程禁止出现任何安全问题。

任务三　塞焊

知识链接

目前，在车身钣金维修中，常用到的焊接方法有很多，而塞焊就是其中一种非常常见的焊接方式。它适用于无法进行点焊的区域或使用点焊不能达到理想强度的区域。

如图 16-3-1 所示，塞焊是先重叠两块或更多钢板，填满上层钢板上的钻孔以将其焊接在一起的一种焊接方式。

根据焊接位置不同，塞焊可以分为平焊、横焊、立焊和仰焊四种，如图 16-3-2~图 16-3-5 所示。

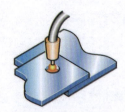
图 16-3-1 塞焊

平焊位置焊接

1. 平焊

平焊一般容易进行，而且它的焊接速度较快，能够得到最好的焊接熔深。对从汽车上拆卸下的零部件进行焊接时，尽量将它放在能够进行平焊的位置。

2. 横焊

对水平焊缝进行焊接时，应使焊枪向上倾斜，以避免重力对熔池的影响。

图 16-3-2 平焊

图 16-3-3 横焊

3. 立焊

对垂直焊缝焊接时，最好让电弧从接头的顶部开始，并平稳地向下拉。

图 16-3-4 立焊

图 16-3-5 仰焊

4. 仰焊

仰焊最难进行，因熔池过大，熔融金属会落入喷嘴而引起故障。在进行仰焊时，一定要使用较低的电压，同时还要尽量使用短电弧和小的焊接熔池；将喷嘴推向工件，以保证焊丝不会向熔池外移动；最好能够沿着焊缝均匀地拉动焊枪。

5mm 孔塞焊

8mm 孔塞焊

任务实施

塞焊操作流程如下。

1. 准备工作

1）穿戴劳保防护用品。
2）设备工具准备到位。

2. 板件清洁

对板件和试焊片进行除油、除锈、除尘等清洁工作，如图 16-3-6 所示。

3. 板件定位夹持（图 16-3-7）

1）确保上下层钢板间无空隙。
2）确保焊件牢牢夹紧。

图 16-3-6 板件清洁

图 16-3-7 板件定位夹持

4. 试焊（调节焊机参数）

通过试焊，把设备参数调整到最佳状态，如图 16-3-8、图 16-3-9 所示。

5. 塞焊作业

塞焊时为了降低热影响，需要进行错位交叉焊接。塞焊后进行效果评估，目测塞焊点有无缺陷，如图 16-3-10 所示。

图 16-3-8　设备参数设定与调整

图 16-3-9　试焊

图 16-3-10　塞焊

6. 7S 管理

收拾设备工具，打扫工位（图 16-3-11）。整个操作过程禁止出现任何安全问题。

图 16-3-11　整理工位

任务四　焊接缺陷分析

知识链接

以下介绍常见焊接缺陷及原因分析过程。

1. 熔深不足

焊点未完全熔入焊接区域，如图 16-4-1 所示。

原因包括：①电弧过长；②电流不足；③焊丝未正确置于钢板上。

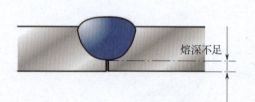
图 16-4-1　熔深不足

2. 咬边

钢板和焊珠之间的小凹坑，如图 16-4-2 所示。

原因包括：①电弧过长；②焊接位置不正确；③焊接速度过快。

3. 气孔

焊接金属上形成的孔洞，如图 16-4-3 所示。

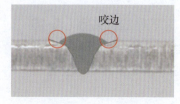
图 16-4-2　咬边

原因包括：①涂料、锈蚀、脏污或密封胶未完全清除；②缺少保护（枪嘴堵塞、风量或气流量不足）；③焊点冷却速度过快；④电弧过长。

4. 飞溅

焊接过程中溅出焊丝和钢板熔融后的颗粒，如图 16-4-4 所示。

原因包括：①电弧过长；②保护气体不足；③焊丝不干净；④工件上有脏物和污染物。

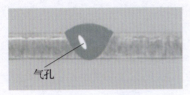

图 16-4-3 气孔

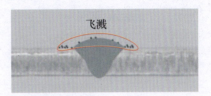

图 16-4-4 飞溅

5. 焊道错位

焊道错位缺陷如图 16-4-5 所示。

原因包括：①焊枪未对准正确的焊点；②焊枪作业角度不正确。

6. 烧穿

烧穿缺陷如图 16-4-6 所示。

原因包括：①焊枪未对准正确的焊点；②焊枪作业角度不正确；③电流过大；④焊接速度过慢。

图 16-4-5 焊道错位

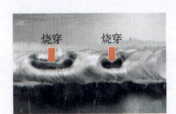

图 16-4-6 烧穿

任务实施

焊接缺陷分析操作流程如下。

1. 目视检查焊接区域

使用 2~5 倍的放大镜，在光照强度 400lx 以上的环境下观察焊接区域。

2. 判定缺陷并做记录

常见的六种焊接缺陷包括熔深不足、咬边、气孔、飞溅、焊道错位和烧穿。判定是否存在以上一种或几种缺陷。

3. 分析缺陷产生的原因

根据本项目所学内容，分析各种焊接缺陷产生的原因。

5mm 孔塞焊焊接质量检查

8mm 孔塞焊焊接质量检查

项目十七 MIG 铝焊接

项目描述

随着汽车行业的高速发展，采用铝合金车身的汽车的市场占有率逐年升高。铝合金车身一旦发生碰撞变形，整形维修难度很大，所以一般选择更换或者局部切割更换铝合金部件，新的铝合金部件就需要通过焊接技术进行连接，也就是铝合金焊接技术。

任务一　调整 MIG 焊机

知识链接

MIG 焊接是电弧焊的一种，指的是采用惰性气体对焊接部位进行保护的焊接方式。在汽车车身上的 MIG 焊接通常用于铝合金的焊接，所以也可以称为 MIG 铝焊接。

如图 17-1-1 所示为多功能焊机，可进行钢焊、铜焊、铝焊以及不锈钢等多种焊接。若用这种多功能焊机来进行铝合金焊接时，并不是仅更换铝焊丝就可以进行铝焊接，而是需要先对其进行必要的调整后，方可进行铝焊，如图 17-1-2 所示。铝焊机的调整主要有以下几个要点。

图 17-1-1　铝焊机

图 17-1-2　铝焊机操作面板

1. 更换送丝导管

钢焊接设备的送丝导管为钢制的，铝焊丝较软，其送丝导管一般为聚四氟乙烯或石墨材质的，如图 17-1-3 所示，采用这两种材质的送丝导管可以防止铝焊丝在送丝过程中受损，同时送丝阻力大大降低。在石墨导管焊枪一段接有铜弹簧管，可以防止石墨导管变形。

a）聚四氟乙烯焊丝导管

b）石墨焊丝导管

图 17-1-3　焊丝导管

焊丝导管更换

2. 更换导电嘴

一般车身铝焊时选用的铝焊丝规格为 Φ1.0mm 和 Φ1.2mm 两种，其焊丝较粗，而且加热后铝焊丝比钢焊丝膨胀得厉害，所以务必选用 Φ1.0mm 或 Φ1.2mm 的铝合金专用导电嘴与之匹配，以免出现出丝不畅或者电弧不稳等问题，如图 17-1-4 所示。

更换导电嘴

3. 更换保护气

铝焊接认可的两种保护气体是氩气和氦气。通常使用 100% 氩气作为铝焊接保护气，如图 17-1-5 所示。

图 17-1-4　导电嘴　　　图 17-1-5　高纯度氩气

4. 送丝轮更换

铝焊丝较软，应使用双排送丝机构（两个主动轮，两个从活动轮），保证更稳定更加平顺地送丝，如图 17-1-6 所示；将 MAG 焊机送丝轮上的 V 形槽的送丝毂更换成 U 形槽的送丝毂，若铝丝选用 Φ1.0mm，其送丝毂也要选用 Φ1.0mm 规格的导丝槽，防止铝合金焊丝受压变形，如图 17-1-7 所示。

滚花轮

V形槽轮

U形槽轮

图 17-1-6　双排送丝机构　　　图 17-1-7　送丝毂

任务实施

多功能焊机需要进行以下调整，才可进行铝焊接。

1. 更换铝焊丝盘

换上铝焊丝盘，注意安装方向，如图 17-1-8 所示，确保将焊丝平顺地对准送丝机构。

2. 更换铝焊接专用导电嘴

选用 Φ1.0mm 的铝焊丝，导电嘴也要选用 Φ1.0mm 铝合金专用导电嘴，如图 17-1-9 所示。

3. 更换送丝导管

更换聚四氟乙烯或石墨材质的送丝导管，如图 17-1-10 所示。

焊丝盘的安装

图 17-1-8　更换焊丝盘　　　图 17-1-9　更换导电嘴　　　图 17-1-10　更换送丝导管

4. 更换送丝毂

选用 U1.0 规格的送丝毂（槽宽 1.0mm 的 U 形槽送丝毂），如图 17-1-11 所示。

5. 安装铝焊丝，调试

安装铝焊丝，调整压紧手柄的压力（比 MAG 惰轮压紧力稍小点），如图 17-1-12 所示。

6. 更换保护气体

通常选用 100% 氩气作为铝焊接保护气，如图 17-1-13 所示。

送丝机构张紧力调节

图 17-1-11　更换送丝毂　　　图 17-1-12　安装铝焊丝　　　图 17-1-13　更换保护气体

任务二　铝车身焊接

知识链接

一、MIG 焊接在车身上的应用

1）在更换立柱外板时，为增加接口处的强度，需安装衬板，并以 MIG 塞焊方式焊接衬板，如图 17-2-1 所示。

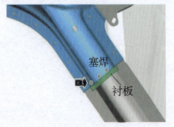 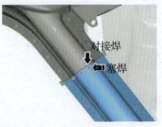

图 17-2-1　铝焊应用

2）在更换立柱外板时，需将新板和旧板以 MIG 对接焊方式焊接。

3）更换门槛外板时，需用折边钳将旧板折下一个板厚厚度，将新板放在上面进行 MIG 对接焊焊接。

二、焊接类型

1. 搭接焊

搭接焊时两块铝板重叠不少于 5mm，一次焊接的长度不小于 20mm，焊接时应使用推焊进行焊接，如图 17-2-2 所示。在焊接开始和结束时，应使用引焊板，引焊板由废料制成，置于有效焊接长度的起始端和末端。

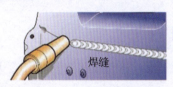
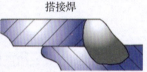

图 17-2-2　搭接焊

2. 塞焊

孔的尺寸为 10mm，焊接时焊枪垂直于板件，如图 17-2-3 所示。

3. 对接焊

焊接时同样需使用推焊进行焊接，如图 17-2-4 所示。所有对接接头均需要衬板，衬板由废料制成，宽度为 50mm。可通过搭焊、塞焊或自攻螺钉固定衬板。根据工件厚度来确定衬板厚度，衬板与工件厚度应相等。衬板的作用是避免热量过大、避免多余的穿透和支持熔融焊池。

图 17-2-3　塞焊　　　　　　　　　　图 17-2-4　对接焊

任务实施

铝车身焊接操作流程如下。

1. 准备工作

1）穿戴好个人防护用品，如图 17-2-5 所示。

2）准备好工具和设备，提前将焊机调整好。

2. 板件清洁

用溶剂和一块干净的布对焊接部位的正面和反面进行彻底的清洁，如图 17-2-6 所示。

3. 打磨铝板表面氧化膜

1）如果铝板表面有涂层，用装有粒度为 80 号的砂轮的砂轮机磨去宽度为 25 mm 范围内的涂层，让金属裸露出来。

2）用不锈钢钢丝刷刷净铝表面，直到表面发亮为止，如图 17-2-7 所示。

3）如果时间超过 2h 未焊接，表面会再次氧化，则需重新清洁。

图 17-2-5　个人防护　　图 17-2-6　板件清洁　　图 17-2-7　打磨铝板氧化膜

4. 板件固定夹持

1）将两块铝板放在一起，并留有一条焊缝，确保表面平整。

2）首尾装好引弧板（图 17-2-8）和熄弧板，引弧板和熄弧板长度大约为 10~15mm。

5. 试焊

在同等厚度的试焊片上进行试焊，将焊接参数调整到最佳。

6. 定位焊

确保焊片定位准确。

7. 连续焊接

1）采用正向焊接法，为防止变形，必须要避免过热。

2）焊丝到母材的距离为 10mm 左右。

3）焊枪更加垂直于板件。

4）采用连续焊接形式，如图 17-2-9 所示。

图 17-2-8　引弧板　　图 17-2-9　连续焊接

8. 效果评估

检测焊缝区内有无瑕疵和缺陷，如图 17-2-10 所示。

图 17-2-10　焊接缺陷（烧穿和裂缝）

9. 7S 管理

1）工具设备整理归位，打扫工位卫生。

2）确保整个操作中无任何安全问题。

项目十八 MIG 铜焊接

项目描述

目前,轻量化是汽车发展的必然趋势,越来越多的高强度钢应用在汽车的车身上。而针对这些高强度钢的切割、更换、维修,要保证其结合处的强度,就要避免焊接时热量过高。因此在进行焊接时,有些汽车厂家要求采用铜焊接技术,即 MIG 硬钎焊对车身进行焊接。

任务一 调整 MIG 硬钎焊焊机

知识链接

焊接的种类较多,按其工艺特点可分为熔焊、压焊、钎焊,见表 18-1-1。

表 18-1-1 焊接种类

种类	原理	举例
熔焊	在高温等作用下,致使连接处的金属在熔化状态下完成的焊接方法	MAG 钢焊、MIG 铝焊
压焊	压焊是指在加热或不加热状态下对组合焊件施加一定压力,使其产生塑性变形或熔化,并通过再结晶和扩散等作用,使两个分离表面的原子达到形成金属键而连接的焊接方法	电阻点焊、摩擦焊等
钎焊	用熔点低于母材熔点的金属为钎料,将焊件和钎料加热到母材熔点和钎料熔点之间的温度,致使钎料呈液态而润湿母材,填充接头间隙并与母材相互扩散而实现焊接的方法	锡焊、铜焊

钎焊根据钎料的熔点不同,可分为硬钎焊(高于 450℃)和软钎焊(低于 450℃)。铜焊接就是属于硬钎焊的一种。

一、铜焊接简介

1. 原理

铜焊接指的是通过钎料(铜焊丝)和焊件同时加热到钎料熔化温度后,利用液态钎料填充固态工件的缝隙使金属连接的焊接方法。

车身板件通过焊丝的毛细管作用(液体无需外力辅助即可流动,且与外力方向相反)接合,焊丝(铜/硅)位于钢板外侧,利用毛细管作用将自身连接在钢板材上。

钎焊时,首先要去除母材接触面上的氧化膜和油污,以利于毛细管在钎料熔化后发挥作用,增加钎料的润湿性和毛细流动性。

2. 特点

1)钎焊加热温度较低,接头光滑平整,组织和机械性能变化小,变形小,工件尺寸精度高。

2）可用于不同材料的连接。

3）钎焊接头的连接强度不高。

3. 应用

MIG 硬钎焊的温度范围为 965~1035℃，减小了对板件分子结构的破坏和热变形，所以在车身维修中，常用于安全结构部件的结合修复，如图 18-1-1 所示。

图 18-1-1　B 柱加强件的 MIG 硬钎焊

二、钎焊机调整

如图 18-1-2 所示为多功能焊机，可用于钢焊、铜焊等多种焊接。若用来进行铜焊接，需要对焊机进行以下调整。

1. 更换焊丝

用于 MIG 硬钎焊的指定焊丝为 $CuSi_3$，认可焊丝直径为 1mm。其材质主要由铜、硅和锰等成分组成。

2. 更换送丝导管

建议更换为聚四氟乙烯或石墨材质的送丝导管。

图 18-1-2　多功能焊机

3. 更换导电嘴

导电嘴须选用和焊丝直径尺寸相匹配的，故更换 $\phi 1.0mm$ 的导电嘴，以防出现堵丝或电弧不稳等问题。

4. 更换保护气体

建议选用保护气体为纯度等级 2.5~6.0（99.0%~99.9%）的氩气，禁止使用活性气体。在钎焊时，保护气体不仅可以保护硬钎焊免受大气杂质的污染，还能快速冷却钎焊料，同时也起到稳定电弧的作用。保护气体的流速建议为 10~20L/min。

5. 送丝毂更换

铜焊接时，为了保证送丝平顺、电弧温度，建议使用带双排送丝机构的焊机。送丝毂需要与铜焊丝的尺寸匹配，选用 V1.0（V 形槽，槽面宽度 1.0mm）规格的送丝毂。

任务实施

多功能焊机需要进行以下调整，方可进行焊接。

1. 更换焊丝盘

换上铜焊丝盘，注意安装方向，如图 18-1-3 所示，将焊丝平顺地对准送丝机构。

2. 更换导电嘴

选用 $\phi 1.0mm$ 导电嘴，如图 18-1-4 所示。

图 18-1-3　更换焊丝盘　　图 18-1-4　更换导电嘴

3. 更换送丝导管

更换聚四氟乙烯或石墨材质的送丝导管。

4. 更换送丝毂

选用 V1.0 规格的送丝毂（槽宽 1.0mm 的 V 形槽送丝毂），如图 18-1-5 所示。

5. 更换保护气体

选用纯度为 99.9% 的氩气作为其保护气体，如图 18-1-6 所示。

6. 试焊

调整焊接模式及参数进行试焊，如图 18-1-7、图 18-1-8 所示。

图 18-1-5　更换送丝毂　　图 18-1-6　更换保护气体

图 18-1-7　调整焊机参数　　图 18-1-8　试焊接

任务二　MIG 硬钎焊

知识链接

MIG 硬钎焊类似于钢焊接，其接头形式有对接焊、塞焊和搭接焊三种，而常用于车身维修的形式以对接焊和塞焊为主。

一、对接焊

1. 焊接方向

建议采用正向焊接形式。

2. 焊接角度

1）工作角度：焊枪与板件的夹角为 90°，如图 18-2-1 所示。

2）行走角度：焊枪轴线与板件法线之间的夹角为 5°~15°，如图 18-2-2 所示。

图 18-2-1　工作角度　　图 18-2-2　行走角度

3. 导电嘴到板材的距离

导电嘴到板材的距离建议为 10~20mm。

二、塞焊

⚠ 注意事项

（1）开孔方式不同

MIG 硬钎焊的塞焊是不同于钢焊接的，不能采用开圆孔的方式进行填孔焊，因其无法提供所需的足够连接强度，故需要使用"槽"形孔洞进行塞焊。槽孔的许可尺寸为 8mm×20mm，如图 18-2-3 所示。

（2）焊接角度不同

MIG硬钎焊的塞焊不同于钢焊接，不能从中间开始画圈焊接，而是采用类似于对接焊的方式，保持焊枪90°的工作角度，并以5°~15°的行走角度，从槽孔的一端钎焊至另一端，如图18-2-4所示。

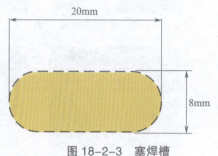

图 18-2-3　塞焊槽

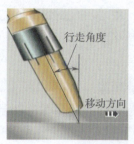

图 18-2-4　焊接角度

三、焊接质量检查

建议在350lx以上的光照条件（办公照明）下，使用2~5倍的放大镜对所有焊接区域执行检查。

1. 对接焊检查

满足对接焊缝无咬边、无裂缝、无熔深不足、无烧穿等缺陷。为了确保其强度满足要求，焊缝尺寸（图18-2-5、图18-2-6）应满足以下要求：焊缝宽度7~11mm；焊道高度1~3mm；熔深0.5~2mm；热影响区不超过30mm。

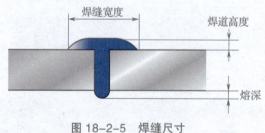

图 18-2-5　焊缝尺寸

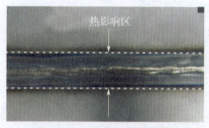

图 18-2-6　焊缝热影响区

2. 塞焊检查

确保整个槽孔被填满，并满足以下尺寸要求（图18-2-7）：塞焊缝宽度9~11mm；塞焊缝长度21~24mm；焊点高度1~2mm。

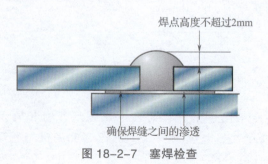

图 18-2-7　塞焊检查

任务实施

车身 MIG 硬钎焊流程如下。

1. 准备工作

1）穿戴好个人防护用品（图 18-2-8）。

2）准备好工具和设备，提前将焊机调整好（图 18-2-9）。

图 18-2-8　个人防护穿戴　　　图 18-2-9　设备工具准备

2. 板件开槽

在板件上开好槽，尺寸为 8mm×20mm，相邻槽之间的边距为 30mm 以上，如图 18-2-10 所示。

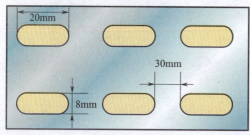 

a）钎焊槽的尺寸规格　　　　　　　b）开槽

图 18-2-10　板件开槽

3. 板件清洁

去毛刺，并对板件进行除锈、除油、除尘作业，如图 18-2-11 所示。

a）打磨去毛刺　　　　　　　b）清洁

图 18-2-11　板件清洁

4. 板件固定夹持

固定夹持牢靠对接焊的板件，确保焊缝在 1~2mm，如图 18-2-12 所示。

5. 试焊

在同等厚度的试焊片上进行试焊，将焊接参数调整到最佳，如图 18-2-13 所示。

图 18-2-12　板件固定夹持

图 18-2-13　调试参数

6. 定位焊

确保焊片定位准确并打磨掉定位焊点，如图 18-2-14 所示。

7. 焊接

根据要求，完成板件的钎焊任务，如图 18-2-15 所示。

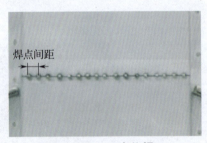
图 18-2-14　定位焊

图 18-2-15　MIG 硬钎焊

8. 效果评估

检测焊缝区内有无瑕疵和缺陷。

9. 7S 管理

1）工具设备整理归位，打扫工位卫生，如图 18-2-16 所示。

2）确保整个操作中无任何安全问题。

图 18-2-16　整理工位

项目十九　粘接与铆接

项目描述

随着汽车行业的快速发展，更多车身材料的出现使得车身焊接方法已经无法满足其需求，而粘接和铆接弥补了这种空缺。粘接和铆接一方面可以用来修复塑料件或者将不同材料的板件进行连接，另一方面还可以配合其他车身接合技术，提高其结合强度。

任务一　车身粘接

知识链接

目前，常用于车身粘接修复的方法有三种：溶剂粘结法、氰基丙烯酸酯粘接法和双组分胶粘法，见表19-1-1。

表 19-1-1　车身粘接修复方法

名称	修复方法	应用
溶剂粘结法	把丙酮或乙酸乙酯滴在塑料件结合部位的边缘处，直到材料溶解为止	车顶灯座、侧灯座等小件维修，聚丙烯、聚乙烯塑料板件不能使用此方法
氰基丙烯酸酯粘接法	氰基丙烯酸酯，又称为"超级胶"，一种单组分快速固化黏合剂，能快速粘合塑料件	快速粘合塑料件
双组分胶粘法	由树脂和固化剂组成，混合后混合剂可以在零件上固化并与基底材料连接，双组分黏合剂的结合强度较高	连接强度高，适合于多种材料的粘接

双组份胶粘法是目前最佳的修复方法，它既可以用于多种不同材料的连接，还能配合其他车身接合技术使用，共同提高连接强度。因此，接下来重点学习双组份胶粘法。

一、双组分胶粘法

1. 胶粘剂

目前最常用的车身双组分胶粘剂就是 3M 08115 这种高强度钣金结构胶。其主要由环氧树脂（黑色）和固化剂（黄色）组成。

双组分胶粘剂的特点包括：高效粘接特性；有效防腐；结合点焊、铆接提供更高的连接强度；可室温固化，也可高温加速固化，提供生产效率。

粘接安全防护

3M 08115 双组分环氧树脂胶粘剂主要用于汽车板件的结合、更换，如图 19-1-1 所示。它受益于快速固化的特点，方便操作，可以在铝制、钢制、复合材料上提供粘接、密封等功能。

胶粘参数（图 19-1-2）如下：

1) 90min——胶粘剂起效时间，指的是胶粘剂在 90min 内固化起效。

2）4h——强度起效时间，指的是胶粘剂在 4h 内开始具有一定的结合强度。

3）24h——全强度时间，指的是胶粘 24h 后，板件的连接强度才能达到最大。

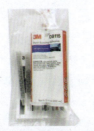
图 19-1-1　双组分结构胶

图 19-1-2　胶粘参数

图 19-1-3　胶嘴

2. 胶嘴

专用胶嘴（图 19-1-3）主要用于双组分胶。在打胶时，环氧树脂和固化剂同时被挤压出来，按照一定比例在胶嘴（迷宫管）内充分混合。

胶枪的使用

3. 胶枪

常见的双组分胶枪有手动胶枪和电动胶枪，如图 19-1-4 所示。

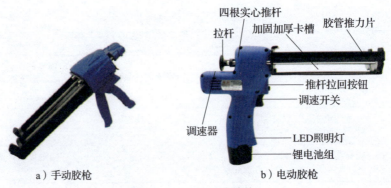

a）手动胶枪　　　b）电动胶枪

图 19-1-4　双组分胶枪

二、注意事项

1. 打胶操作要领

1）确保结合面清洁。

2）"Z"字形打胶，如图 19-1-5 所示。

3）避开铆钉孔，在孔周围打满胶。

4）均匀打胶，胶条厚度 5mm。

5）胶粘剂起效前清除多余的胶粘剂。

6）打完胶后，可采用刮刀均匀刮平，确保胶的厚度在 1~2mm。

图 19-1-5　车身打胶

2. 注意事项

1）打胶的整个过程需要佩戴溶胶手套。

2）首次打胶需要将刚混合最前端 5~10cm 的胶除去（此段胶混合不充分，影响连接强度）。

打胶

3）多余胶粘剂要及时清理干净。
4）打胶均匀，确保连接强度，也要避免浪费。
5）打完胶要将胶枪压杆松开，防止胶粘剂过多地流淌出来。
6）每次打胶要在 90min 内完成。

任务实施

胶粘操作步骤如下。

1. 准备工作

1）穿戴个人防护用品，如图 19-1-6 所示。
2）准备好胶枪。

2. 板件清洁

做好板件结合区域的清洁，如图 19-1-7 所示。

图 19-1-6　安全防护　　图 19-1-7　板件清洁

3. 打胶

进行"Z"字形打胶，避开孔洞位置，控制打胶密度，打胶量不宜过多也不宜过少，如图 19-1-8、图 19-1-9 所示。

图 19-1-8　打胶

4. 刮胶

打完胶，用刮刀均匀刮涂，保证结合区域都能涂抹到胶。

5. 板件结合

结合板件，周边会有多余的胶溢出，及时清理干净，如图 19-1-10 所示。

图 19-1-9　打胶效果　　图 19-1-10　板件结合

6. 7S 管理

将工具设备整理归位，并打扫工位卫生。

任务二　车身铆接

知识链接

铆接就是利用铆钉，将两个或者两个以上的被连接件（通常是板材或者型材）连接在一起的不可拆卸连接，称之为铆钉连接。

在铝制车身上，我们更多使用铆钉连接所有车架的法兰边。这些铆钉有自攻铆钉或抽芯铆钉。为确保整车结构的安全和完整性，在结构化维修中更换原厂铆钉时，一定要贴近原厂工艺流程。

目前用于车身铆接的方式主要有两种：拉铆接和压铆接。

一、车身拉铆接

车身拉铆接适用于铆接工具无法从两侧接近维修区域或者封闭的内腔等场合，这些就需要提前钻好孔，钻入铆钉，从外侧就可以实现多层板件的铆接维修。

1. 设备规格

抽芯铆钉气动拉铆枪的参数见表 19-2-1。

表 19-2-1　抽芯铆钉气动拉铆枪参数

拉铆规格	φ4.8~6.4mm	铆枪净重	2.5kg
工作气压	0.45~0.65MPa	工作行程	23mm
最大拉力	16.5kN	外形尺寸	230mm×107mm×314mm

2. 结构组成

铆钉枪由枪嘴、枪管、铆钉芯筒、气缸、气管接头等部件组成，如图 19-2-1 所示。

3. 特点

1）质量稳定，检验方便。
2）突出的抗剪切力和抗拉力，牢固可靠。
3）工艺简单，成本低。
4）不可拆卸，生产效率低。
5）被连接件上铆孔，强度有所削弱。

4. 注意事项

1）拉铆接前，需要先钻好孔。
2）孔径比铆钉直接大 0.1~0.3mm。
3）铆接板件表面与铆孔要清洁、干净，去毛刺。
4）铆钉与板件垂直，两面要贴合好，确保连接强度。

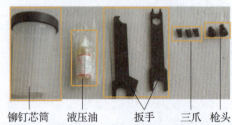

图 19-2-1　铆钉枪结构组成

二、车身压铆接

车身压铆接（自攻铆接）是一种快速冷加工接合工艺，用于连接单层或多层铝件，如图 19-2-2 所示。它适用于可以从两侧接触到维修区域的场合，在铆接前不需要在铝面板上钻孔。

1. 设备规格

电动压铆枪的规格见表 19-2-2。

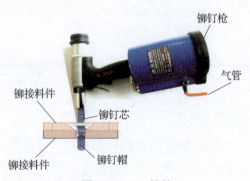

图 19-2-2　铆接

表 19-2-2 电动压铆枪规格

型号	ESN50	铆接次数	12V 直流电池可提供大约 300 次的铆接
作用力	20~50kN	配备	配有 2 个 C 型框，喉口深度 35mm 和 200mm

2. 设备组成及主要附件

1）组成部分：C 形框、扳手、压力调节旋钮、活塞泄压按钮、12V 锂电池等，如图 19-2-3 所示。

2）主要附件：柱塞、冲模（平底和尖头）、冲头、铁砧等，如图 19-2-4 所示。柱塞是用来固定铆钉位置的。冲模用于铆钉压入附件，配有平底和尖头两种，如图 19-2-5 所示。冲头和铁砧配合使用，可以用来拆卸铆钉，如图 19-2-6 所示。

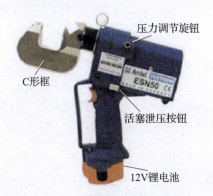

图 19-2-3 电动压铆枪结构组成

图 19-2-4 主要附件

图 19-2-5 压入铆钉

图 19-2-6 冲出铆钉

铆钉枪设备的认知

3. 压力调整

在铆接前，铆钉作用力的设定非常重要，过大或者过小都会影响铆钉连接强度，所以调整 ESN50 侧边的压力调节螺钉可进行压力的设定，如图 19-2-7 所示。

4. 注意事项

1）车身压铆钉（自攻铆钉）需要使用定位工具放入柱塞内，不应直接使用手指安装，以避免受伤。

图 19-2-7 调整铆接压力

2）ESN50 电动压铆枪一次只能安装一个铆钉。

3）铆接前，确保在测试板件上完成压力测试，以确保合适的预压力。

任务实施

车身铆接流程如下。

1. 准备工作

1）穿戴好个人防护用品。
2）准备好工具和设备，安装好拉铆枪和压铆枪设备。

2. 确定铆钉位置并划线

按照图 19-2-8 所示，确定铆钉的位置，并划线标记。

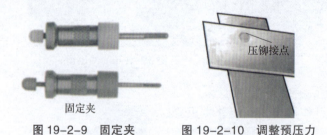

图 19-2-8 铆接图

铆接个人安全防护

铆接孔的开孔和定位

3. 板件固定夹持

将两块铝板件固定牢靠，法兰边缘对齐。

4. 钻孔

在板件下边缘法兰边的拉铆接位置开孔，孔径 6.5mm。同时钻多个铆钉孔，为了避免板件振动导致孔错位，每钻完一个铆钉孔后，需要借助板件固定夹进行定位，如图 19-2-9 所示。

5. 打磨清洁

将工件打磨去除毛刺，并清洁。

6. 调整预压力

调整 ESN50 电动压铆枪侧边的调节螺钉可进行预压力调整，在同样厚度废弃铝板上进行测试，如图 19-2-10 所示。

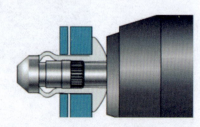

图 19-2-9 固定夹　　图 19-2-10 调整预压力

7. 拉铆接

将铆钉垂直于板件进行铆接，如图 19-2-11 所示。

图 19-2-11 拉铆接

8. 压铆接

一次只能安装一个铆钉,如图 19-2-12 所示。

图 19-2-12　压铆接

9. 效果评估

目视检查有无瑕疵和缺陷。

10. 7S 管理

1)将工具设备整理归位,打扫工位卫生。
2)确保整个操作中无任何安全问题。

铆接压力调整

选择与更换枪嘴

抽芯铆钉的安装方法

自攻铆钉手动装入方法

拉铆接作业

压铆接作业

铆钉动画标清

车顶板件的铆接

项目二十　车身测量

项目描述

碰撞会导致汽车车身发生形变，汽车整体定位参数就会发生变化，进而影响其行驶性、稳定性和安全性等，只有对车身整体变形进行准确的测量，通过技术诊断，并有的放矢地加以校正和修理，汽车才能恢复其性能。

任务一　二维测量

知识链接

众所周知，车身机械零部件都是依据设计要求，直接或者间接地装配在车身构件上，若一旦发生碰撞变形，就会导致这些运动构件出现振动、噪声或者磨损，甚至失效，影响汽车使用性能的同时，也缩短了其使用寿命。因此，在事故车修理前，就需要通过测量，判断车身损伤的程度，把握变形程度的大小，从而确定修理方案；在修理过程中，通过不断测量，对维修工程加以检测，有效地控制修理质量；在修理结束后，还可以通过测量，为验收和质量评估提供可靠的数据。

车身测量就是使用专用的工具和设备，测量车身上的参考点的位置，将测量结果和理想位置（未受损伤的车身参考点）比较，就可以确定车身所受损坏的范围、方向和程度，为车身的诊断和校正提供依据。

一、常规车身测量工具

1. 钢卷尺

车身维修人员常用的基本测量工具有钢直尺和钢卷尺（图20-1-1），这两种尺可以测量两个测量点之间的距离。将钢卷尺的前端进行加工后，再插入控制孔测量时，会使测量结果更为精确，如图20-1-2所示。如果各个测量点之间有障碍将会使测量不准确，这就需要使用量规。

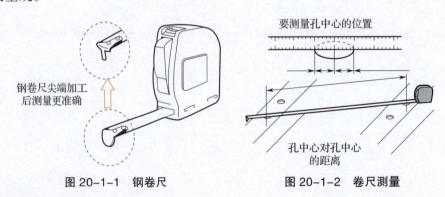

图 20-1-1　钢卷尺　　　　图 20-1-2　卷尺测量

2. 量规

量规主要有轨道式量规、中心量规和麦弗逊撑杆式中心量规等多种，它们既可以单独使用，也可互相配合使用。

其中，最常用的轨道式量规又名伸缩尺，多用于测量点对点之间的距离，如图 20-1-3 所示。对于测量点之间有障碍物无法测得直线距离，或者测量两个测量点的投影距离，我们都可以使用轨道式量规进行测量。

图 20-1-3　轨道式量规

二、轨道式量规测量

使用轨道式量规进行车身二维测量时，测量头能自对中，测量精度高。对于两点投影距离测量，以及中间有障碍物的情况，都可以采用轨道式量规测量。

1. 特征

1）一次只能测量一对测量点。
2）轨道式量规测量的最佳位置为悬架和机械元件上的焊点、测量孔等。
3）用轨道式量规还可以对车身下部和侧面车身尺寸进行测量。
4）对于小的碰撞损伤，用这种方法既快速又有效。

2. 测量方法

（1）同孔测量法

当测量孔的孔径相同时，可采用此方法，如图 20-1-4 所示。直接测量两个测量点的孔中心到孔中心的距离。

（2）同缘测量法

当测量孔直径不相同时，或者测量孔较浅，或者测量孔太大，这些都会导致锥形测量头无法自对中。这时就要采用同缘测量法，如图 20-1-5 所示。

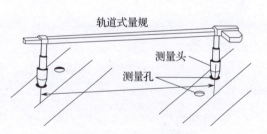

图 20-1-4　同孔测量法

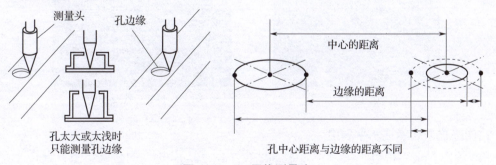

图 20-1-5　同缘测量法

通过测量孔的内、外边缘距离，取平均值，就是孔中心距离，即 $D=(AA'+BB')/2$，如图20-1-6所示。

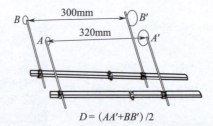

图20-1-6　不同直径的孔中心距离测量

3. 注意事项

1）使用前先校正。
2）测量头调整高度要相同。
3）测量时不要手持测量头。
4）在不影响测量的情况下，测量头尽量选择短的。

任务实施

采用轨道式量规测量的操作步骤如下。

1. 准备工作

1）穿戴个人防护用品。
2）进行设备工具准备。

2. 定损

通过目测法，对车身整体进行估测，初步判断损伤部位、损伤范围和损伤程度，如图20-1-7所示。

3. 校准量规

使用钢直尺对轨道式量规进行校准，如图20-1-8所示。

图20-1-7　定损

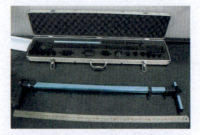

图20-1-8　量规校准

4. 调整轨道式量规水平高度

将其放置在水平位置上，利用水平刻度仪（图20-1-9），调整两边测量柱位于统一高度，如图20-1-10所示。

5. 测量并记录

进行车身测量时，测量尺的两端都要放于孔中心，若主尺的长度不够，可用副尺或者次尺进行延长，如图 20-1-11 所示。测量后，要正确地读取测量值，并记录下来。

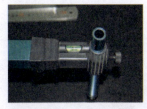
图 20-1-9　水平刻度仪

图 20-1-10　调整水平高度

图 20-1-11　实车测量

6. 质量评估

查询车型数据库，与原厂的标准尺寸进行对比，判断有无变形。

7. 7S 管理

将工具设备整理归位并打扫工位卫生；确保整个操作中无任何安全问题。

任务二　三维测量

知识链接

整体式车身发生碰撞后，往往变形较复杂，这就需要使用坐标法，通过采集车身长度、宽度和高度三个方向的尺寸，来判定是否发生变形，这就是三维测量。

在长度、宽度和高度三个方向进行尺寸测量前，需要确定这三个方向的测量基准，所有车身数据都以设定的基准为基准，从而确保三维测量的精确性。

一、三维测量系统

车身三维测量系统主要分机械式、半机械半电子式和全自动电子式（图 20-2-1）三种。

图 20-2-1　全自动电子测量系统

目前应用最广泛的一种电子测量系统是超声波电子测量系统。该系统的优点包括：操作简便、高效；测量稳定、准确；可以实现瞬时测量；测量精度高，误差可以达到 ±1mm 以内；适合于车辆的预检、修理中测量和修理后检验等工作。正是由于其诸多优点，下面重点讲解超声波电子测量系统。

二、超声波电子测量系统

1. 系统组成

超声波电子测量系统主要由控制柜、铝梁（测量用的横梁）、超声波发射器、连接电缆、测量探头等组成，如图20-2-2所示。

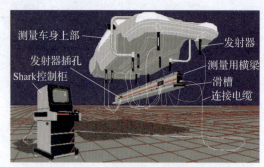

图20-2-2　超声波电子测量系统组成

其中，测量探头的主要部件如图20-2-3所示。

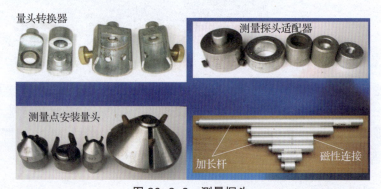

图20-2-3　测量探头

2. 车身测量主要附件

1）CH1卡盘：专为夹持车身螺母而设计的，在使用时请注意在夹持螺母时夹持在螺母的面上。

2）C20、C30：主要用于测量车身定位孔，自找中心，在测量较小的孔时，C30是可以代替C20的。

3）C75S圆锥：用于测量无悬架状态下的减振器支座。

4）E25S、E50S、E100S、E200S、E400S加长杆：用于延伸测量点。

3. 测量原理

超声波发射器（图20-2-4）及测量头转接器（测量探头）安装到车身某一构件的测量孔上。通过发射器发生超声波，在铝梁上下侧设有的超声波接收器，接收到超声波信号后，接收器就可快速精确地测量声波在车辆上不同基准点之间传播所用的时间，计算机根据每个接收器的接收情况自动计算出每个测量点的三维数据，如图20-2-5所示。

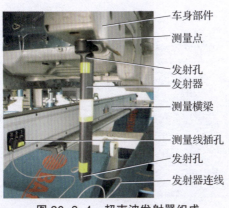

图 20-2-4 超声波发射器组成

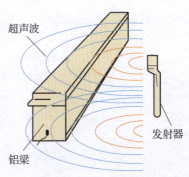

图 20-2-5 测量原理

4. 设备要求

在进行测量前,需要对系统进行以下设置或调整:

1)选择合适的车身固定夹具,确保车辆底盘与校正仪平台间的距离在 30~40cm 之间。

2)本系统采用连接电缆实现铝梁和控制柜的连接,提前将电缆一端接到铝梁端口上,另一端连接到控制柜的 BEAM 端口上。

任务实施

车身三维电子测量的操作流程如下。

1. 开机

进入系统操作界面,如图 20-2-6 所示。

2. 新建工单

填写信息,选择正确的车型,如图 20-2-7 所示。

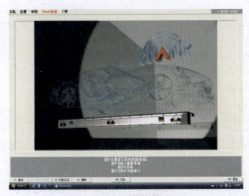

图 20-2-6 操作界面

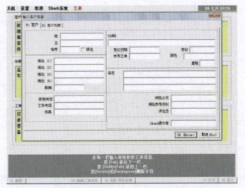

图 20-2-7 新建工单

3. 车辆模式选择

在准备界面选择有无悬架,以及铝梁与车身方向是否一致等,如图 20-2-8 所示。

4. 基准点选择

在车身中部选择一组基准点和一组参考点;在损伤区域选择多种测量点进行测量,如

图 20-2-9 所示。

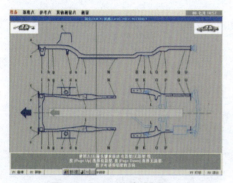

图 20-2-8 准备界面

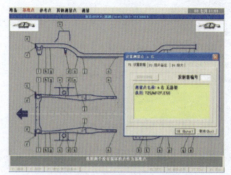

图 20-2-9 基准点选择

Spanish 电子测量设备固定

5. 安装发射器

根据提示信息，安装测量探头和超声波发射器，如图 20-2-10、图 20-2-11 所示。

图 20-2-10 安装测量探头

图 20-2-11 安装超声波发射器

测量臂激活

两点的测量

6. 测量点测量

测量的结果直接弹出来，也可以打印诊断报告，如图 20-2-12 所示。

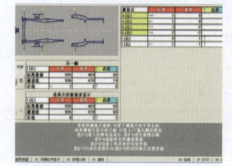

图 20-2-12 测量点的测量

二维测量

三维测量

项目二十一　车身校正

项目描述

如果车辆发生严重的事故，纵梁等结构部件就会发生变形，而这些部件往往采用高强度钢制造而成。在对其进行维修时，就无法使用简单的钣金整形来修复，即使维修也难度极大，所以需要借助车身校正平台，结合车身测量的数据，利用拉伸塔柱对车身结构部件进行精确的拉伸校正作业，从而精确地恢复车身的尺寸与状态。

任务一　事故车上架举升

知识链接

一、车身校正简介

1. 车身校正定义

车身校正就是消除车辆碰撞过程中产生的构件变形和应力的过程，从而达到恢复车身构件正确的形状、尺寸和位置的目的。

2. 车身校正的重要性

车身校正的重点是"精确地恢复车身的尺寸与状态"。

车身校正不当的影响如下：

1）车身内部恢复不完全，就会出现车辆行驶中有异响、部件出现磨损的现象。
2）不正确的校正方法，可致使车身结构部件强度下降，安全性变弱。

3. 车身校正对设备的要求

1）配备精度高、功能全的校正工具。
2）配备多功能的固定夹具。
3）配备多功能、全方位的拉伸校正装置。
4）配备精确的三维测量系统。

二、平台式校正仪的组成

平台式校正仪是一款应用非常广、通用型的车身校正设备，可以对各种类型的车身进行有效的拉伸作业。下面介绍平台式校正仪的结构组成。

1. 校正平台

校正平台是车身维修主要的工作平台，车身测量以及拉伸校正工作都在此平台上完成，如图21-1-1所示。

图21-1-1　校正仪的工作平台

2. 平台升降系统

平台升降系统主要由起降支腿、液压油缸以及锁紧机构等部分组成，可以使平台升降到一定的工作高度，如图21-1-2所示。

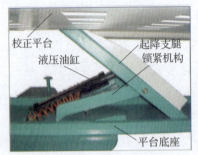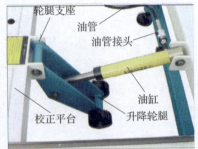

图21-1-2 平台升降系统

3. 上车系统

上车系统主要由上车板、拖车器、车轮支架、牵引器（拉车器）等部分组成，主要用来将事故车移动到车身校正平台上，如图21-1-3所示。

图21-1-3 上车系统

4. 塔柱拉伸系统

塔柱拉伸系统主要由塔柱、链条、顶杆、斜拉臂、导向环等部分组成，如图21-1-4所示。塔柱内部有液压油缸，液压油推动油缸活塞，活塞再推动顶杆，顶杆伸出塔柱的同时拉动链条，通过导向环的作用将链条上下拉动转换成水平或其他角度的拉伸。

图21-1-4 塔柱拉伸系统

5. 液压与气压系统

车身拉伸校正工作是通过强大的液压力把车身上变形的板件拉伸到位,校正仪一般配气动液压泵或电动液压泵,通过油管把液压油输送到塔柱内部的油缸中,推动油缸的活塞顶出。气动液压一般是分体控制的,而比较先进的电动液压系统一般是集中控制的,由一个或两个电动泵来控制所有的液压装置,这样效率更高,工作平稳。液压与气压系统如图 21-1-5 所示。

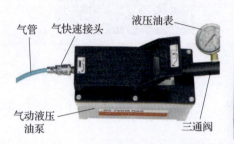

图 21-1-5　液压与气压系统

6. 车身固定主夹具

事故车辆在维修前,需要通过固定在平台上的主夹具紧固车辆,使车辆、平台和主夹具成为一个刚性的整体,以确保车辆在拉伸校正操作时不能移动。为了满足不同车身下部固定位置的需要,主夹具结构有多种形式,如图 21-1-6 所示。双夹头夹具可以夹持比较宽的裙边部位;以防止拉伸中损坏夹持部位;单夹头夹具的钳口很宽,能够夹持车架。

图 21-1-6　车身固定主夹具

7. 钣金工具

钣金工具包含各种用于车身不同部位拉伸作业所需要的夹持工具,主要包括链条连接板、副链、捆链、大梁拉钩、5t 夹钳、3t 夹钳、鸭嘴夹钳、减振器拉座、拖拉板、大拉板和小拉板等,如图 21-1-7 所示。

图 21-1-7　钣金工具

任务实施

事故车上架举升的操作流程如下。

1. 准备工作

穿戴个人防护用品,如图 21-1-8 所示。

2. 拆卸附件

拆除妨碍操作的车身外覆盖件和机械部件，如图21-1-9所示。

图21-1-8　个人安全防护　　图21-1-9　拆卸损坏附件

主夹具安装

3. 事故车上平台操作

将平台降到最低高度，借助拖车器等工具将事故车拉到平台上的合适位置，如图21-1-10所示。

4. 事故车在平台上定位

找好车身与测量系统的基准，将车辆在校正平台上定位，如图21-1-11所示。

图21-1-10　事故车上架　　图21-1-11　事故车固定

模具组合安装

5. 7S 管理

将工具设备整理归位并打扫工位卫生；确保整个操作中无任何安全问题。

任务二　车身拉拔校正

拉拔塔柱安装

知识链接

一、车身校正原理

1. 校正原理

车身校正的重点是"精确地恢复车身的尺寸与状态"，校正（拉伸）车身时，有一个基本原则，即按与碰撞力相反的方向，在碰撞区施加拉伸力。

当碰撞很小，损伤比较简单时，这种方法很有效。当发生剧烈碰撞时，简单地用这种基本标准的拉伸操作方式就不能使车身恢复原状。只在相反的方向施加拉力，是无法使其复原的，因为每一个板件的强度和恢复率都是不同的，所以在拉拔过程中，按照每个板件的强度和恢复率情况，不断改变拉力的大小和方向，是非常重要的，如图21-2-1所示。

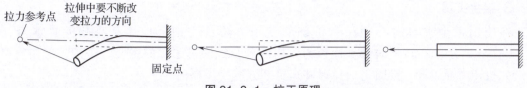

图 21-2-1 校正原理

2. 诊断分析流程

为了高质量地完成维修任务,必须先对车身碰撞损坏区域做精确的诊断,确定导致变形的主要原因,确定损坏的类型及其严重程度,分析损坏的范围,找到受损的所有部件,在此基础上,再根据检测的结论,着手制定修复方案。盲目地进行维修作业,不但无法完全修复损伤,甚至还会对车身造成二次损伤。

事故车辆分析诊断的一般步骤如下:

1)了解汽车车身结构,分析构造组成部件。

2)目测碰撞位置,确定碰撞力的方向及大小,检查全车可能存在的损伤区域。

3)利用测量设备工具对主要构件的定位参数进行精确检测,并将实测数据与维修手册标准值对比,确定损伤程度。

4)根据相关测量数据制定维修方案。

二、操作要领

使用平台式校正仪进行拉伸校正作业,要注意以下几个操作要领。

1. 车身固定及辅助支撑

1)基本固定:对于整体式车身,必须用多点固定的方式,至少需要4个固定点。

2)辅助固定:根据车身结构及拉伸的部位,同时降低施加在车门槛裙边的应力,故需要进行辅助固定(支撑)。辅助支撑能产生与拉伸力相反的抵抗力,可以防止二次损伤产生,提高拉伸维修效率。

车身固定及辅助支撑如图 21-2-2 所示。

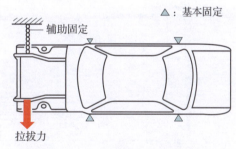

图 21-2-2 车身固定及辅助支撑

2. 拉伸方式

1)单点牵拉。适合于单一的小损伤拉伸修复,简单地朝一个方向施加的拉力,对车架式车身的校正具有相当好的效果,对整体式车身效果不好,如图 21-2-3 所示。

2)复合牵拉。每次校正拉伸过程中,尽量要找到两个或更多的拉伸点和方向。多点的复合牵拉极大地减小了每个点上所需的力,大的拉伸力通过几个连接点加以分散,因此减少了薄钢板被拉断、撕裂的危险,如图 21-2-4 所示。

图 21-2-3 单点牵拉

图 21-2-4 复合牵拉

3. 钣金夹具

在使用钣金夹具时必须注意正确的使用方法，否则会损坏车身和夹具本身，如图 21-2-5 所示。在拉伸时必须使拉力方向的延长线通过钳口的中心，否则，夹钳有可能因产生扭转力而脱开，同时造成钳口和车身部分进一步损伤。

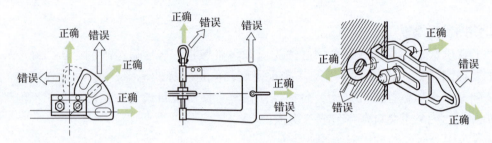

图 21-2-5　钣金夹具的使用

4. 使用塔柱校正拉伸操作

塔柱校正拉伸如图 21-2-6 所示。使用塔柱校正拉伸时，应注意以下几点：

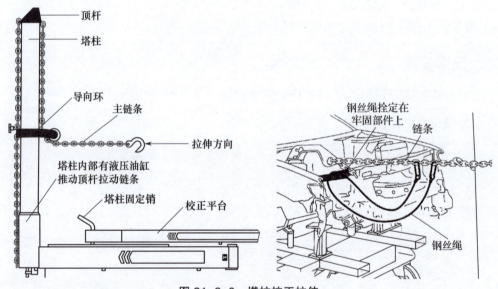

图 21-2-6　塔柱校正拉伸

1) 拉伸时要把塔柱与平台的固定螺栓紧固牢靠。

2) 进行拉伸时，链条在顶杆的锁紧窝锁紧，链条不能有扭曲，所有链节都呈一条直线。

3) 导向环的固定手轮是在拉伸前固定导向环高度的，当拉伸开始后要松开手轮。

4) 用厚防护毯包住链条或用安全绳把链条、钣金夹具固定在车身上的牢固部件上。

5. 防止过度拉伸

在修复中如果没有遵循"先里后外"的拉伸原则，导致修理程序的混乱，或者在校正过程中没有经常地、精确地测量拉伸部位的尺寸，没有很好地控制拉伸的程度，就会出现过度拉伸（图21-2-7）。一旦板件出现过度拉伸现象，唯一的修理方法就是把损坏的板件更换下来。

任务实施

车身拉拔校正操作流程如下。

1. 准备工作

1）做好个人安全防护。

2）将事故车辆可靠地固定在校正平台上，如图21-2-8所示。

3）确认影响校正拉拔的车身部分已经拆卸完成。

2. 移动传统台架式校正设备塔柱

使用推的方式将塔柱移动至所需要校正作业的区域，塔柱要与车身损伤区域相交成垂直角度，如图21-2-9所示。

3. 固定拉伸塔柱

利用塔柱固定螺栓，将塔柱固定于维修作业区。

图21-2-7 过度拉伸

图21-2-8 固定车辆

图21-2-9 移动塔柱

4. 安装钣金夹具

选择合适的钣金夹具，连接拉拔校正区域。为了安全，务必使用安全绳将夹具、链条和车身串联在一起，如图21-2-10所示。

5. 调整导向轮高度

1）松开导向轮锁止螺栓，调整导向轮高度，如图21-2-11所示。

2）导向轮的高度应与损伤作业平面成垂直角度，调整完毕后，锁紧导向轮调节螺栓。

6. 拉伸链调整

检查并调整链条是否有扭曲、打结等现象，如有扭曲或打结等现象，应松开导向轮锁止螺栓进行调节，使所有的链节全部处于同一平面，如图21-2-12所示。

7. 选择液压泵状态

将校正设备液压缸置于塔柱拉伸状态，如图21-2-13所示。

图21-2-10 安装钣金夹具

图21-2-11 调整导向轮高度

图21-2-12 拉伸链调整

图21-2-13 选择液压泵状态

8. 检查拉伸链条是否处于锁紧槽内

拉伸链条拉伸前应处于链条锁紧槽内，如不处于锁紧槽内，应立即调整，防止拉伸过程中脱落，造成重大安全事故，如图 21-2-14 所示。

9. 旋动塔柱液压缸阀门至"ON"位置

塔柱液压缸为开关控制阀形式，拉伸时应使阀门处于"ON"位置；校正完成后，待塔柱液压顶杆复位后，再将阀门旋至"OFF"位置，如图 21-2-15 所示。

图 21-2-14　拉伸链条处在锁紧槽内　　图 21-2-15　塔柱液压阀门

10. 拉伸校正作业

1）校正作业时，注意时刻观察拉伸量，不能拉伸过度，对车身造成二次损伤，如图 21-2-16 所示。

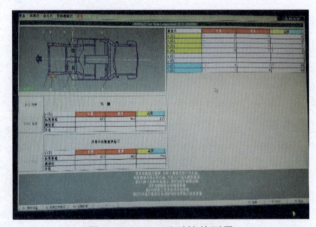

图 21-2-16　适时拉伸测量

2）拉伸到一定位置后，使用钣金锤敲击受损区域，使受损区域应力集中点的应力分散，提高板件修复效率。

11. 7S 管理

将工具设备整理归位并打扫工位卫生；确保整个操作中无任何安全问题。

第四篇 喷涂技术篇

项目二十二　损伤评估

项目描述

一辆左前翼子板及前保险杠发生剐蹭的大众速腾轿车，需进行喷涂处理。随着汽车工业的不断发展，车身底材呈现了多样化的特点，不同的底材修复工艺不尽相同。作为一名涂装技术人员要有一双"火眼金睛"，能够体察入微，对维修车辆所用底材进行正确的鉴别，对损伤部位损伤程度进行正确评估，确定维修范围以及维修工艺。准确的损伤评估，不仅能够节省企业维修成本和减少耗材与辅料消耗，还能提高喷涂质量。

任务一　底材鉴别

知识链接

现代汽车车身除满足强度和使用寿命的要求外，还应满足性能、外观、安全、价格、环保、节能等方面的要求。近年来，作为轻量化材料的高强度钢板的使用量逐年上升，铝合金材料有所增加，非金属材料也在逐步增长，高性能工程塑料、复合材料，不仅替代了普通塑料，而且品种繁多，在汽车上得到了广泛的应用。不同的车身底材，其性能不尽相同，从而导致修复工艺、修复材料选用的差异性。汽车涂装修补工作主要涉及三种底材类型，见表22-1-1。

汽车车身表面所用材料的种类日趋多样化，不同的底材修复工艺不尽相同，同时，正确识别车身涂层类型在修补喷涂工艺中也非常重要。若因识别错误或盲目施工，使用了不正确的产品或工艺，则可能因为新旧涂层间产品配套性差，出现皱纹、起泡、咬起、脱离等缺陷，导致返工。在施涂原子灰或侵蚀性底漆时更应对底材进行准确的判断，从而为后续维修选择正确的涂料和施工工艺。

表 22-1-1　常见修补涂装底材类型

底　材	种　类
旧漆膜	原厂漆
	修补漆
	带电泳底漆层新板件
金属	钢板
	镀锌钢板
	铝及铝合金板
塑料	热塑性塑料
	热固性塑料

任务实施

车身底材鉴别步骤如下。

1. 车身清洗

用干净的水通过由上而下的方式进行全车清洗，彻底清洗整车上的泥土、污垢和其他异物。调配洗车液，对整车车身擦拭洗车液，不应进行冲洗。

2. 损伤板件清洁

均匀喷洒清洁剂，要有一定的湿度，保证油脂能充分溶解，如图 22-1-1 所示。在除油剂尚未完全挥发之前，用干净的擦拭布做单方向擦拭，将除油剂擦尽，对整个部件进行清洁，不要来回擦拭，以免造成二次污染，如图 22-1-2 所示。

图 22-1-1　喷洒清洁剂

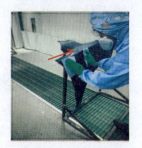
图 22-1-2　单向擦拭

损伤板件清洁

3. 旧漆膜类型鉴别

（1）目测评估旧漆膜类型

通过仔细地观察，根据不同涂料的不同特征，配合适当的识别操作判断旧漆膜类型。

1）单工序面漆：从涂膜外观看上去没有金属闪烁感，立体感不强，旧漆膜为单工序面漆。

2）双工序和三工序面漆：观察涂膜外观，底色漆里含有金属及金属氧化物颗粒，阳光反射后，色彩斑斓，漆面富有立体感。从不同角度观察，如果角度合适还会发生光线干涉现象，漆膜更加耀眼夺目，旧漆膜为双工序或三工序面漆（图 22-1-3）。

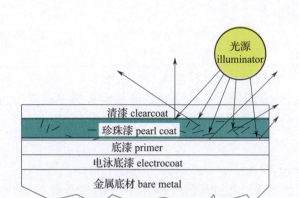

图 22-1-3 双工序面漆与三工序面漆

（2）打磨鉴别旧漆膜类型

在损伤区域周边，用 P1500 或 P2000 砂纸轻轻水磨。打磨后砂纸上有颜色，说明面漆是单工序的；没有颜色，说明面漆是双工序的。

⚠ 注意　打磨时一定加水湿磨，因为干磨下来的清漆呈现出灰白色，不易分辨。加水湿磨下来的清漆就不会显示颜色了。

（3）溶剂擦拭鉴别旧漆膜类型

用一块粘有稀释剂的棉纱布去擦拭需要修复的漆面，通过查看棉纱上是否沾有溶解后的旧漆膜和旧漆膜的颜色来判断。若旧漆膜溶解并在棉纱上留下印记，则漆膜是热塑性，否则是热固性漆膜，如图 22-1-4、图 22-1-5 所示。

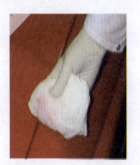 

图 22-1-4　热塑性油漆　　图 22-1-5　热固性油漆

（4）加热鉴别漆膜类型

首先用 P800 或 P1000 砂纸湿磨，消除原来漆膜光泽，然后用红外线烤灯加热打磨部位。如果钝化的表面光泽重现，表明漆膜是丙烯酸清漆；漆膜加热后明显变软，则可判定为热塑性漆。

（5）电脑检测鉴别漆膜类型

利用电脑调色系统可直接获得原车面漆的有关资料，这是目前涂装行业中普遍使用的检测方法。此方法方便快捷，利用测色仪检测原车车身加油口装饰盖，可准确无误地判别面漆的类型，如图 22-1-6 所示。

图 22-1-6　测色仪

4. 金属底材鉴别

（1）钢板底材鉴别

钢板机械强度较高，表面比较粗糙，未经加工的表面一般呈现灰黑色，有些部位会有铁锈存在。砂纸打磨后会显露出白亮的金属光泽；钢板耐强碱侵蚀的能力较强，使用强碱对经过打磨后的表面进行浸润或涂抹一般不会有太大的反应。

（2）镀锌钢板的鉴别

镀锌板表面常有银色的光泽，有些镀锌板表面有鱼鳞状花纹。经过砂纸打磨后，能看到不同深浅亮度的层次；镀锌板使用强碱浸润或涂抹时多会留下发黑的痕迹。

（3）铝及铝合金的鉴别

铝的机械强度较低，汽车上一般使用铝合金板材。铝合金板材的机械强度高，重量轻，板材表面比钢板和镀锌板都要光滑，不耐强碱，打磨后可显露白亮的内层金属，涂抹强碱后颜色变暗。

5. 塑料底材的鉴别

1）查看压制在塑料部件上的 ISO 代号，如图 22-1-7 所示。如无 ISO 标识时，可通过车身维修手册，查出塑料的品种。

图 22-1-7　ISO 代号

2）燃烧鉴别。切下一小片塑料，用镊子夹住在火中燃烧，查看其火焰颜色、燃烧情况及气味。如 PVC 塑料受热后易熔化，燃烧时火焰呈绿色或青色，有盐酸味；聚烯烃类塑料在燃烧时的火焰没有明显的烟雾，有蜡的气味；聚酯酸纤维素类塑料经点燃后有醋酸味；ABS 塑料燃烧时有明显的烟雾产生。但是对于复合材料制成的塑件件，不能用此法来确定。

3）敲击鉴别。用手敲击塑料制品内侧，PU 塑料声音较弱，PP 塑料声音较脆。另外，PU 塑料用砂纸打磨后没有粉末，而 PP 塑料有粉末；PU 塑料易被划伤，PP 塑料不易划伤。

任务二　损伤评估

知识链接

一、损伤评估内容

1. 整车检查

清洗车辆后进行绕车检查。关键在于找出需要修补的损伤处，以及工作单中没有记录到的其他损伤,并将未记录的损伤做好记录并汇报,如图 22-2-1 所示。

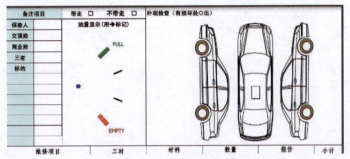

图 22-2-1　维修检查工作单

2. 修补区域检查

检查修补区域时,确定底材类型及修补工作流程、油漆产品等,如图 22-2-2 所示。

修补区域检查注意事项如下:

1)是否存在锈蚀。
2)是否有压痕。
3)是否有石击损伤。
4)是否有刮擦痕。
5)是否以前有过修补。
6)评估修补区域大小,以及适合做哪种类型的修补。

图 22-2-2　修补区域检查

二、损伤评估方法

损伤评估方法通常有手触摸法、目视法、直尺测量法。

三、评估结果分析与维修方案

修补时,应该尽量缩小工作区域,以便进行过渡修补。修补时,应考虑车身的形状和设计,包括装饰条或面板上的定位线、边缘线等可能会对修补有帮助。

1. 整板喷涂

通常损伤面积超过板件的三分之一,采用整板修补的方法更有效。

2. 过渡喷涂

(1)板块内过渡喷涂

一般情况下,损伤区域面积较小,靠近板件边缘,可以采用板块内过渡修补,如图 22-2-3 所示。

(2)板块间过渡喷涂

对于不被装饰条和边缘限制的修补区域,为了克服颜色差异,一般采用驳口渐淡喷涂的方法,向相邻的板块做驳口喷涂,如图 22-2-4 所示。

图 22-2-3 板块内过渡修补

图 22-2-4 板块间过渡喷涂

任务实施

损伤评估步骤如下。

1. 直尺测量损伤程度

在已经完成清洁的车辆上对损伤部位进行评估。先使用直尺测量损伤程度，如图 22-2-5 所示。测量时直尺水平压在板件上，目测凹陷的大小，观察是否需要整形，并基本确定刮涂原子灰的量。

⚠️ **注意事项** 直尺不能有变形、毛刺。

2. 触摸评估损伤程度

为准确判断损伤程度，还可以利用手去摸损伤部位，判断损伤面积及凹陷程度，并利用眼睛观察相邻板件是否受到影响，如图 22-2-6 所示。

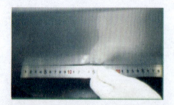
图 22-2-5 直尺测量损伤程度

图 22-2-6 触摸评估损伤程度

⚠️ **注意事项** 用手感觉损伤程度时最好戴上手套，这样更方便损伤评估。

3. 使用漆膜厚度测量仪检测漆膜状况

漆膜厚度测量仪的作用主要是判断车辆是否有过维修，如图 22-2-7 所示。当漆膜的厚度超过原厂标准值时，即可判断该车曾进行过维修，这会直接影响后续修复的时间和成本。

⚠️ **注意事项** 膜厚仪在使用前应先校准。

4. 确定损伤范围，制定维修方案

根据以上的评估确认损伤范围，并制定出维修方案，如图 22-2-8 所示。

图 22-2-7 测量漆膜厚度

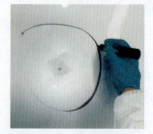
图 22-2-8 确定损伤范围

项目二十三　底材处理

项目描述

对左前翼子板及前保险杠发生剐蹭的大众速腾轿车进行损伤评估后,需对损伤部位底材进行打磨处理,除去旧的漆膜,使打磨的漆膜边缘呈羽翼环绕的适合后续施工的羽状边。这就要求喷涂技师能正确使用和维护干磨设备完成羽状边的打磨。

任务一　干磨设备的使用与维护

知识链接

一、干磨设备的分类

干磨工具与设备在涂装作业中应用广泛,主要用来研磨旧漆、原子灰、中涂漆等。按照不同的吸尘方式,干磨设备可分为移动式、中央集尘式和简易袋式三种类型。

（1）移动式干磨设备

移动式干磨设备在使用与维护方面具有灵活性好、价格便宜等优点,适合小型修理厂使用,如图23-1-1所示。

（2）简易袋式干磨设备

简易袋式干磨设备小巧、灵活,但吸尘效果不佳,已很少使用,如图23-1-2所示。

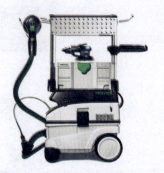 

图23-1-1　移动式干磨设备　　图23-1-2　简易袋式干磨设备

（3）中央集尘式干磨设备

中央集尘式干磨设备集尘效果好,可同时带动多个干磨头,但该类设备需要铺设管路,占用空间大,适合大型维修站使用,如图23-1-3所示。

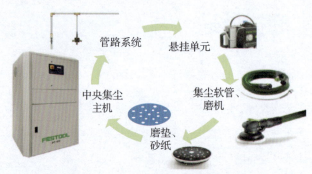

图 23-1-3　中央集尘式干磨设备

二、干磨设备的结构

干磨设备主要由研磨机、研磨机控制单元、集尘系统及配套管路等组成。

1. 伺服系统

伺服系统由一个调压器、凝结管和一个润滑油容器组成，如图 23-1-4 所示。调压器调节连接气动工具的气压，两个带润滑油的压缩空气接头和一个无润滑油的压缩空气接头装有特殊润滑油。

图 23-1-4　伺服系统

2. 集尘器

集尘器主要由电动机、过滤器、控制单元、集尘袋组成，主要作用是收集研磨的粉尘，如图 23-1-5 所示。集尘器的吸力可以通过控制旋钮进行调节，吸尘颗粒也可以调节。通常，集尘袋是一次性的，当集尘袋装满后就应及时倒掉灰尘，更换集尘袋。另外，应定期检查集尘器滤芯，如太脏，可用压缩空气吹去灰尘或更换。

图 23-1-5　集尘器

3. 三合一套管

三合一套管是将进气、吸尘、回气三路合一，巧妙地设计在一起，制成了三合一套管。它使用起来很方便，且管路具有 360° 防扭曲功能，使管路不会缠绕在一起，能使气流畅通无阻，如图 23-1-6 所示。

图 23-1-6　三合一套管

4. 研磨机

研磨机是干磨设备的重要组成部分，是进行研磨旧漆、原子灰等作业的主要工具。根据运动方式的不同，研磨机可分为单作用式、双作用式和轨道式三种类型。运动方式不同，其用途不同，研磨效果也不一样。

（1）单作用式研磨机

单作用式研磨机的运动轨迹是单向旋转，其切削力强，效率高，如图 23-1-7 所示。单作用式研磨机在使用时，研磨

图 23-1-7　单作用式研磨机

盘与工件表面应成一定的角度，角度不宜过大，一般15°~30°最为合适，故又称锐角打磨机。其研磨速度快，效率高，产生的痕迹较重，在除旧漆、除锈等工作中得到广泛应用。

（2）双作用式研磨机

双作用式研磨机的运动轨迹是旋转运动及偏心振动，偏心幅度大小有7mm、5mm、3mm，如图23-1-8所示。不同偏心的研磨机其适用范围也不同，一般偏心越大，振动幅度越大，切削力越强，研磨效率越高，研磨出的痕迹越粗糙；反之，偏心越小，振动幅度越小，研磨出的痕迹越细腻。

（3）轨道式研磨机

轨道式研磨机运行轨迹是前后左右振动，振动幅度有4mm、5mm，多用于大面积原子灰的粗、中级研磨，不适合中涂底漆的细研磨，如图23-1-9所示。轨道式研磨机在研磨原子灰时应平放在原子灰表面，在移动研磨机时也要保证平行移动，这样才能保证研磨出来的原子灰表面平整。

图23-1-8 双作用式研磨机

图23-1-9 轨道式研磨机

任务实施

干磨设备的使用与维护步骤如下。

1. 中央集尘系统使用操作

（1）开机操作

1）连接主机电源。

2）顺时针旋转旋钮开关至"ON"，并按下起动按钮，机器进入待机模式，如图23-1-10所示。

3）打开吸尘控制旋钮起动磨机，机器进入工作模式。

图23-1-10 中央集尘系统控制面板

（2）关机操作

1）停止磨机，集尘主机自动进入待机模式，10min后，主机自清洁后进入休眠模式。

2）若手动按下停止按钮，机器立即进行自动清洁，然后进入休眠模式。

3）若手动连按停止按钮两次，机器立即进入休眠模式，不再自动清洁。

4）工作结束后，将旋钮开关旋至"OFF"，关闭机器电源。

2. 研磨工具使用操作

（1）检查工具

查看耗材是否充足、工具是否完好，如图23-1-11所示。

⚠ **注意事项** 重点检查研磨盘毛毡的粘贴力。如果粘贴力差，应及时更换研磨盘。

（2）连接打磨机电源和气源等外部连接

检查电源插头时不允许用湿手去触摸；连接气管接头（图23-1-12）时要连接牢靠；气动研磨机额定工作气压一般为6bar。

⚠ **注意事项** 额定工作气压是指研磨机在工作状态下的气压。如果气压不足，应通过气压表调节螺栓进行调节。

（3）粘贴砂纸

砂纸是有毛毡的，只要将砂纸轻轻粘在研磨机的表面即可，如图23-1-13所示。

图23-1-11 检查工具

图23-1-12 连接气源、吸尘管

图23-1-13 粘贴砂纸

⚠ **注意事项** 所选砂纸的型号要和研磨盘的型号一致，砂纸上的孔要和研磨盘上的孔对齐。

（4）调节研磨机转速

通过研磨头上的转速调节旋钮，将转速调整至规定转速，如图23-1-14所示。

（5）研磨操作

使用装配好的研磨机进行研磨操作，如图23-1-15所示。使用研磨机时应一只手握住研磨头，另外一只手握住研磨机和管路的结合部位，稳稳地放在板件上。

图23-1-14 调节转速

图23-1-15 研磨操作

3. 管路系统维护

1）检查各压缩气管接口处有无漏气、漏油现象。
2）检查消声器是否堵塞、变色。
3）检查三合一套管是否漏气。

4. 集尘系统维护

1）检查集尘袋是否已满或破损。

2）检查滤芯是否已满或破损。

3）检查集尘容箱有无开裂、破损。

任务二　羽状边打磨

知识链接

一、羽状边打磨的目的

如果某一区域受到冲击，就有可能影响涂膜与金属之间的附着力，必须清除原有的涂膜。清除了旧涂膜的边缘是很厚的，为了产生一个宽的、平滑的边缘，可以将涂膜的边缘打磨成一个平滑的斜坡，我们称之为羽状边，整个研磨过程称为羽状边的研磨，如图23-2-1所示。

如果没有做羽状边研磨就直接补上原子灰，会造成漆面出现原子灰印。因为原子灰和固化剂调和后约0.5~1h便可研磨，但是要使它们完全干燥，即使在炎热的夏天也需要一周时间，所以基本上在施工过程中，不可能等它们完全干燥才进行下一步施工程序。因此，在烤漆施工完成后，所补的原子灰经过一段时间还是会略微下陷，而这时候，如果底层没有做羽状边研磨，就会因为斜面太过于陡峭而使土痕出现。但是如果将每一个断层做好1~3cm的羽状边研磨，斜面便可承受原子灰经过长时间后再下陷造成的高低差，而不会出现痕迹，如图23-2-2所示。

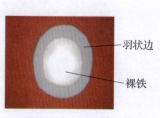

图23-2-1　羽状边形状

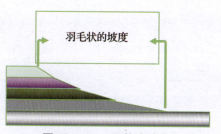

图23-2-2　羽状边坡度

二、羽状边的研磨方法

羽状边的研磨方法很多，可以沿着旧漆边缘转动着研磨，也可以从旧漆面向损伤区域打磨，如图23-2-3所示。无论应用哪一种方法，都必须遵循以平滑为原则。

研磨时使用偏心振动的7mm研磨机配合P120砂纸研磨，对于未曾修补过的新漆膜，羽状边的宽度研磨至3cm为宜；对于已经修补过多次的漆膜，每层至少研磨5mm，如图23-2-4所示。不管漆膜新旧，对羽状边研磨效果的最终判断标准是平顺、无台阶，且研磨范围尽可能小，如图23-2-5、图23-2-6所示。

使用P120砂纸研磨出羽状边后，还应使用P180砂纸配合7mm研磨机对羽状边边缘进行研磨，使羽状边更光滑，并且可以去除P120砂纸痕。从羽状边的边缘起向外3~5cm的范围内还应使用 P240 砂纸配合 7mm 研磨机磨毛,为原子灰施工提供操作区域。

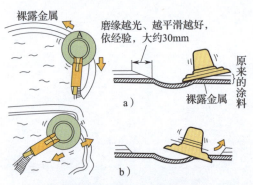

图 23-2-3 羽状边的研磨方法

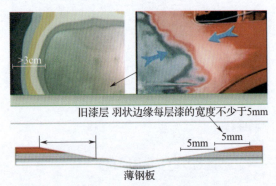

图 23-2-4 羽状边宽度

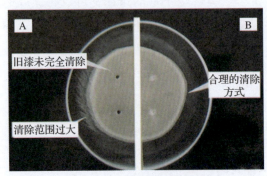

图 23-2-5 旧漆层清除效果

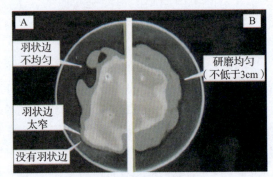

图 23-2-6 羽状边打磨效果

任务实施

羽状边打磨步骤如下。

1. 清洁损伤部位

在施工前要对损伤部位进行清洁,以防止油污影响砂纸寿命,如图 23-2-7 所示。同时,还要防止将灰尘带进实操区。

⚠ **注意事项** 在使用除油剂时应佩戴防毒面具、耐溶剂手套,应始终穿好工作鞋和工作服。

2. 设备选用

清除旧漆层应选用 7mm 或 5mm 研磨机并配合 P80 砂纸进行研磨,如图 23-2-8 所示。

⚠ **注意事项** 研磨机偏心越大,研磨效率越高,砂纸痕越粗。在选择时要根据工作内容选择。

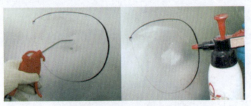

图 23-2-7 清洁除油

图 23-2-8 设备选用

3. 设备调试

将干磨机控制开关打到"AUTO"档，把砂纸贴在干磨头上，测试干磨机运转情况，如图 23-2-9 所示。如果运转无力，则按照厂家要求检查相关部件参数是否设置在了规定范围内。

⚠ **注意事项** 砂纸上的吸尘孔要和干磨头吸尘孔对齐，否则会影响吸尘效果和电动机使用寿命，还会使磨头毛毡磨损。

图 23-2-9　设备调试

4. 清除旧漆层

将打磨机放在板件上再起动打磨机，从左至右、从右至左往复打磨清除干净受损区域的所有旧漆层。

⚠ **注意事项**

1）除旧漆膜时打磨盘与板件夹角适当，夹角太大会损伤板件，太小会增加打磨时间。

2）打磨头放在板件上再起动，否则会出现较深的沟槽或打磨头反弹造成漆膜的二次损伤。

3）为防止板件过热变形，不要将打磨机在一个位置停留时间较长。打磨过程中要对打磨效果进行阶段评估。

5. 检查受损区域内的旧漆打磨情况

如果还有残余旧漆，应该使用打磨机或手工工具将损伤部位的旧漆层全部清除干净，否则会影响附着力，如图 23-2-10 所示。

图 23-2-10　去除残余旧漆

6. 打磨羽状边

1）穿戴好劳保防护用品。

2）将 P120（或 P150）的干磨砂纸粘贴在振幅为 7mm（或 5mm）的双作用式打磨机上，并调节好转速。

3）将打磨机平放在工件上，将打磨盘的 1/2（或 1/3）部位轻压在旧漆的断差边缘，其余部分放在损伤区域内。

4）起动打磨机，按照打磨机旋转的方向沿旧漆边缘移动，将旧漆边缘磨出合适宽度的坡口，如图 23-2-11 所示。

羽状边的标准是每单层 1~2cm 或坡度总宽 3~5cm，如图 23-2-12、图 23-2-13 所示。

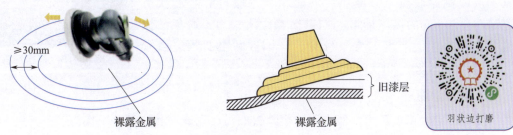

图 23-2-11　打磨机的移动方向

图 23-2-12　羽状边正面效果图

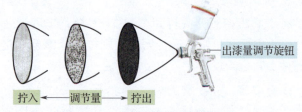

图 23-2-13　羽状边侧面效果图

对于原厂漆一般要求坡口宽度不小于 30mm，修补过的涂层因为要比原厂漆涂层厚，所以修补涂层坡口的宽度每个涂层至少不小于 10mm，以手触摸坡口，没有明显的台阶和较陡的坡度为原则。

5）检查打磨效果。操作过程中要对羽状边打磨效果进行阶段评估，确保所有边缘没有台阶，涂层边缘圆滑，均匀平缓过渡，如图 23-2-14 所示。

图 23-2-14　羽状边效果

7. 打磨过渡区域（小毛边）

打磨小毛边可以除去前一道砂纸在周边产生的打磨痕迹，避免喷涂之后出现砂纸痕，同时扩大了原子灰的接触面积，增加了原子灰与底材的结合力。另外，也能使原子灰在周边进行平缓过渡，避免喷涂后面漆表面出现原子灰印现象。具体操作如下：

1）穿戴好劳保防护用品。

2）将 P240 的干磨砂纸正确粘贴在振幅为 7mm（6mm 或 5mm）的双作用式打磨机上，并调节好转速。

3）将打磨机平放在需打磨的位置，起动打磨机，将周围的旧漆层磨至完全没有光泽即可，不可过度打磨，避免产生不平缺陷。

打磨范围的大小应根据后续工序确定，如果直接刮涂原子灰或刷涂底漆可以减小打磨面积，一般打磨至羽状边边缘 30~50mm 的区域即可。如果喷涂底漆，为了避免贴护范围太小，产生严重的喷漆台阶，应该打磨至羽状边边缘 100~150mm 区域，如图 23-2-15 所示。

图 23-2-15　打磨磨毛区效果

8. 清洁除油

使用吹尘枪除去灰尘，使用除油剂除去油污，完成羽状边打磨工作。

项目二十四　原子灰施工

项目描述

对左前翼子板及前保险杠发生剐蹭的大众速腾轿车进行完羽状边打磨后,需对损伤部位进行原子灰施工,对不平整的表面进行填充,在原子灰干燥后进行精雕细刻的打磨,从而获得高质量的底材表面,为后面的底漆施工打下基础,使整车外观达到工艺要求。

任务一　原子灰调配

知识链接

一、原子灰的作用

原子灰一般使用刮具刮涂于底材的表面,用来填平底材上的凹坑、缝隙、孔眼、焊疤、刮痕以及加工过程中所造成的物面缺陷等,使底材表面达到平整、匀顺,使面漆的丰满度和光泽度等能够充分地显现。

为达到上述目的,要求原子灰中要包含大量的固体成分,包括颜料等物质,涂抹在板件表面上后,能够快速固结,形成有一些厚度的涂层。

二、原子灰性能要求

由于汽车涂装要求的高级保护性及装饰性,在汽车上使用的原子灰必须要具备以下性能:

1)与底漆、中涂底漆及面漆有良好的配套性,不发生咬底、起皱、开裂、脱落等现象,有较强的层间黏合力。

2)具有良好的刮涂性能,垂直面涂装性能良好,无流淌现象,有一定的韧性,附着力好,刮涂时原子灰不反转,薄涂时原子灰层均匀光滑。

3)打磨性良好,原子灰层干燥后软硬适中,易打磨,不粘砂,打磨后原子灰边缘平整光滑且无接口痕迹。

4)干燥性能良好,能在规定时间内干燥,利于打磨。

5)形成的原子灰层要有一定的韧性和硬度,以防汽车行驶中的振动引起原子灰层开裂,在轻微碰撞后不致引起低凹或划痕。

6)具有较好的耐溶剂和耐潮湿性,否则会引起涂层起泡。

三、原子灰类型

原子灰的种类繁多,不同的原子灰性能不同,因此,必须了解其种类及性能,根据底材特点合理选用,以保证修复质量。

常见原子灰的类型有环氧原子灰、钣金原子灰、聚酯原子灰、硝基原子灰。

任务实施

原子灰的调配必须按使用手册标明的正确比例混合固化剂,不可随意增加或减少,而且混合一定要均匀。固化剂添加过量,虽然可以促进干燥,但剩余的过氧化物会对其上面的涂层发生氧化反应,引起面漆的脱色等;添加量过少会引起原子灰干燥不彻底,在喷涂时出现咬底现象。通常原子灰与固化剂的质量分数调配比例为100:(2~3)。原子灰调配步骤如下。

1. 穿戴防护用品

穿戴好防护眼镜、防毒面具、工作服、乳胶手套、安全鞋。

2. 检查覆盖面积

为确定需要多少原子灰,需再次检查评估损伤程度,并且要严防油污。

原子灰搅拌

3. 将罐内原子灰搅拌均匀

在调配原子灰时首先应将罐内的原子灰调和均匀,稠度一致,无硬块,如图24-1-1所示。如果在调配前不彻底调配均匀,则罐内表层的原子灰太稀,这样会导致流淌和塌陷,干燥速度慢,且固化得不好,打磨时表面发黏,边缘不整齐。如罐内底层的原子灰太稠,最终的结果将是粗糙和呈颗粒状,因而黏附力差,气孔过多,边缘不整齐。

⚠️ **注意事项**　原子灰罐每次使用后必须盖好,以防溶剂蒸发。取出原子灰以后,不要在罐口刮除粘在混合棒上的原子灰。所有粘在罐口的原子灰最后都会固化,并脱落入罐内。如果有原子灰粘在固化剂口上,就会发生化学反应,引起固化剂固化。

4. 固化剂调和均匀

在固化剂使用之前首先旋转瓶盖,使其稍微松动,仅使里面的气体能排出即可,然后在管外充分揉搓,保证在挤出时像牙膏一样质地均匀,如图24-1-2所示。否则不能有效固化,而且干燥速度慢、表面发黏、黏结性差、边缘不整齐、起泡、修整后易剥落。如果固化剂经过彻底揉匀,但还很稀,像水一样,说明已经变质了,不能再用。

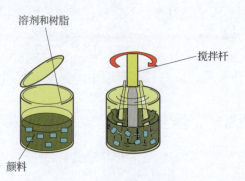

图24-1-1　罐内原子灰搅拌均匀

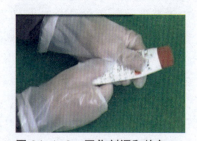

图24-1-2　固化剂调和均匀

5. 称量原子灰、固化剂

根据损伤面积大小，在电子秤上称量出合适的原子灰及固化剂，如图24-1-3所示。要注意不可将固化剂直接添加到原子灰上。

图24-1-3 称量原子灰、固化剂

6. 调配原子灰

1）用刮刀的尖端将一定比例的固化剂挑到原子灰里面，如图24-1-4所示。

2）用刮刀的尖端，将固化剂按图24-1-5所示的方法搅合到原子灰里面。

3）用刮刀铲起左侧1/3的原子灰，以刮刀右前端为支点，翻转至其余原子灰上，如图24-1-6、图24-1-7所示。

图24-1-4 挑起固化剂　　图24-1-5 固化剂搅合入原子灰　　图24-1-6 从左侧铲起原子灰

4）将刮刀与混合板呈小角度往回收，同时向下压制原子灰，如图24-1-8所示。回收至末端时将刮刀上面的原子灰在调灰盘上刮干净。

5）将刮刀插入原子灰下面，将右侧1/2的原子灰铲起，如图24-1-9所示。

6）以刮刀左前端为支点将原子灰翻转，如图24-1-10所示。

图24-1-7 往右侧翻转原子灰　　图24-1-8 压制原子灰　　图24-1-9 从右侧铲起原子灰

7）将刮刀与混合板呈小角度往回收，并将它向下压，如图24-1-11所示。

8）重复以上步骤，直至将原子灰拌合均匀，并在原子灰调合板上薄薄地摊开。

图24-1-10 往左侧翻转原子灰　　图24-1-11 向下压原子灰

观察原子灰的颜色是否达到一致，如果颜色不一致表示还没有混合均匀，如图24-1-12、图24-1-13所示。

图 24-1-12　混合均匀的原子灰　　图 24-1-13　混合不均匀的原子灰

⚠ **注意**　混合好的原子灰有可用时间的限制，通常在 20℃条件下可以保持 5min 左右。因此，调和要迅速，根据混合所需时间和刮涂所需时间决定一次混合的量。

任务二　原子灰刮涂

知识链接

刮刀是原子灰施涂作业中的主要工具。以下介绍刮刀的使用方法。

1. 刮刀的一般握法

刮刀的握法一般分为直握法、横握法以及其他握法。如图 24-2-1 所示。

2. 刮刀的角度和力度

刮刀在使用过程中应根据刮涂原子灰的薄厚，调节运动的角度及力度大小，如图 24-2-2 所示。

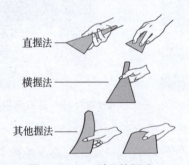 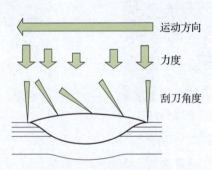

图 24-2-1　刮刀的握法　　　　　图 24-2-2　刮刀角度和力度

3. 刮刀的使用要求

1）刮刀的刮口要保持平直，在使用或清洗时不能使刀口出现齿形、缺口、弧形、弓形等。如果出现变形，在刮涂时则很难将原子灰刮平刮好。

2）刮刀每次使用完毕后，应先用刮刀相互铲除干净，再用毛刷蘸溶剂清洗掉残留的原子灰。一定要避免原子灰固化在刮刀上，否则很难清除干净，影响下次使用，还有可能会导致刮刀变形。

3）对于平面或曲率小的平面填补部位应使用硬质刮刀。

4）对于曲率大的圆弧面填补部位应使用软质刮刀。

5）对于填补面积大的面应使用较长的硬质刮刀。

任务实施

原子灰刮涂作业的步骤如下。

1. 穿戴防护用品

穿戴好防护眼镜、防毒面具、工作服、乳胶手套、安全鞋。

2. 刮涂第一层原子灰——薄刮

第一次刮涂时，将刮刀竖起60°~90°，在裸金属底材表面上薄薄地刮涂一层原子灰，刮刀上要加一定的力，以保证原子灰渗入最小的划痕和针孔，以提高原子灰与金属表面的附着力，如图24-2-3所示。

刮涂第一层原子灰的效果，如图24-2-4所示。

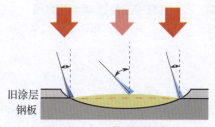
图24-2-3　薄刮原子灰

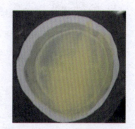
图24-2-4　第一层原子灰刮涂效果

3. 第二层刮涂

此层刮涂是为了填平变形部位，分多个薄层刮涂，其具体步骤如下：

1）取适量的原子灰填补在变形区域。为了最大限度地减少后续打磨工序中的工作量，施涂第二层原子灰时，边缘要刮得薄，当刮刀处于变形区域边缘时，用食指向刮刀的顶部施力，以便在顶部涂一薄层，如图24-2-5所示。

2）在下一道施涂原子灰时，要与在一层中覆盖的部分稍有重叠，如图24-2-6所示。此外，在施涂结束时，要向刮刀施加一点力，以便刮出一个薄层。

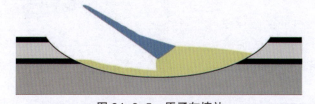
图24-2-5　原子灰填补

图24-2-6　原子灰施涂的重叠

3）重复第2）步操作，直到在整个表面上施涂的原子灰达到要求。

4）用刮刀刮去多余的原子灰，形成一个薄的边缘，并及时清理干净工件上遗留的原子灰，如图24-2-7所示。这样可以大大地减少后续打磨工序中所需要的工作量。

5）待原子灰表干之后检查原子灰是否已经刮涂平整，如果整个原子灰表面有比基准面低的部位，就需要再次调配原子灰进行刮涂，直至将整个变形区域填平。

4. 第三层刮涂

此层刮涂的目的是收光原子灰表面,填充针眼及刮痕,其具体步骤如下:

1)先取少量原子灰用力填充进针眼及刮痕缝隙部位。
2)按顺序压实薄刮一层,形成光滑平整的表面。
3)收光边缘。
4)清理工具,完成刮涂。

最终刮涂效果如图 24-2-8 所示。

图 24-2-7 刮除多余的原子灰

图 24-2-8 最终刮涂效果

任务三　原子灰打磨

知识链接

一、原子灰干燥

1. 自然干燥

新施涂的原子灰由于其自身的反应放热而温度升高,从而加速固化反应。一般说来,常温下施涂原子灰自然干燥 20~30min 后即可打磨。

2. 红外烤灯干燥

如果气温低,或者湿度高,原子灰内部反应速度降低,从而需要较长时间来使原子灰固化。为了提高施工进度,通常采用短波红外线烤灯加热,如图 24-3-1 所示。

图 24-3-1 短波红外线烤灯烘烤原子灰

使用短波红外线烤灯时,烤灯的温度应在 60℃ 以下,距离应根据红外线烤灯的功率调整,一般为 70cm 以上,烘烤时间在 5min 左右即可。

3. 原子灰固化状态检查

原子灰涂层薄的地方的温度往往比涂层厚的地方的温度低,使涂层薄的部位固化反应速度减缓。因此,一定要检查涂层薄的部分,以此来确定原子灰的固化状态,如图 24-3-2 所示。通常检查原子灰是否完全干燥有以下

图 24-3-2 原子灰固化状态检查

两种方法：

1）用砂纸检查。先用P80或P120号砂纸轻轻打磨原子灰边缘较薄的地方，再用毛刷轻轻地刷粘在砂纸表面的原子灰颗粒，能很容易刷干净的，表明已经干燥、不能刷干净、还有很多颗粒粘在砂纸上面的，表明干燥不彻底。

2）用手检查。用指甲轻轻地划过原子灰边缘较薄的地方，如果划痕较浅且呈白色则说明原子灰已完全干燥，如果划痕较深则说明干燥不彻底。

二、原子灰打磨材料

原子灰的打磨方式应采用干磨而不要采用湿打磨。因为干燥后的原子灰涂层呈现出疏松多孔的结构，具有较强的吸附性，如果采用水磨的方法，原子灰层会吸收大量的水分而很难完全挥发掉，喷涂完毕后，后期由于水分的存在会导致底材出泡、锈蚀、脱落等漆膜缺陷。

1. 干磨砂纸的选择

为了减少砂纸的消耗，提高施工效率，保证打磨质量，在原子灰打磨过程中应合理选用打磨材料，常用的砂纸型号包括：P80、P120（或P150）、P180、P240、P320。

操作中要根据板件的形状和刮涂原子灰的厚度选择合适的砂纸进行打磨，如果原子灰很薄，可以选用P180砂纸开始打磨，否则P80的粗砂纸很快将原子灰磨穿到金属表面。

⚠ **注意** 更换砂纸时砂纸型号不允许越级使用，应逐级渐进。

2. 打磨的辅助材料

碳粉指示剂可作为干磨指示层，如图24-3-3所示。

碳粉指示剂的主要作用是显示涂层缺陷，在使用时，用海绵将黑色的碳粉均匀地涂抹到原子灰上，打磨之后，原子灰高的部位的碳粉会被打磨掉，残留有碳粉的部位，说明有气孔或凹陷。

图24-3-3 碳粉指示剂

⚠ **注意** 每次打磨前都要涂碳粉指示剂。

任务实施

原子灰的打磨步骤如下：

1）穿戴好防护眼镜、防尘口罩、工作服、线手套、安全鞋。

2）将碳粉均匀地涂抹到原子灰区域（图24-3-4），将P80号砂纸装到5mm双作用式打磨机（或轨道式打磨机）上，在原子灰区域内移动打磨机进行交叉粗磨，（图24-3-5）一边打磨，一边用触摸的方法检查表面的平整度。一般打磨至平整度的六七成左右即可。

图24-3-4 涂抹碳粉指示层　　图24-3-5 粗磨原子灰

3）再次涂抹碳粉指示层，依次将P120、P180号砂纸装到手磨垫块上进行中等程度的打磨（图24-3-6），此时打磨至平整度的九成左右即可。

打磨过程中一边用手触摸以确认表面状况（图24-3-7），一边仔细打磨，防止打磨过度或打磨变形。

图24-3-6　中等程度打磨原子灰　　　图24-3-7　确认表面状况

4）涂抹碳粉，将P240号左右的砂纸装到手磨垫块上，对原子灰区域及边缘的地方进行平整打磨，直至彻底打磨平整。原子灰边缘部位要求平滑无阶梯。在这一过程中，要特别注意两点：

①为避免过度打磨还要随时检查原子灰的平整度，如图24-3-8、图24-3-9所示。

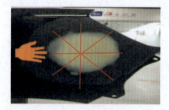

图24-3-8　触摸评估　　　图24-3-9　直尺评估

②如果检查之后不平整，需要重新施涂原子灰，重新施涂时原子灰的刮涂范围要大于下层原子灰范围。直到完全打磨平整才能进入下一步。

5）选用3mm打磨机加上打磨缓冲垫（图24-3-10），使用P320干磨砂纸，打磨从原子灰边缘至周边15~20cm的区域（图24-3-11），为喷涂中涂底漆作准备。难以打磨的位置可以使用P400海绵砂纸或红色瓜布进行打磨。

图24-3-10　打磨缓冲垫　　　图24-3-11　原子灰周边区域打磨

研磨结束后，确认打磨表面有无针孔或者细微的砂纸打磨痕、原子灰和旧涂层膜的边界部有无层差等问题。如果存在少量的针眼，需要填充针眼，否则进行中涂作业后仍会出现针眼。

6）清洁除油。使用吹尘枪，吹干净原子灰区域及工件表面的灰尘，再对原子灰周围进行除油。

7）整理工位及现场，打磨工序结束。

项目二十五　喷枪的使用及清洗维护

项目描述

对左前翼子板及前保险杠发生剐蹭的大众速腾轿车进行原子灰施工后,需对损伤部位进行涂装操作。完成涂装操作后应立即清洗喷枪,以保证喷枪的性能处于良好的状态。除此之外,还应定期检查喷枪的各部件,对出现问题的部件应及时维修或更换。

喷枪是涂装的关键设备之一,在维修涂装中更为突出,掌握喷枪的使用及清洗维护是涂装工的一项重要技能。

任务一　喷枪的调节

知识链接

一、喷枪的工作原理

1. 雾化

空气喷枪是指利用空气压力将液体转化为小液滴的喷涂工具,该过程即雾化。雾化的过程就是喷枪工作的过程,雾化使涂料成为可喷涂的细小且均匀的液滴,当这些小液滴被以正确的方式喷在汽车表面后就会结合形成一层厚度极薄的、像镜子一样平整的膜(图 25-1-1)。

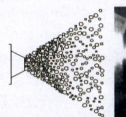

图 25-1-1　雾化

2. 雾化的三个阶段

喷枪的雾化过程分为以下三个阶段(图 25-1-2):

1)涂料由于虹吸作用从喷嘴喷出后,被从中心雾化孔喷出的气流包围,气流产生的气旋使涂料分散。

2)涂料的液流与从辅助雾化孔喷出的气流相遇时,气流控制液流的运动,并进一步使其分散。

3)涂料受从空气帽喷幅调节孔喷出的气流作用,气流从相对的方向冲击涂料,使其成为扇形的液雾。

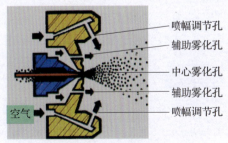

图 25-1-2　喷枪的雾化过程

二、喷枪的类型

喷枪的类型和规格较多,适用于不同场合的喷涂,但其基本功能和原理是一致的。

空气喷枪根据油漆的供给方式可分为重力式喷枪、虹吸式喷枪和压送式喷枪三种；按雾化技术分类，可分为传统高气压喷枪、HVLP 高流量低气压喷枪和 RP 低流量中气压喷枪三种。

三、喷枪的结构

喷枪主要由气帽、喷嘴、针阀、扳机、气阀、调节钮和手柄等组成。其外部结构如图 25-1-3 所示。

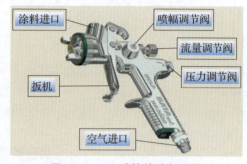

图 25-1-3　喷枪的外部结构

1. 喷枪的前部结构

喷枪的前部主要包括喷嘴、密封垫圈、导流环垫片以及空气导流环。空气导流环分配空气至风帽并且也保障喷涂图案均匀而平稳，它是由硬度非常高的阳极氧化铝制造的，可以单独拆下清洗和更换。

2. 喷枪的主要部件

典型喷枪的主要零件包括空气帽、喷嘴、枪针、扳机、气流控制钮、气阀、扇形调节钮（模式控制钮）和手柄。

（1）空气帽

空气帽上有 3 种不同的孔，中间为中心雾化孔，中心雾化孔两侧为辅助雾化孔，两端伸出部位的侧孔为喷幅调节孔，风帽上还标明配套喷嘴的口径，如图 25-1-4 所示。风帽上的气孔若有油漆残留或清洗不当，会破坏压缩空气的流通平衡，空气喷枪的雾化效果就会越来越差。

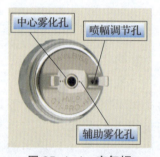

图 25-1-4　空气帽

（2）喷嘴

喷嘴由高级不锈钢材料制成，与风帽一起完成对喷枪雾化扇面的控制，如图 25-1-5 所示。它的口径用毫米（mm）表示，不同口径的喷嘴拥有不同的油漆吐出量。

（3）流量调节组件

喷枪流量调节组件由枪针、弹簧和流量调节阀组成，用来完成对喷枪出漆量的调整，如图 25-1-6 所示。

图 25-1-5　喷嘴

任务实施

喷枪喷涂状态的调节是指喷雾扇形区域的调节，喷雾扇形取决于空气和雾化的涂料液滴的混合是否合适（就像发动机的工作取决于空气和燃油的混合是否合适一样）。涂料的喷涂应平稳，喷涂出的湿润涂层应没有凹陷或流泪现象。在一般情况下，要想获得合适的喷雾扇形，必须进

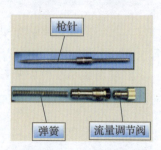

图 25-1-6　流量调节组件

行以下三个方面的基本调节：喷枪的出漆量、喷枪喷幅扇面、喷枪进气压力。调节完成后要进行试喷，以检查喷雾状态是否良好。

1. 喷枪出漆量调节

喷枪出漆量调节旋钮通常位于枪针后端，主要通过调节枪针前后位置来控制涂料的喷出量，如图25-1-7所示。喷枪出漆量调节旋钮拧得越紧，枪针位置越前，涂料流出量越大，反之则变小。

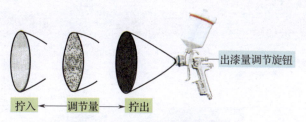

图25-1-7　喷枪出漆量调节

喷枪出漆量的调节应在加入涂料前进行。逆时针将涂料调节旋钮拧至末端，注意不能卸下，然后扣紧扳机，切勿松开，顺时针拧涂料调节旋钮至拧不动为止并锁定，此时涂料流量最大。

2. 喷枪喷幅扇面调节

喷幅控制阀也叫喷幅调节旋钮，位于喷枪枪体最上端，有的在流量调节旋钮正上方，有的位于枪体侧面。它的作用主要是通过调节流进喷枪喷幅孔的气流量，来控制喷涂漆雾的形状。通过调节喷幅控制旋钮可以调节喷雾直径的大小，逆时针扭动扇面调节旋钮，由小至大调节并锁定，如图25-1-8所示。

图25-1-8　喷枪喷幅扇面调节

3. 喷枪进气压力调节

喷枪进气压力通过空气压力控制阀进行调节，如图25-1-9所示。空气压力控制阀也被称为气压调节旋钮，一般位于喷枪尾部，也有的喷枪将安装气压调节旋钮的位置封死，而在枪尾加装带有气压调节旋钮的气压表，以控制压缩空气进入量。通过调整气压调节旋钮，将空气压力调整到合适数值。

图25-1-9　进气压力调节

4. 喷涂试验

调节好喷枪出漆量、喷雾扇形、进气压力后，就可以在遮蔽纸或旧报纸上进行喷雾形状测试。喷雾形状正常后，方可进行喷涂操作。

操作时面对试纸，保持90°夹角并保持合适的距离，把扳机扳到底再立即放开，然后测定喷雾形状内漆液的均匀性和喷雾的形状。如果喷束太宽或气压太低，流挂呈分开的形状，则可把喷幅控制旋钮拧紧，或把气压调高，交替进行这两项调试，直到流挂长度均匀为止；如果流挂中间长两边短，这是因喷出的油漆太多而造成的，应把出漆量旋钮拧紧，直到流挂长度均匀为止，如图 25-1-10 所示。

图 25-1-10　喷涂试验

任务二　喷枪喷涂操作

知识链接

对喷涂工作而言，要想获得良好的效果，正确操作喷枪是非常重要的。喷枪的操作要点主要有以下几个方面。

1. 喷枪喷嘴与待喷件的距离

喷枪与待喷件表面保持适当的距离非常重要，如果喷涂距离过近，喷涂气流的速度就较高，从而会使涂层出现波纹；如果距离过远，就会有过多的溶剂被挥发，导致涂层出现橘皮或发干，并影响颜色的效果。

使用传统高压喷枪的喷涂距离为 25cm 左右，如图 25-2-1 所示；HVLP 喷枪的喷涂距离为 10~15cm，如图 25-2-2 所示。

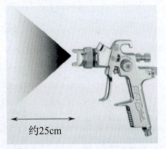 

图 25-2-1　传统高压喷枪　　　图 25-2-2　HVLP 喷枪

2. 喷枪与待喷件的角度

为了便于操作，操作人员应以"一字步"或"丁字步"站立，在喷枪移动过程中，不论是横形的喷雾还是纵形的喷雾，在上下或左右移动时，均要保持喷枪与工作表面成 90°直角，并以与表面相同的距离和稳定一致的速度移动，否则漆膜可能不均匀，如图 25-2-3 所示。

3. 喷枪运动轨迹

喷枪喷涂过程中,运动轨迹为轨道式喷涂,将喷枪与待喷件保持一定的垂直距离,匀速往复喷涂,如图 25-2-4 所示。

  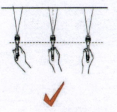 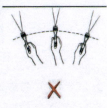

图 25-2-3　喷枪与待喷板件角度　　　　　图 25-2-4　喷枪运动轨迹

4. 喷幅重叠

喷幅重叠有纵行重叠法、横行重叠法和纵横交替喷涂法。喷涂路线应按从高到低、从左到右、从上到下、先里后外的顺序进行。应按计划好的行程稳定地移动喷枪,在抵达单方向行程的终点时放开扳机,然后再扳扳机,开始相反方向仍按原线喷涂。喷枪行程必须重叠前一行程喷幅的 75%,过快或者重叠不多时,就不易得到平滑的漆膜,如图 25-2-5 所示。

图 25-2-5　喷幅重叠

5. 走枪速度

喷枪移动保持平稳匀速,喷涂速度为 30~50cm/s。

如走枪速度太快,会令油漆太干、表面粗糙及容易产生橘皮;

如走枪速度太慢,较容易产生流挂及下坠,如喷涂银粉金属漆时则更容易产生发花、起云等不良效果。

6. 喷枪扳机控制

喷枪扳机有两档位置(图 25-2-6):

1)一档:预喷空气,也可作吹尘使用。扣动扳机一档,空气阀门打开,压缩空气经由空气通道到达风帽各个气孔并高速喷出。

图 25-2-6　喷枪扳机控制

2)二档:流经喷嘴的油漆被预喷空气同时雾化。扣动扳机二档,枪针向后移动,喷嘴打开,油漆在压缩空气的作用下沿涂料通道由喷嘴处喷出。

任务实施

下面以喷枪喷水操作练习的方式,介绍喷枪的喷涂操作步骤。

1. 检查喷枪

查看喷枪是否完好,风帽、枪嘴是否有堵塞现象,如图 25-2-7 所示。如有,应用专用工具清除。

2. 连接喷枪气源等外部连接

连接气源,如图 25-2-8 所示,应保证气管接头与喷枪接头配套,并扣动扳机,检查气压表是否完好。

图 25-2-7 检查喷枪

图 25-2-8 连接气源

喷枪喷涂操作控制

3. 调整喷枪的参数

调整喷枪参数时，应根据喷枪的型号、喷涂的油漆等要求进行调节，如图 25-2-9 所示。

4. 手握喷枪

以轻松的姿势手握喷枪，用食指和中指操作扳机，如图 25-2-10 所示。

图 25-2-9 调整喷枪参数

图 25-2-10 手握喷枪

5. 喷涂站位

在喷涂板件前站立，站立时双腿分开，略大于肩宽，将空气软管从肩头跨过，并用另一只手在背后握牢，将空气软管放在远离双脚的位置，将握有喷枪的手臂与喷枪对齐，如图 25-2-11 所示。

图 25-2-11 喷涂站位

6. 喷涂时身体的移动

喷涂时，以髋部为中心左右移动身体，以带动喷枪的移动，如图 25-2-12 所示。移动喷枪的范围要比待喷板件两侧都宽 5~10cm。

7. 喷枪扳机控制操作

在喷枪到达表面之前轻轻扣动扳机，在离开表面之后将扳机轻轻松开一半，以停止喷射涂料，如图 25-2-13 所示。

图 25-2-12 喷涂时身体的移动

8. 喷水练习

按照喷枪的使用方法，在门板上操作练习，观察喷出水珠的均匀程度，以此练习对喷枪的控制，如图 25-2-14 所示。

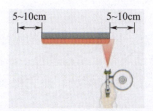
图 25-2-13　喷枪扳机操作

图 25-2-14　喷枪喷水练习

喷水练习

任务三　喷枪的清洗

知识链接

一、喷枪清洗剂

在进行喷枪清洗时，要根据喷涂所用的涂料类型进行清洗剂的选用。

1. 水性涂料

对于喷涂了水性涂料的喷枪，要采用中性 pH 值的清洗剂进行清洗，清洗剂的 pH 值在 6~8 范围内，如图 25-3-1 所示。

图 25-3-1　中性 pH 值

2. 溶剂性清洗剂

对于喷涂了溶剂性涂料的喷枪，可采用溶剂性清洗剂来进行喷枪清洗。如果使用的是经回收蒸馏的溶剂，要确保定期添加纯净溶剂，否则其酸性会因蒸馏次数而提高，令金属腐蚀。

二、喷枪清洗方法

1. 机械清洗法

机械清洗是以专业的喷枪清洗机替代传统的手工操作清洗喷枪，现在的大型 4S 站和汽修厂多采用这种方法。机械清洗法解决了喷枪难清洗的问题，优化了工作流程，可以大大减少洗枪时间，提高工作效率。机械清洗能够减少清洗溶剂的消耗，适用于水性涂料和溶剂性涂料系统。在进行喷枪清洗时，通过泵送清洗剂，可获得超强喷射清洁力，能彻底清洁喷枪涂料通道，清除喷嘴中的残余物质。还可以将清洗过的清洗溶剂进行循环使用，清洗溶剂也更容易集中处理，方便回收，保持车间的整洁。

2. 手工清洗法

采用机械清洗虽然非常便捷，但也只适合在喷涂工作间隙进行喷枪清洗，当每天的喷涂工作完成时，还需要用正确的方法手工清洗喷枪，以便为第二天的喷涂做好准备。

手工清洗法就是涂装工在使用完喷枪后，借助溶剂对喷枪进行手动拆卸清洗。手工清洗时，需穿戴好劳动保护装置规范操作，对喷枪进行彻底清洗，避免损伤喷枪部件。

任务实施

一、喷枪机械清洗操作步骤

下面以 SATA muti clean2 喷枪清洗机为例，介绍喷枪机械清洗操作步骤。

1. 放置枪壶

取下枪壶，将壶盖旋下，将枪壶和壶盖分别放置在清洗位置，如图 25-3-2 所示。

图 25-3-2　放置枪壶和壶盖

2. 清洗喷枪外部

通过脚踏阀控制喷枪清洗刷，先清洗喷枪表面，如图 25-3-3、图 25-3-4 所示。

图 25-3-3　踩下脚踏阀　　图 25-3-4　清洗喷枪表面

3. 调节喷枪

将喷涂流量调节旋钮、喷幅调节旋钮和喷涂气压调节旋钮都调至最大状态，如图 25-3-5 所示。

4. 安装喷枪扳机锁簧

用喷枪扳机锁簧或气流分配环拆卸工具扣住扳机，使喷枪喷嘴处于打开状态，如图 25-3-6 所示。

图 25-3-5　调节喷枪　　图 25-3-6　安装喷枪扳机锁簧

5. 放置喷枪

将喷枪倒置，喷壶接口插入溶剂喷射管，再将白色 PVC 气管插入喷枪空气进口，保证喷枪清洗时空气的流通，避免清洗剂进入空气通道，如图 25-3-7 所示。

6. 循环清洗

盖上机盖，旋转循环清洗旋钮进行自动清洗，每次最长可设置 3min 清洗时间，如图 25-3-8 所示。

图 25-3-7　放置喷枪　　图 25-3-8　循环清洗

7. 冲洗喷枪

自动清洗完毕后，按动冲洗按钮，利用干净的清洗剂进行喷枪冲洗，如图 25-3-9 所示。

8. 吹干喷枪

喷枪冲洗后，按动吹干按钮，将喷枪吹干，完成整个清洗流程，如图 25-3-10 所示。

图 25-3-9　冲洗喷枪

图 25-3-10　吹干喷枪

二、喷枪手工清洗操作步骤

1. 拆卸喷枪（图 25-3-11）

1）旋出流量调节阀，取出弹簧，拆下枪针。
2）取下风帽。
3）用原装扳手，取下喷嘴。

图 25-3-11　拆卸喷枪

2. 涂料通道、枪体清洗及吹干（图 25-3-12）

1）清洗涂料通道。
2）清洗喷枪枪体外部。
3）吹干喷枪。

图 25-3-12　涂料通道、枪体清洗及吹干

3. 清洗喷嘴套装及枪针（图 25-3-13）

1）刷洗喷嘴正面。
2）清洗喷嘴背面。
3）清洗喷嘴气孔。
4）清洗中心雾化孔。
5）清洗辅助雾化孔。
6）清洗枪针。

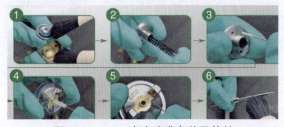
图 25-3-13　清洗喷嘴套装及枪针

涂料通道、枪体清洗

喷嘴套装、枪针清洗

任务四　喷枪的维护保养

知识链接

一、喷枪精密度要求

喷枪是涂装系统中的关键设备，是经过精确设计和制造的专业工具。其主要零部件对精密度都有着很高的要求，尤其是风帽的设计和气孔精密度是完美喷幅雾化的关键。喷枪即使轻微的堵塞或变形都会影响雾化质量，喷枪在使用完后应立即清洗，以保证喷枪的性能处于

良好的状态。除此之外，还应定期检查喷枪的各部件，对出现问题的部件应及时维修或更换。

1）喷枪主要零部件精密度要求，如图25-4-1所示。

2）风帽气孔精密度要求，如图25-4-2所示。

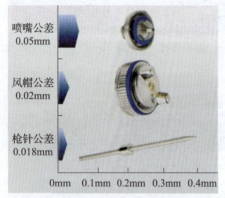

图25-4-1 喷枪主要零部件精密度

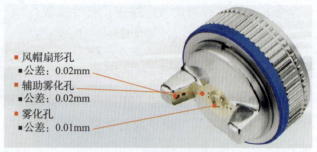

图25-4-2 风帽气孔精密度

二、喷枪正常的喷幅形态

喷枪正常的喷幅形态为椭圆形，由里向外依次为中央核心湿润区和重叠雾化区，中央核心湿润区的宽度要比重叠雾化区宽度大，如图25-4-3所示。

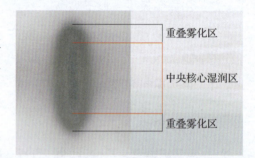

图25-4-3 正常的喷幅形态

三、喷枪的常见故障及排除方法

1. 油漆聚在中央，喷幅散不开（图25-4-4）

（1）故障原因

1）喷涂气压太低，导致扇形孔气压过低，不足以压出扇面。

2）油漆黏度太高，导致扇形孔的气压不够力量把高黏度油漆压成扇面。

3）喷嘴损坏。

4）喷幅调节旋钮没有完全打开。

（2）排除方法

1）调节合适的喷涂气压。

2）调节油漆黏度，或改用合适口径的喷嘴。

3）如果喷嘴损坏，及时更换喷嘴。

4）检查喷幅调节旋钮是否已完全打开。

图25-4-4 喷幅散不开

2. 喷幅呈香蕉形弯曲（图25-4-5）

（1）故障原因

1）其中一边扇形孔堵塞或变形，导致两边扇形孔气压不一致。

2）雾化孔堵塞，导致空气偏离跑到其中一边的扇形孔，令两

图25-4-5 喷幅呈香蕉形弯曲

边扇形孔的气压不平均。

（2）排除方法

使用合适的工具清洁风帽，必要时更换原厂喷嘴套装。

3. 喷幅中湿润区偏向一边（图25-4-6）

（1）故障原因

1）扇形孔或雾化孔堵塞或变形，导致因气流不均匀令雾化的油漆倾向一边。

2）喷嘴损坏，风帽中央雾化孔与喷嘴间的间隙不均匀，使雾化的油漆倾向一边。

（2）排除方法

使用合适的工具清洁风帽，必要时更换原厂喷嘴套装。

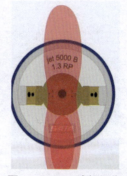
图25-4-6 喷幅湿润区偏向一边

图25-4-7 喷幅S形扭曲

4. 喷幅扭曲倾斜成S形（图25-4-7）

（1）故障原因

扇形孔堵塞或变形，导致两边对角扇形孔堵塞或变形令喷幅倾斜。

（2）排除方法

使用合适的工具清洁风帽，必要时更换原厂喷嘴套装。

5. 喷幅不连续，跳动（图25-4-8）

（1）故障原因

1）喷嘴未装紧，导致喷嘴与空气分流环没有完全密封，空气跑到油漆通路。

2）喷嘴或空气分流环没有清洁干净，油漆残渣令喷嘴与空气分流环不能完全密封。

3）空气分流环的密封面损坏影响与喷嘴的密封。

4）枪壶通风口堵塞，导致产生真空，令空气从喷嘴吸入到油漆通道。

（2）排除方法

1）用原装扳手把喷嘴装紧。

2）更换空气分流环。

3）清洁枪壶通气孔。

任务实施

喷枪的维护保养操作步骤如下。

1. 安装喷嘴

对正喷嘴上的螺纹，用手旋上喷嘴，如图25-4-9所示。

2. 用扳手旋紧喷嘴

旋紧喷嘴时，需用原装喷枪扳手进行旋紧（图25-4-10），

图25-4-9 安装喷嘴

图25-4-10 用扳手旋紧

确保正确密封位置。

3. 安装风帽

根据风帽上的标记装配风帽，垂直喷幅的喷涂，风帽上的标记处于水平状态，如图 25-4-11 所示。

4. 枪针润滑

在枪针接触密封圈的位置，涂少许润滑油，如图 25-4-12 所示。

图 25-4-11　安装风帽　　图 25-4-12　枪针润滑

5. 安装枪针

将枪针对正装配孔，装入枪针，如图 25-4-13 所示。

6. 枪针弹簧润滑

在枪针弹簧上涂少许润滑油进行润滑，如图 25-4-14 所示。

图 25-4-13　安装枪针　　图 25-4-14　润滑弹簧

7. 润滑涂料流量调节旋钮

在涂料流量调节旋钮的螺纹上涂少许润滑油进行润滑，如图 25-4-15 所示。

8. 安装涂料流量调节旋钮

将涂料流量调节旋钮安装到位，如图 25-4-16 所示。

9. 扳机顶杆可见部分润滑

在扳机顶杆可见部分涂少量润滑油，如图 25-4-17 所示。

图 25-4-15　润滑流量　　图 25-4-16　安装流量　　图 25-4-17　扳机顶杆可
　　　调节旋钮　　　　　　　调节旋钮　　　　　　　见部分润滑

项目二十六　底漆喷涂打磨

项目描述

对左前翼子板及前保险杠发生剐蹭的大众速腾轿车进行完原子灰打磨后,需对损伤部位进行底漆施工。要对损伤部位周围区域进行遮蔽处理,对损伤区域喷涂防腐底漆、中涂底漆并进行中涂打磨,以提高面漆喷涂前的平整度。

任务一　防腐底漆施工

知识链接

一、遮蔽工艺

汽车修补喷涂时,为了保护修补部位以外范围不受漆雾、灰尘的污染,就要对非修补区域进行覆盖保护,这就是所谓的遮蔽,如图26-1-1所示。

遮蔽是非常重要的工作,所有的部分修补涂装作业(包括点修补、点扩展修补和区域修补)在喷漆前,都要对喷涂区域周围的区域进行遮蔽保护,修补面积较大或点较多时还需进行整车遮蔽。有时在清除修补区域旧涂膜的作业和研磨、抛光等作业时,也需要对相关部分进行遮蔽保护。

图 26-1-1　遮蔽

二、底漆基础知识

底漆是直接涂装在经过表面处理的施工物体表面的基础涂料,它可以与上覆涂层牢固地结合并覆盖在被涂物体上,同时底漆可以隔绝和阻止金属表面与空气、水分及其他腐蚀介质的直接接触,起到保护作用。

1. 底漆功能

底漆的功能主要有防腐蚀性、黏附力、耐潮性。没有底漆易导致锈蚀、附着力缺失,如图26-1-2、图26-1-3所示。

图 26-1-2　锈蚀

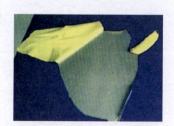

图 26-1-3　附着力缺失

2. 底漆性能要求

1）底漆对经过表面前处理的底材表面具有良好的附着力，干燥后所形成的涂膜要有良好的机械强度。

2）底漆涂层必须具有极好的耐腐蚀性、耐水性和抗化学性能。

3）底漆具有对原子灰、中涂底漆层及面漆层良好的配套性。

4）底漆应具有良好的施工性能。

3. 底漆类型

（1）侵蚀底漆

侵蚀底漆也称为洗涤底漆、磷化底漆。其主要成分为聚乙烯醇缩丁醛树脂和防锈的铬酸锌颜料，并在其中加入主要由磷酸制成的固化剂，然后直接施涂到裸金属上。侵蚀底漆在裸金属表面上形成化学转化涂层，可以改进底材的防锈能力，并且能提高下一涂层的附着力。

（2）环氧底漆

以环氧树脂为主要成膜物质制成的底漆品种较多，有高温烘烤底漆、双组分底漆、单组分常温自干底漆等。环氧底漆附着力强，漆膜坚韧持久，对许多物体表面有较强的黏合力，但涂料耐光性差，易粉化，因此只适合用作底漆。在要求较高或湿热环境下使用的车辆一般应该使用环氧底漆。由于汽车经常受到强烈的冲击、振动以及磨损，还要受到各种多变气候条件的影响，以及酸、碱、盐的侵蚀，需要有一种很好的保护层。当汽车涂层要进行较大的整修工作时，双组分环氧底漆就是最佳的选择。其附着力、耐蚀性能、封闭性、耐化学品性能以及耐碱性能都非常突出，而且漆膜柔韧性好、硬度高，对镁铝合金以及轻金属、钢铁、玻璃钢都有很好的附着力。

环氧底漆施工

（3）塑料底漆

塑料底漆是专门用于塑料底材的底涂涂料，在塑料件上有很好的附着力，与中间层的附着性好，具有很好的塑性和耐候性。它适用于充当汽车塑料保险杠、内饰、音响、玩具等塑料制品与面漆的黏结剂（PP、PE 材料除外）。塑料底漆一般是单组分型，干燥速度快。

任务实施

在维修中，为防止金属生锈和增加附着力，要在裸露的金属区域喷涂防腐底漆。下面以鹦鹉 801-72 环氧底漆为例介绍防腐底漆施工的具体操作步骤。

1）穿戴好安全防护用品。

2）遮蔽。

对损伤区域周围不需要喷涂底漆的部位进行遮蔽，遮蔽时应采用反向遮蔽，如图 26-1-4 所示。

⚠ 注意事项　反向遮蔽的目的是防止喷涂时产生硬边，所以不要用手去压折损伤区周围的遮蔽纸。

3）调配底漆。根据产品技术说明书，按照 4∶1∶1 的比例，加入环氧底漆（801-72）、固化剂（965-60）、稀释剂（352-91），混合均匀，如图 26-1-5 所示。

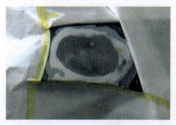
图 26-1-4　遮蔽

图 26-1-5　调配底漆

4）喷枪调整。将油漆过滤后加入枪壶，选用 1.3mm 口径喷枪进行底漆施工。施工前，将喷枪出漆量调至最大，喷幅扇面全开，气压调至 2bar，如图 26-1-6 所示。

图 26-1-6　喷枪调整

5）试喷评估。按照喷涂要求调好喷枪参数后在测试纸上进行试喷评估，喷出的扇幅大小合适、流痕均匀即可，否则应反复调节三个参数，如图 26-1-7 所示。

6）喷涂环氧底漆。喷枪调试好后即进行环氧底漆喷涂，如图 26-1-8 所示。环氧底漆喷涂时只要薄薄地喷涂一层，将裸金属覆盖住即可（厚度约 15~20μm）。喷涂完成后闪干至哑光状态，方可进行下一环节的施工。

图 26-1-7　试喷评估

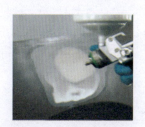
图 26-1-8　喷涂环氧底漆

任务二　中涂底漆喷涂

知识链接

一、中涂底漆功用

中涂底漆是用于底漆涂层与面漆涂层之间的中间涂层。中涂底漆能够增加与底漆涂层之间以及与面漆涂层之间的附着力，提高面漆涂层的平整度，封闭底漆涂层。

1. 石击保护

喷涂底漆后即可喷涂中涂底漆，它的主要作用之一是保护车身板件不受路面碎石飞溅损伤。根据车辆行驶速度，这些"特殊物体"可能以每小时数百公里的速度撞击车身表面。

有些人可能曾经体验过这种"子弹"击中汽车风窗玻璃所带来的震撼效果,受到冲击导致更换汽车风窗玻璃的情况屡见不鲜。石击后产生的漆膜裂痕(图26-2-1)可能导致锈蚀的产生,因此车身涂装表面必须能够吸收一定程度的冲击,确保底漆涂层不受损伤。

图 26-2-1 石击损伤

2. 填充平整表面、提高附着力

在汽车修理涂装中,中涂底漆主要用于填补平整表面,而且一直是以作业性为中心来选择使用。在钣金修整后填补的原子灰或复合油灰的部位、除锈后的金属表面、经修整的小伤痕,以及旧漆膜细微起皱的部位等,喷涂上中涂底漆,填平微小的凹凸,然后通过打磨获得平整的表面,再喷涂面漆。这既可以提高面漆的附着力,减少溶剂向底层渗透,又能提高涂膜的表面平整度和色泽。

3. 覆盖封闭

对于有皱纹的旧涂膜,如果直接喷涂面漆,会使旧涂膜溶解,打磨痕会渗到表面,或引起开裂、气孔等质量问题。先喷涂中涂底漆,形成涂膜层,可以抑制面漆溶剂向旧涂膜的渗透,防止出现质量问题。另外,如果待中涂底漆涂膜硬化后再喷面漆,防止溶剂的渗透效果会更好。

二、中涂底漆性能要求

1. 层间附着力

层间附着力是涂层与涂层之间的黏着力。对中涂底漆层而言,就是与底漆层或旧涂膜以及与面漆层的黏着力。如果层间黏着力差,往往就会剥离起层。中涂底漆中所使用的树脂的性质,对其黏着性能有很大的影响。因此选择与面漆涂料亲和力强的中涂底漆,显得很重要。不论什么原因引起黏着力差,都会形成间隙,积存水分,最终将会导致起泡。

2. 配套性

作为面漆层与底漆层、腻子层、旧涂层之间的媒介层,中涂底漆层还应具有对底漆层、腻子层、旧涂层、面漆层的良好配套性。目前,在汽车上使用的底漆层、腻子层及面漆层品种繁多,性能各异,正确选择中涂底漆层非常重要,这不仅关系到合理使用涂料,发挥中涂底漆层的品质,还关系到节约面漆、降低成本、方便施工以及提高面漆层的装饰性等一系列问题。

3. 耐水性

中涂底漆涂层是否易通过水分和易起泡,是判定其耐水性的关键。具体的判定方法可以查阅各涂料厂商提供的数据。

4. 耐热性

中涂底漆涂层应能承受在120℃条件下加热30 min。

三、中涂底漆类型

常用的中涂底漆包括丙烯酸中涂底漆、聚氨酯中涂底漆和硝基中涂底漆。

任务实施

环氧底漆闪干后即可喷涂中涂底漆,下面以鹦鹉285-505中涂底漆为例,介绍中涂底漆的喷涂操作步骤。

1)穿戴好安全防护用品。

2)调配中涂底漆。根据产品技术说明书,按照4∶1∶1的比例,加入中涂底漆(285-505)、固化剂(929-55, 56)、稀释剂(352-91, -50, -216),混合均匀,如图26-2-2所示。

⚠ **注意事项**　中涂底漆调配前要搅拌均匀,在调配时应根据被涂部位的面积调配合适的量,以免产生浪费。

图26-2-2　调配中涂底漆

3)调试喷枪。将油漆过滤后加入枪壶,选用1.7~1.9mm HVLP喷枪进行中涂底漆施工。施工前,将喷枪出漆量调至最大,喷幅扇面全开,气压调至2bar,如图26-2-3所示。

图26-2-3　调试喷枪

4）试喷评估。按照喷涂要求调好喷枪参数后在测试纸上进行试喷评估，喷出的扇幅大小合适、流痕均匀即可，否则应反复调节三个参数。

5）喷涂中涂底漆。按照工艺要求喷涂中涂底漆，见表26-2-1。

表26-2-1 中涂底漆施工工艺

喷涂层数	湿润度	枪距	喷幅	气压	闪干
第一涂层	50%~70%	10~15cm	全开	2bar	哑光
第二涂层	100%	10~15cm	全开	2bar	哑光
第三涂层	100%	10~15cm	全开	2bar	哑光

首先在受损区域周围喷涂一薄层中涂底漆，如图26-2-4所示。第一涂层主要用于密封底材，因此需薄喷（屏障涂层）。这个涂层能够防止后续涂层中所含的溶剂渗入旧漆面中，从而预防膨胀。第一涂层闪干后喷涂第二涂层，涂层湿润度100%，施工范围比第一涂层大一个手掌大小宽度，如图26-2-5所示。第二涂层闪干后喷涂第三涂层，涂层湿润度100%，施工范围比第二涂层大一个手掌大小宽度。

图26-2-4 第一涂层薄喷

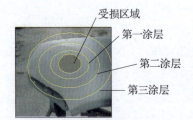

图26-2-5 喷涂范围

任务三　中涂底漆打磨

知识链接

对于中涂底漆的干燥，可采用自然干燥或强制干燥方式进行。

1. 自然干燥

自然干燥方式，在室温20℃环境下需要3h左右的时间。

2. 强制干燥

为确保溶剂完全蒸发，在使用强制干燥方法时，要参照中涂底漆制造商的要求，选择适当的固化时间，干燥前的一般固化时间为10min。

强制干燥可使用烘烤房或红外线烤灯进行。干燥时间根据产品性能、厚度和温度而定，详细情况需参考相关产品技术资料。一般情况下采用烤房烘烤干燥，烤房温度设定为60℃，干燥时间为20min左右，如图26-3-1所示。采用红外线烤灯干燥，短波红外线烤灯需9min，中波红外线烤灯需10~15min，如图26-3-2所示。

图 26-3-1　烘烤房干燥

图 26-3-2　红外线烤灯干燥

任务实施

中涂底漆喷涂后，虽然表面已经很光滑平整，但仍不能满足喷涂面漆的需要，此时必须进行细致地打磨，否则会严重影响面漆装饰性能。中涂底漆打磨操作步骤如下：

1）穿戴好安全防护用品。

2）在原子灰区域涂碳粉，如图 26-3-3 所示。

3）利用手磨板结合 P320 砂纸打磨原子灰区域，去除原子灰缺陷，如图 26-3-4 所示。

图 26-3-3　原子灰区域施涂碳粉　　　图 26-3-4　打磨原子灰区域

4）整板涂碳粉后打磨，如图 26-3-5 所示。

5）选择 3mm 研磨机配合 P400 号砂纸打磨中涂底漆区域，P800 海绵砂纸或灰色百洁布对边角进行手工研磨，如图 26-3-6 所示。

图 26-3-5　整板打磨　　图 26-3-6　边角打磨

⚠ **注意事项**　打磨机的使用方法和要领与打磨原子灰相同，不要用太大的力压在涂膜上，否则砂纸磨痕会很深。

6）使用砂纸背面对板件进行除尘处理，然后利用气枪进行吹尘处理，最后进行清洁除油，如图 26-3-7 所示。

图 26-3-7　清洁除油

项目二十七　颜色调配

项目描述

对左前翼子板及前保险杠发生剐蹭的大众速腾轿车进行完底漆喷涂后，要进行面漆施工。施工之前需对色漆颜色进行调配，钣喷车间经理给你分配了油漆调色任务，作为一名调色人员，需根据维修车辆信息，查询确定维修车辆初始颜色配方，为后续的调色工作顺利进行提供保障；然后再根据维修车辆初始颜色配方，进行计量调配、小样板喷涂、颜色比对、颜色微调，确定最终的颜色，保证喷涂完成后无颜色差异。

任务一　颜色检索

知识链接

一、颜色代码

汽车制造商一般会将汽车颜色按一定规律进行编码，这个编码就是颜色代码。通过颜色代码可以快速查找颜色配方，获得生产厂家提供的原色。汽车制造商通常会在车辆维修手册、车辆铭牌等资料中提供颜色代码信息，调色人员可以通过以上资料获得汽车颜色代码。

1. 车辆维修手册颜色代码信息

在维修手册车身结构信息部分，可根据本车辆颜色名称，找出车身颜色代码。

2. 车辆铭牌颜色代码信息

车辆铭牌是标明车辆基本信息的标牌，主要包括汽车制造商、汽车型号、发动机功率、总质量、载质量或载客人数、出厂编号、出厂日期及颜色代码等，如图27-1-1所示。通过车辆铭牌，我们可以获得在后面颜色检索过程中所用的参数，如汽车制造商名称、车型、生产日期、颜色代码等重要信息。不同汽车制造商，其颜色代码编码规则不同，一般为数字、字母或混合组合形式。不同车型的颜色代码铭牌在汽车上所处的位置也有所不同。

图 27-1-1　汽车铭牌颜色代码

二、色卡工具

有些车型的颜色资料不全,例如全车改过色,或国产车颜色色号不在车身上的,便无法在车身上找到原厂色号。那么,可以利用油漆公司提供的各种色卡进行颜色代码检索,然后根据色卡查出对应的胶片标号,得出相对接近的配方。汽车修补漆涂料厂家会根据各个汽车制造厂新出的车身颜色,研制出修补漆配方,并制作出标准色卡。调色人员利用色卡直接与车身或目标颜色从色相、明度、彩度三个方面进行对比,找到完全一致或最接近的色卡,通过查看色卡正面或反面的颜色信息就可以得到颜色代码,如图27-1-2、图27-1-3所示。

图 27-1-2 色卡正面　　图 27-1-3 色卡反面

用色卡与车身或目标板颜色进行比对时,应将色卡完全贴合在比色部位,然后从不同角度进行观察,并判断两个颜色在色相、明度、彩度及颜料颗粒效果上是否一致。当完全一致时,此色卡对应的代码即为我们要查找的颜色代码。如果没有完全一致的色卡,当调配纯色漆时,可以选择彩度和明度比车身颜色高的色卡,在这个色卡对应的配方基础上再进行微调,纯色漆很容易从鲜艳、明亮向灰暗方向调整。当调配金属漆时,可以选择一个侧面稍暗的色卡或一个正面偏亮、侧视偏暗的色卡,在这个色卡对应的配方基础上调色,也很容易通过加大控色剂或白色把颜色校正过来。

通过色卡比对得到的颜色代码所代表的颜色是汽车或目标板实际的颜色,这种方法适用于所有情况,但前提是所用涂料品牌色卡资料必须齐全。

三、测色仪

测色仪操作简单,配合颜色配方软件,可以快速地查找出最接近的颜色代码和配方等相关信息,能把复杂的调色工作变得快速、方便、准确。通过测色仪获得颜色代码或颜色配方的方法比较准确,对没有任何车辆颜色信息或色卡资料的情况比较适用。

四、颜色检索操作步骤

颜色检索可通过配方光盘、颜色管理软件、颜色在线查询网站、手机App、电话热线、测色仪等方式进行,获取维修车辆颜色配方。利用颜色在线查询网站获取颜色配方的方法具有使用方便、查找迅速、更新及时等优势,可查询出最新的配方,这种方法非常受欢迎。

任务实施

下面以某品牌油漆颜色在线查询网站为例,介绍颜色检索方法。

1)首先通过维修手册、车辆铭牌、色卡工具或测色仪获取颜色代码,例如,通过车辆铭牌找到颜色代码,如图27-1-4所示。

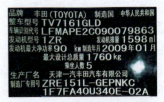

图27-1-4 车辆铭牌颜色代码

2)输入网址,打开颜色在线网站,如图27-1-5所示。

图27-1-5 颜色在线网站

颜色查询车型信息

颜色查询初始配方

3)点击COLOR ONLINE,打开颜色查询界面,如图27-1-6所示。

4)在"代码"栏里输入颜色代码,然后点击"F2",进行颜色查询,如图27-1-7、图27-1-8所示。如果知道其他的相关信息,如汽车生产商品牌、车型、生产日期、应用涂料系列、颜色类型、光泽效果等,则可以一并输入。输入的信息越多,最后的结果范围就越小越准确。

图27-1-6 颜色查询界面

图27-1-7 输入查询信息

5)分析颜色查询结果界面,根据里面提供的信息(如汽车生产商、颜色名称、颜色代码、生产年份、应用部位、涂料系列等),逐步确认并点击,最后就进入颜色配方界面,如图27-1-9所示。

图27-1-8 颜色查询结果

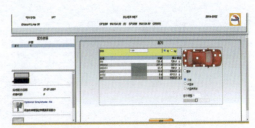

图27-1-9 颜色配方界面

6）实际维修时，可在目标栏输入需要调配的涂料数量或直接点击需要维修的部位，就可以得到每个色母单独数量和累计数量的配方，如图27-1-10所示。

7）点击打印可获得初始颜色配方数据单，如图27-1-11所示。

图27-1-10　涂料用量调整

图27-1-11　颜色配方数据单

任务二　油漆调色

知识链接

一、物体颜色的产生

颜色是光刺激人们的眼睛产生的一种感觉，颜色不能离开光单独存在，在黑暗中看不见物体，更看不到颜色。光线投射在视网膜上后，形成某种信息，大脑对这种信息进行辨认，产生一种生理感觉，它就是通常所称的"颜色"。因此，颜色是光线和感官共同作用后所引起的生理感觉，如图27-2-1所示。

自然界中的每种物体都有各自的光学特征，在太阳光的照射下会呈现出不同颜色，这种颜色叫物体的固有色。通常物体的固有色是不变的，但是当观察者出现变化时，它们所呈现的颜色也就不同了。物体颜色的产生必须具备的三个必要条件：光源、物体、观察者，如图27-2-2所示。

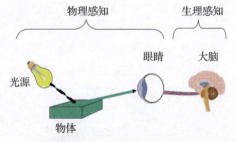

图27-2-1　颜色感知过程

图27-2-2　颜色感知三要素

1. 光源

没有光就没有颜色，光是产生颜色的首要条件。自己能发光的物体叫光源，光源有自然光源和人造光源之分。太阳是主要的自然光源，灯光、烛光等属于人造光源。太阳光由红、橙、黄、绿、青、蓝、紫七种不能再分解的单色光组成，每种单色光对应一定波长的光谱。由单色光所混合的光称为复色光，人眼所能看到的可见光光谱波长范围在380～780nm之间，如图27-2-3所示。

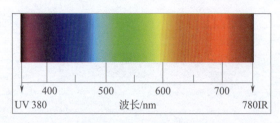

图27-2-3 可见光光谱

不同光源的色光组成和光谱各不一样，同一物体在不同光源下，其固有色也随之发生变化，如图27-2-4所示。

光源的强度也会使物体固有色发生变化，太亮的强光会使固有色变浅，太暗的光则会使固有色变灰暗乃至消失，如图27-2-5所示。

图27-2-4 不同光源光谱

图27-2-5 不同光源强度对物体颜色的影响

2. 眼睛

光是产生颜色感觉的物理基础，观察者的眼睛则是产生颜色感觉的生理基础，如图27-2-6所示。

3. 物体

物体对光线有吸收、反射和折射作用，物体只反射（或折射）属于本身颜色特性的光，其他颜色的光均被物体吸收了。经光线照射的物体吸收其主体颜色以外的其他颜色，并将其转化成热能。白光照射在一个彩色物体上，该物体会吸收除本体颜色以外的光谱中的所有其他颜色光线。例如，一朵玫瑰花如果吸收了除红色以外的所有其他光线，我们看到的这朵玫瑰花就是红色的。

经光线照射的物体反射其主体颜色。如图27-2-7所示中红色光线被反射出来，人眼就能感受到红色。如果所有光线都被反射，

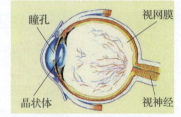

图27-2-6 人眼结构

图27-2-7 光的吸收

人眼可看到整个光谱，这时我们所看到的物体的颜色就是白色的，如图27-2-8所示。如果所有光线都被吸收，人眼就看不到任何光线，这时我们所看到的物体的颜色就是黑色的，如图27-2-9所示。

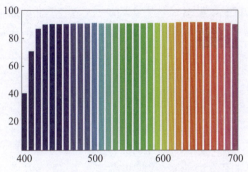

图27-2-8　白色几乎反射所有光能

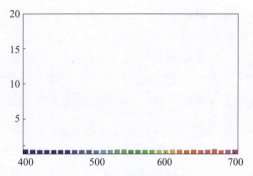

图27-2-9　黑色吸收所有光能

当光入射到透明或半透明材料的表面时，一部分被反射，一部分被吸收，还有一部分可以透射过去。透射是入射光经过折射穿过物体后的出射现象。被透射的物体为透明体或半透明体，如玻璃、滤色片等。

二、颜色的类型

1. 原色

原色又称为基色，即不能由其他颜色调和出来的颜色。根据自然界中各种颜色形成的原理不同，原色可以分成色光的三原色和颜料的三原色。

（1）色光三原色

白光分解后得到的红色、绿色、蓝色单色光以不同比例混合后，几乎可以得到自然界中的一切色光，而这三种色光不能由另外的色光混合出来。由此，人们将红、绿、蓝称为色光三原色，如图27-2-10所示。

利用色光三原色混合而得到的颜色，明度会随色光混合量的增加而增强，混合色的总明度等于相混合各色光的总和，因此称为加色混合。加色混合主要应用于人造光媒体、电子媒体及数字媒体等色彩设计，如舞台、显示屏、多媒体呈现的颜色。

图27-2-10　色光三原色混合

（2）颜料三原色

从颜料混合实验中人们发现，由红、黄、蓝三种颜料以不同比例相混合，可以调配出大部分物体的颜色，而这三种颜色却不能用其他颜料混合而成。因此，人们将红、黄、蓝三色称为颜料的三原色，如图27-2-11所示。

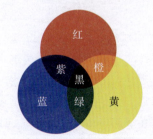

图27-2-11　颜料三原色混合

颜料和光是截然不同的物质，颜料混合后的色彩明度低于原来各色的明度，混合色越多，被吸收的光线越多，就越接近黑色，所以颜料的混合与色光的混合截然不同，人们把颜料的混合称为减色混合。减色混合是涂料颜色调配的理论基础，本书后面的理论都是基于减色混合原理进行讨论。

2. 间色

两种原色混合出来的颜色即为间色，也称次级色，如图 27-2-12 所示。如两种原色等比例混合就可以得到：红色 + 黄色 = 橙色，黄色 + 蓝色 = 绿色，蓝色 + 红色 = 紫色。在调配时，如果某种色漆的含量多，则混合成的颜色就偏向含量多的原色。例如，红与黄混合时，红多黄少得到橙红色，红少黄多得到橙黄色；黄与蓝混合时，黄多蓝少得到黄绿色，黄少蓝多得到蓝绿色；蓝与红混合时，蓝多红少得到蓝紫色，蓝少红多得到紫红色。

3. 复色

用原色与间色或用间色与间色相混合而成的颜色称为复色，也称三级色，如图 27-2-13 所示。复色也可以说是由红、黄、蓝三原色按不同比例混合而得到的颜色。黑色可以看成是复色的一个特例，是红、黄、蓝三原色等量混合得到的颜色。

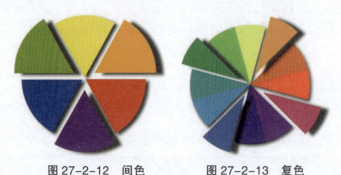

图 27-2-12　间色　　　　图 27-2-13　复色

4. 消色

调色时加入非彩色中的白色、黑色或灰色可明显降低颜色的彩度，使原色色相减弱、改变，甚至消失，如向紫色中加入等量的黑色，则紫色的色相就会完全消失而变为黑色。因此将白色、黑色或灰色称为消色。在原色、间色或复色中加入一定量的白色，可调配出粉红、肉色、淡紫等；加入黑色，则可调配出棕色、灰色、褐色等。在调色过程中，合理地使用消色，可以对颜色的色相、明度、彩度起校正与调节的作用。

5. 互补色

在色相环上，对角的两个颜色混合会变灰色或黑色，所以称为互补色，如图 27-2-14 所示。例如，红色与绿色互补，蓝色与橙色互补，紫色与黄色互补。在调色时应尽量避免使用互补色，但有时为了抵消某个太强的颜色，降低其颜色的鲜艳度，可以加入该颜色的互补色。加入互补色可以快速降低颜色的彩度，但不能添加过量，以防混合色过于浑浊而导致调色失败。

图 27-2-14　互补色

三、颜色的属性

尽管颜色有很多,但纵观所有颜色,都有三个共同点,即一定的色彩相貌、一定的明亮程度和一定的浓淡程度,我们把颜色的这三个共同点叫颜色的三个属性或特性,分别称为色相、明度和彩度。物体颜色的三个属性可以用仪器测定或目测来比较评定,它是颜色分类和说明颜色变化规律最简练、最易接受的一种方法。

1. 色相

色相也叫色调,即色彩的相貌。它是色彩最基本的特征,是不同颜色之间相互区分最明显的特征。它能够比较确切地表示某种颜色类别的名称,如红、橙、黄、绿、青、蓝、紫,每一个名称都代表一类具体的色相。紫红、红、红黄等都是红色类中各个不同的色相,这三种颜色之间的差别就属于色相与色相的差别。

由不同色相按一定规律组成的环形图称为色相环(图27-2-15)。在排除明度和彩度的情况下,可以认为每个颜色都能在色相环中找到相应的位置。

2. 明度

明度也称为亮度、深浅度或黑白度等。明度是表示一个物体反射光线多少的颜色属性,是人们所看到的颜色引起的视觉上明暗程度的感觉。同一色相可以有不同的明度,它们之间的差别主要是明度之间的差别,也就是颜色亮、暗之间的差别,如图27-2-16所示。不同色相也可以有不同的明度,例如,在太阳光谱中,紫色明度最低,红色和绿色明度中等,黄色明度最高,所以人们感到黄色最亮。

图27-2-15　色相环

3. 彩度

彩度又称饱和度,是表示颜色是否饱和纯净的一种特征。一种颜色看起来是苍白无光还是显眼强烈,主要取决于这个颜色的彩度大小。彩度指的是一种颜色接近灰色调或纯色调的程度,物体反射出的光线的单色性越强,物体颜色的彩度值越高,如图27-2-17所示。掺入白光成分越多,就越不饱和。当掺入的白光比例大到足以掩盖其余光线时,看到的就不再是彩色的而是白色的,所以白色、灰色、黑色等无彩色颜色的饱和度最低。饱和度取决于物体表面对光的反射选择性程度,若对某一很窄波段光有很高的反射率,而对其余波长的光反射率低,则说明颜色的饱和度很高。

图27-2-16　同色明度变化

图27-2-17　彩度的变化

四、孟塞尔颜色体系

为了便于直观地理解颜色三属性的内在关系,人们先后设计了不同的空间几何模型来加以表示，其中，孟塞尔体系是各行业最早使用的颜色体系。

五、色母挂图

色母挂图是涂料厂家为帮助调色提供的一种颜色资料，不同涂料厂家制作的挂图样式不同，但一般都包括色轮图、色母表、调色指南等。如图 27-2-18 所示为某品牌色母挂图。

1. 色轮图

色母挂图上的色轮图是按照色母颜色的三个属性，在色轮图上进行颜色定位后形成的简单图示，如图 27-2-19 所示。通过查看色母在色轮图上的位置，可以看出这个色母的主色调、颜色偏向、彩度等信息。如果对比两个不同位置的色母，可以判断出这两个色母在色相、彩度及明度上的大致差异。例如，图 27-2-19 所示的 A105 和 A177 两个色母所在位置，我们可以看出 A105 主色调是黄色，色相偏橙，彩度较浑浊；A177 色母主色调也是黄色，但色相偏绿，彩度较鲜艳。

图 27-2-18　色母挂图

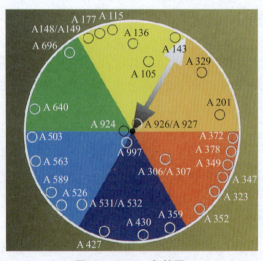

图 27-2-19　色轮图

2. 色母表

色母表是把常用的色母（包括素色色母、金属色母、珍珠色母等）按一定规律设计后的展示（图 27-2-20），一般包括色母编号、混合了不同比例其他色母的说明、色母象形图等内容。通过此表，调色人员可以直观地看到色母本身的颜色，看到混合了银粉色母或其他色母后颜色变化的效果，看到每个色母的主色调、颜色偏向、正侧面颜色偏向、颗粒度大小、彩度等信息。

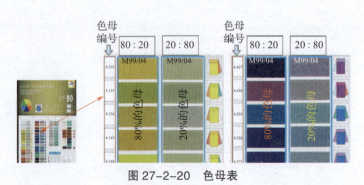

图 27-2-20　色母表

3. 调色指南

调色指南是针对不同颜色调整给的调色建议，如图 27-2-21 所示。调色指南可以帮助我们快速选择微调色母，例如，要将紫色调整得更蓝一些，可以添加 A531 或 A589 色母。

颜色组别	更紫	更蓝	更绿	更黄	更橙	更红	更深
紫色		A 531 A 589	A 531 A 589			A 352 A 359	A 427 A 430	A 359 A 430
银色	A 427	A 359	A 503 A 531 A 563 A 589	A 503 A 531 A 563 A 589	A 696	A 640	A 136 A 335	A 105 A 148 A 329	A 372	A 201	A 347 A 378 A 352	A 306 A 347 A 378 A 352	A 926 A 997	A 926 A 997
蓝色	A 427 A 430	A 359 A 430		A 696	A 640	A 136 A 329	A 105 A 148 A 329		A 347	A 306 A 347	A 503 A 531 A 563 A 589	A 503 A 531 A 563 A 589
绿色		A 503 A 563 A 589	A 503 A 563 A 589		A 136 A 143 M 115	A 105 A 143 A 148 A 115	A 329	A 306 A 329		A 696	A 640
黄色			A 696 A 115	A 640 A 115		A 372	A 201	A 372	A 306 A 323	A 136 A 143	A 143
橙色				A 136 A 143	A 105 A 143		A 347 A 378 A 352	A 323 A 347 A 378 A 352	A 372	A 201 A 306
酒红色			A 696	A 640	A 136 A 143 A 329	A 105 A 143 A 329 A 148	A 372	A 201 A 306	A 347	A 323 A 347	A 926 A 997	A 926 A 997
红色	A 430	A 359 A 430			A 136 A 143 A 329	A 105 A 143 A 329	A 378 A 372	A 201 A 378		A 347 A 352	A 347 A 352

图 27-2-21　调色指南

任务实施

素色漆的调色相对简单，它是练习调色的基础。金属漆调色相对复杂，微调时不仅要考虑颜色的正面色相、明度和彩度，还要比较侧面的颜色效果，在施工时很多因素也会导致颜色差异。目前汽车上使用的金属漆颜色较多，所以金属漆调色非常重要。下面以某品牌水性漆色母为例来说明金属漆的调色操作步骤。

1. 计量调色

1）根据查询出的初始配方中每个色母的单独量，利用电子秤，依次准确地加入搅拌均匀的色母（图 27-2-22）。倾倒色母时，应根据色母需求量小心倾倒，避免倒入过多造成不必要的浪费。

2）利用搅拌尺充分搅匀所有色母，直到涂料颜色一致，调漆杯杯壁上无杂色为止。

图 27-2-22　计量调色

2. 喷涂样板

1）倒出 50g 底色漆，按比例加入稀释剂，并搅拌均匀，同时按技术说明调配好清漆。

然后将调配好的底色漆、清漆过滤到合适型号的喷枪里面。

2）将试色样板清洁除油干净后，按规范要求喷涂底色漆和清漆，形成配方板（图27-2-23）。

3）将配方板置于烤箱烤干。注意防止起泡、起痱子，否则影响颜色的辨别。

3. 比对颜色

1）将配方板与车身表面颜色进行比对（图27-2-24）。比对时选择需要喷涂部位相邻的板件，清洁干净后进行仔细比对。

2）判断配方板与车身的颜色差异。如果颜色差异在可以直接喷涂或过渡喷涂的范围内，说明此次选择的配方较准确，可不用微调；配方板与车身比对后，发现有轻微色差，需要进行微调。

图27-2-23 喷涂样板

喷涂样板、比对颜色

图27-2-24 比对颜色

颜色微调、最终配方确认

4. 微调颜色

1）分析配方及色母。根据配方，查询色母颜色名称及色母特性，进行初步分析，排除掉加入后与颜色差异相悖的色母；再通过查看色母挂图及色母本身的颜色，对剩下的色母进行逐步分析，找出所缺颜色色母。

2）添加所缺色母。

3）喷涂样板并烤干。将添加了微调色母的底色漆按比例添加稀释剂，搅拌均匀后喷涂出1号试色板，然后烤干。

4）颜色比对分析。将配方板、1号试色板同时与车身颜色进行比对，判断1号试色板是否比配方板更接近车身颜色。

5）添加色母及喷涂样板。根据1号试色板与配方板、车身的颜色差异，结合色母特性，配方中的比例和涂料本身的颜色深浅等，第二次微调时，可以参考第一次微调的结果。

6）反复颜色比对及微调。重复颜色微调过程，直到最后喷涂的试色板与车身颜色很接近，达到可以直接喷涂或过渡喷涂为止。

5. 记录色母的添加量，形成最终配方，并将颜色信息保存

颜色保存信息包括车辆基本信息、颜色名称、颜色编号、配方数据、喷枪型号、喷涂道数和气压、配方日期、制作人姓名等，如图27-2-25所示。

图27-2-25 最终配方及信息保存

项目二十八　面漆喷涂

项目描述

对左前翼子板及前保险杠发生剐蹭的大众速腾轿车完成颜色调配并确定好颜色配方后，接下来要进行面漆喷涂。面漆喷涂是技术性要求很高的工作，在喷涂面漆时，要按照所采用的汽车修补漆供应商提出的施工要求，严格地控制涂装条件及工艺。

任务一　溶剂型底色漆喷涂

知识链接

一、面漆功用及性能要求

1. 面漆功用

面漆涂层是指涂于工件最外层的漆膜，是涂层组合中唯一可见的部分，起着装饰、标示和保护底材的作用。它直接与各种气候条件（如雨、雪、阳光、寒冷、酷暑等）及有害物质（如酸、碱、盐、二氧化碳、硫化氢等）接触，是阻挡这些物质侵蚀的第一道防线，并配合底漆起到对底材的保护作用。

2. 面漆性能要求

1）耐候性是面漆的一项重要指标，要求面漆在极端温变、湿变、风雪雨雹的气候条件下，不变色、不失光、不起泡、不开裂。

2）面漆涂装后的外观更重要，要求漆膜外观丰满，无橘皮，流平性好，鲜映性好，从而使汽车车身具有高质量的外观。

3）面漆还应具有足够的硬度、抗石击性、耐化学性、耐污性和防腐性等性能，使汽车外观在各种条件下保持不变。

二、面漆类型

根据施工工序的不同，面漆分为三类：单工序面漆、双工序面漆和三工序面漆。

1. 单工序面漆

喷涂同一种涂料即形成完整的面漆涂层的喷涂系统，称为单工序面漆（图28-1-1）。单工序面漆通常只用于素色漆施工。素色漆是最常见的一种油漆，而且属于最基础的车漆，它的合成材质包括树脂、颜料和添加剂，其颜料为普通颜料，如图28-1-2所示。素色漆喷涂并干燥后，它的漆膜具有较高的光泽和硬度、较佳的耐化学介质性能和耐候性，所以在上面不需要喷涂清漆层。

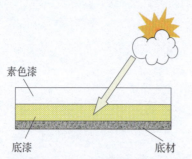

图 28-1-1　单工序面漆　　　　图 28-1-2　素色漆颜料

2. 双工序面漆

喷涂两种不同的涂料才能形成完整面漆涂层的喷涂系统，称为双工序面漆（图 28-1-3）。双工序面漆通常是先喷涂底色漆，然后再喷罩光清漆，两种涂层结合在一起才能形成有质量保证的完整的面漆层。双工序面漆多用于素色漆、银粉漆及珍珠漆。

3. 三工序面漆

先喷一层底色漆，然后喷一层珍珠漆，最后喷罩光清漆，三个涂层结合才能形成完整的面漆层，称为三工序面漆（图 28-1-4）。在喷涂珍珠漆时，三工序面漆系统是最常用的。

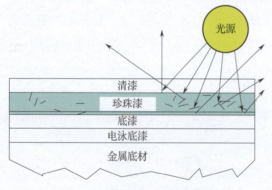
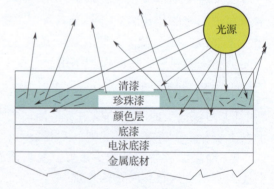

图 28-1-3　双工序面漆　　　　图 28-1-4　三工序面漆

三、溶剂型底色漆基础知识

下面以鹦鹉 55 系列溶剂型底色漆为例，介绍溶剂型底色漆的基础知识。

1. 溶剂型底色漆配方组成

溶剂型底色漆混合配方包括 20% 的稀释剂（352-91）和 80% 的色母，如图 28-1-5 所示。55 系列底色漆色母都是溶剂型产品，对霜冻不敏感，如图 28-1-6a 所示。运输或存储这些色母无需特别防范措施和特殊容器，色母的保质期为 60 个月。

2. 溶剂型底色漆色母混合

底色漆色母混合时要采用透明调漆罐，保证各色母的混合均匀程度清晰可见。粘到罐壁上的色母必须搅匀入漆，这样才能保证所调颜色的

图 28-1-5　底色漆配方组成

准确性。

为确保底色漆彻底混合均匀，称量时应将稀释剂（352-91）第一个加入，如图 28-1-6b 所示。调配时，一定要在称量完最后一个产品后，立刻搅拌均匀。这种状态的底色漆可保存 12 个月。

3. 溶剂型底色漆黏度调整

底色漆色母混合完成后，要达到可施工状态需按 2∶1 比例加入稀释剂进行黏度调整。黏度调整使用不透明的垂直罐，可利用比例尺进行添加。也可采用带刻度专用透明调漆杯，按杯壁上的刻度进行添加，如图 28-1-7 所示。搅拌充分，调整好黏度的底色漆可保存 48h。

黏度调整注意事项如下：

1）调配 55 系列底色漆时，只使用鹦鹉调漆尺及认可的调漆罐，以 2∶1 的比例添加稀释剂（图 28-1-8）。

2）按照调漆尺刻度比例调配油漆才能确保喷涂黏度、完美的喷涂性能和颜色匹配性。

3）调漆尺必须保持清洁、刻度清晰。

任务实施

本喷涂操作以鹦鹉 55 系列底色漆为例，介绍溶剂型底色漆喷涂操作步骤。55 系列底色漆技术说明书如图 28-1-9 所示。

a）色母　　　　　　b）稀释剂

图 28-1-6　色母和稀释剂

图 28-1-7　调漆杯

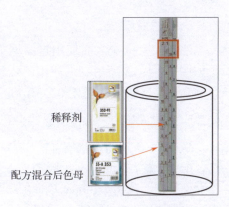

图 28-1-8　底色漆黏度调整

修补涂装工艺系统	锐丽-经典系统	
VOC（可施工油漆）	>420g/L	可喷涂面积：115m²/L（膜厚1μm）
混合比例	2∶1 100%体积分数55系列 金属色/纯色	
稀释剂	50%体积分数352-50/-91/-216	
喷涂黏度 DIN 4，20℃	大约18~22s	活化时间20℃： 可施工油漆为48h
重力枪罐 喷涂气压	HVLP喷枪：1.3mm 2.0~3.0bar/0.7bar 风帽气压	兼容喷枪： 1.3~1.4mm 2bar
喷涂层数	2（喷涂到遮盖）+ 1/2效果层	膜厚：大约15~20μm
闪干时间　　20℃	大约10min，闪干至哑光	

图 28-1-9　技术说明书

1. 穿戴好安全防护用品

施工人员在操作前应穿戴好安全防护用品。

2. 底色漆色母混合

根据确定好的颜色配方（图 28-1-10），按照维修部位所需油漆量，依次添加色母（图 28-1-11），添加完成后进行搅拌，确保将色母混合均匀。

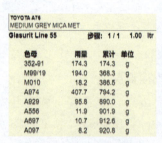
图 28-1-10　颜色配方

图 28-1-11　添加色母

3. 底色漆黏度调整

将混合好的底色漆，按照 2：1 比例加入稀释剂进行黏度调整（图 28-1-12）。严格按照产品技术说明书要求，根据喷涂板件大小、烤房温度和湿度要求选用稀释剂类型，在喷涂前要充分搅拌均匀。

4. 底色漆过滤

油漆加入枪壶之前使用过滤网进行过滤如图 28-1-13 所示。应使用乙烯材料的标准筛网，网眼尺寸为 190~230μm。

图 28-1-12　黏度调整

图 28-1-13　油漆过滤

5. 调试喷枪

喷涂 55 系列底色漆建议使用 HVLP 喷枪，配置 1.2~1.3mm 口径的喷嘴，若采用兼容喷枪，则配置 1.2~1.4mm 口径的喷嘴。本次喷涂选用 1.3mm HVLP 喷枪进行施工，施工前，将喷枪出漆量调至最大，喷幅扇面全开，气压调至 2bar，如图 28-1-14 所示。

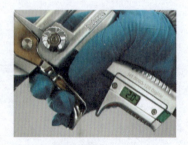
图 28-1-14　调试喷枪

6. 喷涂底色漆

底色漆的品牌不同，施工方法也不同，但大体上喷涂 2~3 遍即可达到预期效果。对于鹦鹉 55 系列底色漆喷涂，需喷涂三层，层间需进行闪干。

（1）第一层涂层

第一层涂层一般按 50%~70% 的遮盖力程度进行喷涂，喷枪距离 10~15cm，喷幅重叠 3/4（图 28-1-15）。这一层不能喷涂太湿，以保证最少的闪干时间、最少的产品消耗。闪干后（漆膜表面均匀无光泽），再喷涂第二层底色漆。

（2）第二层涂层

第二层喷涂层应为均匀连贯的湿喷 (100%)，喷枪距离 10~15cm，喷幅重叠 3/4（图 28-1-16）。闪干后（漆膜表面均匀无光泽），再喷涂第三层底色漆。

图 28-1-15　第一层涂层喷涂

（3）第三层涂层（效果层）

第三层涂层为匹配颜色和效果的涂层，如图 28-1-17 所示。第二涂层闪干后（漆膜表面均匀无光泽），喷涂最后一道涂层（效果层），喷涂时加大喷枪和板件间距为 25~30cm，喷幅重叠 3/4。闪干 2~3min 后，喷涂清漆。

图 28-1-16　第二层涂层喷涂

图 28-1-17　第三层涂层喷涂

任务二　水性底色漆喷涂

知识链接

本任务以鹦鹉 90 系列水性底色漆为例，介绍水性底色漆喷涂知识。

一、底色漆配方组成

混合配方中包含 70% 的 M4 树脂和 30% 的色母，使用 1L 90 系列色母可调配大约 5L 可施工底色漆，如图 28-2-1、图 28-2-2 所示。

90 系列底色漆色母有以下特点：

1）色母对霜冻不敏感。

2）色母的保质期为 5 年。

3）色母中颜料浓度是常规修补漆浓度的 3~4 倍。

4）调色干湿差异小，便于比对微调。

图 28-2-1　配方组成　　图 28-2-2　底色漆色母

二、90 系列底色漆相关配套产品

1. 90-M4 水性调和树脂

90-M4 水性调和树脂是配方首选产品，对成膜质量的好坏起决定作用，具有确保底色漆层与底材的附着力、硬度、弹性和其他防护特性（图 28-2-3）。90-M4 对霜冻敏感，保质期 12 个月。称量时应始终将其第一个加入，既可避免色母沾到罐壁上，又容易搅拌均匀。

2. 90-E3 水性调整剂

90-E3 水性调整剂用于控制 90- 系列底色漆的黏度和喷涂性能（图 28-2-4）。90-M4

和 93-E3 必须储存于无霜冻的环境，最低储存温度不低于 5℃。

3. 清洁剂

1）700-10 脱脂清洁剂（图 28-2-5）：可用于清洁表面残留的硅、油脂；清除塑料表面的脱膜剂。在喷涂 90 水性底色漆前，必须用 700-1 清洁剂再度清洁。

2）700-1 水性清洁剂（图 28-2-6）：专用于水性漆喷涂前最后的清洁工作，如 90 系列底色漆或水性中涂底漆喷涂前清洁用。它具有防静电效果，可减少漆膜吸附灰尘，喷涂塑料件时作用更明显。

图 28-2-3　90-M4 水性调和树脂　　图 28-2-4　93-E3 水性调整剂

4. 90-M50 驳口清漆

90-M50 驳口清漆是水性漆专用驳口清漆（图 28-2-7），与 93-E3 调整剂的调配比例是 2:1，用于颜色过渡工艺。

图 28-2-5　脱脂清洁剂　　图 28-2-6　水性清洁剂　　图 28-2-7　驳口清漆

三、90 系列水性底色漆调配

1. 色母混合

进行 90 系列水性底色漆色母混合，可选用塑料罐（图 28-2-8）或内壁有涂层的金属罐（图 28-2-9）调配油漆。用透明调漆罐调漆，各色母的混合均匀程度清晰可见。如果采用普通铁罐，90 列底色漆中所含的水分会腐蚀罐体。

图 28-2-8　塑料调漆罐　　图 28-2-9　带涂层的金属调漆罐

加完所有配方成分后，粘到罐壁上的色母必须均匀搅拌入漆，这样才能保证所调颜色的准确性。

进行色母混合需要注意以下几点:
1) 为了确保调色的精确性, 新色母上搅拌架之前用调漆尺先将罐内油漆搅匀。
2) 调配时, 一定要在称量完最后一个产品后, 立刻搅拌均匀。
3) 配方调配的底色漆可密封保存 6 个月。

2. 喷涂黏度调整

90 系列水性底色漆要达到可施工要求, 需要通过加入水性调整剂按比例进行稀释。进行黏度调整应使用不透明的垂直罐, 可利用比例尺进行添加, 也可采用带刻度专用透明调漆杯, 按杯壁上的刻度进行添加, 如图 28-2-10 所示。

进行黏度调整要注意以下几点:
1) 调配 90 系列底色漆时, 只使用鹦鹉调漆尺及认可的调漆罐, 以 2:1 的比例添加 93-E3 水性调整剂。
2) 按照调漆尺刻度比例调配油漆才能确保喷涂黏度及完美的喷涂性能和颜色匹配性。
3) 调漆尺必须保持清洁、刻度清晰。

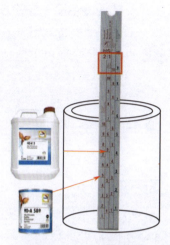

图 28-2-10 黏度调整

3. 油漆过滤器

过滤 90 系列底色漆最好使用涂有防水胶的塑料网格状过滤器 (图 28-2-11)。因为 90 系列底色漆中所含的水分会使棉质纤维漏斗膨胀, 阻碍流出, 而且胶水应防水, 否则网格会从纸上剥落, 妨碍正常过滤。

90 系列产品不适用直接安装在喷枪上的内置过滤网, 应使用乙烯材料的标准筛网, 网眼尺寸为 190~230μm。特别细密的筛网尺寸会使 90 系列底色漆不能按照所需流速流动。

图 28-2-11 油漆过滤器

四、90 系列水性底色漆闪干

为缩短喷涂过程时间, 必须加速底色漆的挥发。特别是在进行全车重新喷漆时, 可将烤漆房加热 10min, 使烤漆房内温度达到 45℃左右, 同时结合使用文丘里吹风筒, 这样可以非常高效地完成喷涂施工。

1. 文丘里吹风筒工作原理

文丘里吹风筒是加速 90 系列底色漆闪干的最有效工具, 它的作用就像是压缩空气驱动的空气放大器。文丘里吹风筒由压缩空气驱动并将周围空气大量吸入, 在管内旋转前进并吹出, 吹出的压缩空气体积是原压缩空气流量的 10 倍, 如图 28-2-12 所示。

图 28-2-12 文丘里吹风筒工作原理

2. 文丘里吹风筒的使用方法

文丘里吹风筒操作简单, 但是必须遵守推荐的操作方法, 以达到最高效率。使用时必须按制造商推荐的压力进行设置, 位置必须摆放正确以提高闪干效率。放置文丘里吹风筒支架时，应使吹出的空气与烤漆房内空气流动方向一致，如图 28-2-13 所示。吹风筒与被喷涂板件的入射角必须为 45°，这样才能覆盖整个喷涂表面，距离建议控制在 30~80cm 之间。

3. 加速底色漆干燥的方法

为缩短喷涂过程时间，必须加速底色漆的挥发。加速底色漆的挥发可采取以下两种方法：

1）以不超过 80℃ 的红外线加热。
2）烤漆房升温至 45℃。

图 28-2-13　文丘里吹风筒放置

⚠ **注意事项**　使用这两种方法干燥后，继续下一道喷涂前，需要先冷却车身表面。

任务实施

底色漆调配、黏度调整

90 系列水性底色漆喷涂操作要严格按照产品技术说明书要求进行，这样才能获得最佳的喷涂效果。90 系列水性底色漆喷涂技术标准如图 28-2-14 所示。

	修补涂装工艺系统	锐丽-水性系统	
			可喷涂面积：130m²/L（膜厚1μm）
	混合比例	2∶1 100%体积比90系列金属色/纯色（按配方调配）	
	稀释剂	50%体积比93-E3调整剂 （加入调整剂后，应立即混合均匀） *如果选用慢干90-M4，必须配合使用慢干93-E3	
	喷涂黏度 DIN 4，20℃	大约18~24s	
	重力枪罐 喷涂气压	HVLP喷枪：1.3mm 2.0~3.0bar/0.7bar 风帽气压	兼容喷枪： 1.3~1.4mm 2bar
	喷涂层数	2（遮盖喷涂）+ 1/2匹配正确的效果	膜厚：10~15μm
	闪干时间　　　20℃	喷涂每个涂层后，闪干大约5min	
	层间闪干　　　20℃ 可用吹风枪吹干	喷涂每个涂层后，闪干至表面哑光	
	打磨	干磨去除尘点，再用渐淡法雾喷表面	

图 28-2-14　90 系列水性底色漆技术说明书

1. 穿戴好安全防护用品

施工人员在操作前应穿戴好安全防护用品。

2. 底色漆色母混合

根据确定好的颜色配方（图 28-2-15），按照维修部位所需油漆量，依次添加色母（图 28-2-16），添加完成后进行搅拌，确保将色母混合均匀，如图 28-2-17 所示。

图 28-2-15 颜色配方

图 28-2-16 添加色母

图 28-2-17 色母混合

3. 底色漆黏度调整

将混合好的底色漆,按照 2:1 比例加入 93-E3 水性调整剂进行黏度调整,在喷涂前要充分搅拌均匀,如图 28-2-18 所示。

4. 底色漆过滤

油漆加入枪壶之前使用过滤网进行过滤(图 28-2-19),使用乙烯材料的标准筛网,网眼尺寸为 190~230μm。

图 28-2-18 黏度调整

图 28-2-19 油漆过滤

5. 调试喷枪

喷涂 90 系列底色漆建议使用 HVLP 喷枪,配置 1.2~1.3mm 口径的喷嘴,若采用兼容喷枪,则配置 1.2~1.4mm 口径的喷嘴。本次喷涂选用 1.3mm HVLP 喷枪进行施工,施工前,将喷枪出漆量调至最大,喷幅扇面全开,气压调至 2bar,如图 28-2-20 所示。

6. 施工前清洁

喷涂水性底色漆前,应先用水性底色漆清洁剂 700-1 清洁板件,如图 28-2-21 所示。

图 28-2-20 调试喷枪

图 28-2-21 施工前清洁

7. 喷涂底色漆

底色漆的品牌不同,施工方法也不同,但大体上喷涂 2~3 遍即可达到预期效果。对于鹦鹉 90 系列底色漆喷涂,需喷涂三层,前两涂层层间需通过文丘里吹风筒进行闪干。

（1）第一层涂层

第一层涂层一般按 50%~70% 的遮盖力程度进行喷涂，喷枪距离 10~15cm，喷幅重叠 3/4（图 28-2-22）。这一层不能喷涂太湿，以保证最少的闪干时间和最少的产品消耗。用文丘里式吹风筒使涂层闪干直至哑光，闪干后（漆膜表面均匀无光泽），再喷涂第二层底色漆。

底色漆第一层喷涂及闪干

底色漆第二层喷涂及闪干

（2）第二层涂层

第二层喷涂层应为均匀连贯的湿喷(100%)，喷枪距离 10~15cm，喷幅重叠 3/4（图 28-2-23）。用文丘里式吹风筒使涂层闪干至哑光（漆膜表面均匀无光泽）。

图 28-2-22　第一层涂层喷涂及闪干

图 28-2-23　第二层涂层喷涂及闪干

（3）第三层涂层（效果层）

第三层涂层为匹配颜色和效果的涂层。第二涂层闪干后（漆膜表面均匀无光泽），喷涂最后一道涂层（效果层）涂时加大喷枪和板件间距为 25~30cm，喷幅重叠 3/4；闪干 2~3min 后，喷涂清漆，如图 28-2-24 所示。

图 28-2-24　第三层涂层喷涂

底色漆第三层喷涂

任务三　清漆喷涂

知识链接

一、清漆的性能

清漆是由树脂作为主要成膜物质，与溶剂、助剂混合后的透明涂料，用于保护底色漆。它具有抗氧化、抗紫外线的功能，并能提高漆面的光泽度，使车辆显现出艳丽的光泽，见表 28-3-1。

表 28-3-1　清漆涂层功用

清漆涂层功用	
防锈蚀	
附着力	●
石击防护	
弹性	●

(续)

清漆涂层功用	
耐潮性	●
流动性（平滑度）	●
颜色	
光泽度	●
硬度	●
抗紫外线	●
耐刮擦性	●
耐酸性	●
化学稳定性	●
耐溶剂性	●

二、常用清漆产品

常用清漆类型有中固型清漆、高固型清漆、抗划伤型清漆等，下面以鹦鹉清漆为例介绍其常用产品。

1. 多功能抗划伤清漆 VOC 923-335（图 28-3-1）

1）应用：90 底色漆/清漆修补系统的 HS 清漆。

2）特性：高固体分含量，喷涂安全性，优秀的流动性和流平效果，具有高品质修补漆的优异外观效果；快干，表面硬度好，抛光性能和抗胶带性优良。

3）要求：依照环境温度和喷涂物件的大小不同来选择正确的固化剂和稀释剂。

2. 鹦鹉 HS 清漆 VOC 923-666（图 28-3-2）

1）应用：用于底色漆/清漆修补系统的聚氨酯清漆。

2）特性：高固含清漆，适用于各种修补。

3）要求：配套使用鹦鹉 929-666 固化剂。

图 28-3-1　抗划伤清漆　　图 28-3-2　高固清漆

3. 清漆固化剂稀释剂选用

清漆/固化剂组合的选用原则如图 28-3-3 所示。

		929-31	929-33	929-34	929-666
清漆	923-666 鹦鹉® 清漆，VOC				●
	923-335 鹦鹉® HS VOC多功能清漆	●	●	●	

□ 不适用

● 适用的面漆或清漆/固化剂组合

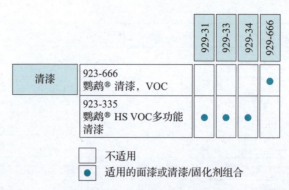

图 28-3-3 清漆 / 固化剂组合

清漆固化剂和稀释剂的选用，需根据喷涂板件的大小以及施工环境的温度确定，具体选用情况见表 28-3-2。

表 28-3-2 清漆固化剂和稀释剂的选用

维修条件	固化剂	稀释剂
单个板件	929-31	352-91
2~3 块板件直到整个侧面	929-33	352-91/352-216
大面积或高温环境	929-33/34	352-91/352-216

任务实施

清漆喷涂操作要严格按照产品技术说明书要求进行，这样才能获得最佳的喷涂效果和使用性能，下面以 923-335 清漆为例进行清漆喷涂作业。923-335 清漆产品技术说明书如图 28-3-4 所示。

混合比例	2：1+10% 100%体积分数923-335	
固化剂	50%体积分数929-33/929-31/929-34	
稀释剂	10%体积分数352-91/352-216	
喷涂黏度 DIN 4，20℃	20~22s	活化时间：20℃ 2h
重力枪罐 喷涂气压	HVLP喷枪：1.3mm 2.0~3.0bar/0.7bar 风帽气压	兼容喷枪： 1.3~1.4mm 2bar
喷涂层数	2	膜厚：40~60μm
	1/2+1 垂直表面（无须层间闪干）	膜厚：大约50μm
闪干时间 20℃	层间闪干3min	
干燥 20℃ 60℃	10h 30min	
红外线（短波） （中波）	8min 10~15min	

图 28-3-4 923-335 清漆产品技术说明书

操作步骤：

1. 穿戴好安全防护用品
施工人员在操作前应穿戴好安全防护用品。

2. 清漆调配
根据施工板件，预估清漆使用量，按923-335清漆技术要求，调配清漆。根据技术说明书要求按照2:1+10%比例依次加入清漆、固化剂和稀释剂，并混合搅拌均匀，如图28-3-5所示。

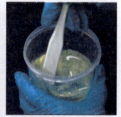

图28-3-5　清漆调配

3. 喷枪调试
喷涂清漆建议使用HVLP喷枪，配置1.3mm口径的喷嘴，若采用兼容喷枪，则配置1.2~1.4mm口径的喷嘴。本次喷涂选用1.3mm HVLP喷枪进行施工，施工前，将喷枪出漆量调至最大，喷幅扇面全开，气压调至2bar，如图28-3-6所示。

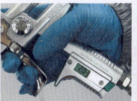

图28-3-6　喷枪调试

4. 清漆喷涂施工
清漆喷涂应喷涂2个涂层，也可根据需要连续喷涂1/2+1个涂层。923-335清漆施工连续喷涂1/2+1个涂层，对于垂直表面的喷涂层间无需闪干，喷涂时枪距10~15cm，重叠幅度3/4（图28-3-7）。水平表面喷涂，第一层闪干后再进行下一层喷涂。

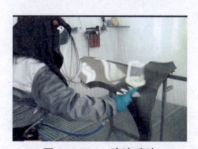

图28-3-7　清漆喷涂

5. 清漆干燥
清漆喷涂完成即可进行升温烘烤。干燥清漆可采用强制干燥和自然干燥两种方法。强制干燥可用烤房或烤灯烘烤，升温至60℃（金属表面温度），时间为30min。如果是热空气加热型烤房（图28-3-8），最好能将烘烤温度定在60~70℃。自然干燥是将喷涂好的车辆置于常温环境温里（20℃）干燥，一般需要8h才能干燥至可抛光的硬度。

清漆调配

图28-3-8　清漆干燥

清漆第一层喷涂

清漆第二层喷涂

项目二十九　喷涂缺陷处理

项目描述

对左前翼子板及前保险杠发生剐蹭的大众速腾轿车完成面漆喷涂并干燥后，发现喷涂表面产生了流挂缺陷。这种缺陷是由什么原因导致？如何避免类似缺陷再次发生？出现这种缺陷又该如何处理？对于涂装缺陷，在施工过程中难以避免，客户对于漆面效果和汽车修补涂装质量要求越来越高，技师及时处理喷涂缺陷是按时交车、提升客户满意度的先决条件。

任务一　漆膜缺陷分析处理

知识链接

一、典型涂装缺陷及分析

1. 流挂

1）定义：喷漆后在漆膜表面留有水珠状、雨滴状、大球体状或者水帘状的流痕叫做流挂，如图29-1-1所示。

2）形成原因：造成流挂的原因有很多，最常见的原因是技术不佳或操作不当。主要包括以下几种：调漆时用了太慢干的固化剂，稀释剂；黏度太低（太稀）；油漆或待喷漆板件的温度太低；喷涂太厚；喷漆太多层；闪干时间太短；喷涂时，喷枪太靠近板件；风帽/喷嘴口径太大；喷漆动作不流畅，时快时慢。

3）预防措施：确保正确选择和调配固化剂及稀释剂，以适合不同的环境温度和喷涂面积；喷枪必须确保干净；喷嘴和风帽的口径正确；喷涂必须连贯均匀，不走弧线，不犹豫停顿。

4）补救措施：当油漆完全固化后，用漆刨或水磨砂纸去除流痕；使用越细的砂纸，越不会对漆膜造成损伤，而且能减少抛光工作量；用抛光蜡抛光，再用高光泽蜡恢复光泽。

2. 橘皮

1）定义：油漆表面纹理差，类似橘皮纹，如图29-1-2所示。

图29-1-1　流挂　　　　　　　　图29-1-2　橘皮

2）形成原因：喷枪距离板件太远；喷涂气压太低；漆膜太薄；油漆黏度太高；对比喷涂环境及板件大小，选用了太快干的固化剂和／或稀释剂；喷嘴口径太小；层间闪干时间太长。

3）预防措施：喷涂时，喷枪与板件间距参照技术说明书的规定；喷涂气压参照技术说明书的规定；始终喷涂湿涂层；参照技术说明书的规定调整油漆的黏度；选择正确的固化剂和稀释剂；参照技术说明书的规定选择正确的喷枪风帽和喷嘴口径；确保足够的层间闪干时间。

4）补救措施：对于小缺陷，用P1200打磨表面，再抛光处理；对于较大缺陷，应打磨平整并重新喷涂。

3. 溶剂泡

1）定义：滞留在漆膜内的溶剂，气化形成的水泡状缺陷表面，如图29-1-3所示。

图29-1-3 溶剂泡

2）形成原因：涂层太厚；使用了太快干的固化剂和／或稀释剂；层间闪干时间太短；烘烤或红外线干燥前的闪干时间太长；红外线烤灯距离板件太近，导致表面温度过高；采用湿碰湿中涂产品时，层间闪干时间太短。

3）预防措施：按推荐膜厚喷涂；根据施工温度选择正确的固化剂和稀释剂；遵循推荐的闪干时间；使用红外线烘烤时，遵循推荐的间距和烘烤强度；遵循推荐的层间闪干时间与膜厚。

4）补救措施：必须将出现溶剂泡的表面打磨到完好涂层，如果溶剂泡未能完全清除，就会在新涂层施工完成后产生针孔；选择正确的底漆和面漆重新喷涂。

4. 失光

1）定义：漆膜表面无光泽或哑光，如图29-1-4所示。

2）形成原因：漆膜膨胀；涂层太厚；漆膜老化（因大气中二氧化硫／一氧化二氮和潮湿影响和／或严重紫外线辐射的综合作用的结果）；调漆时固化剂调配比例不正确；漆膜护理不良或不当；不正确的抛光（抛光过度或直接在阳光照射下抛光）；漆膜护理不良而老化；自动洗车刷太粗糙造成的磨损；洗车液太强效（如使用洗涤剂）；新修复的车辆过早接触不良

图29-1-4 失光

天气，涂层太厚或新涂层容易对低于露点的天气敏感；喷涂时和／或干燥时空气循环不足。

3）预防措施：确保喷涂正确的膜厚以及干燥温度和时间；确保定期进行漆面护理；确保按正确的调配比例调漆；定期检查烤漆房空气循环系统，必要时更换顶棉或地棉。

4）补救措施：尝试用抛光蜡抛光，然后用细抛光蜡再次抛光；如果按上述步骤无法恢复光泽，则须打磨失光区域后，重新喷涂失光区域。

5. 遮盖力差

1）定义：透过面漆可以看到底材，如旧漆层、底漆或中涂漆的修补区域，如图 29-1-5 所示。

2）形成原因：由于法规或颜色设计原因，有些密度高的颜料（如含铅颜料）的使用量受到限制，这就会造成遮盖力差。另外也有前处理和喷涂的原因，包括：底层颜色与面漆颜色不匹配；面漆的遮盖力差；面漆黏度太稀；面漆喷涂前未完全调匀；面漆层涂层太薄。

图 29-1-5 遮盖力差

3）预防措施：底层颜色需与面漆颜色匹配，特别是喷涂半透明的三工序珍珠漆；遮盖力不佳的颜色采用推荐的底层漆；按照技术说明书调配、稀释色漆；确保足够的漆膜厚度与层间闪干时间。

4）补救措施：干燥后，稍做打磨，再重新喷漆。

6. 起皱

1）定义：当新的涂膜施工后，基底涂层膨胀或凸起的现象，可能在施工时或干燥时出现，如图 29-1-6 所示。

2）形成原因：当使用双组分产品，进行湿对湿施工时，闪干时间过长（涂层处于胶状时，对其进行了重涂）；重涂溶剂敏感型涂层时，使用错误的修补材料或喷得太厚；作为封闭层的涂层不足够厚；底涂层未彻底干燥固化。

图 29-1-6 起皱

3）预防措施：始终遵循推荐的闪干时间；进行溶剂测试，使用正确的施工工艺、正确的漆膜厚度；遵守产品说明书中建议的漆膜厚度。

4）补救措施：打磨缺陷涂膜至正常的涂膜，用合适的底漆和面漆返工（如必要，可剥离缺陷涂膜至无问题的涂层）。

7. 发花

1）定义：斑纹状或条状的或明或暗的颜色缺陷，常见于金属漆漆面，如图 29-1-7 所示。

2）形成原因：喷涂不均匀；清漆施工前层间的闪干时间短；色漆层一次喷涂太厚或太薄。

3）预防措施：施工时，喷涂要均匀，重叠正确；清漆施工前或层间要遵守正确的闪干时间；按技术说明书建议，正确施工底色漆。

图 29-1-7 发花

4）补救措施：如果在底色漆喷涂时就出现了起云现象，可以在问题区域用正确的喷涂技法再喷涂补救；如果出现于清漆之后，只能待干燥固化后打磨，用正确的方法重涂。

二、常规漆膜质量检测

1. 膜厚

膜厚正确与否对于修补工作的质量和耐久性具有直接影响。喷涂太厚会导致漆膜表面开裂、增加漆面剥落、粉化、失光和/或产生溶剂泡的风险；喷涂太薄，可能导致漆膜成片剥落，表面凝结水分，并增加面漆剥落、分层、流平差、涂膜下陷以及由此导致的失光等风险。

漆膜厚度用膜厚仪测量，膜厚测量单位为微米（μm），如图 29-1-8 所示。

2. 遮盖力

遮盖力是指涂料均匀遮盖底材的能力。通常以标准的涂料黏度和漆膜厚度涂布于黑白格卡进行遮盖力测试，如图 29-1-9 所示。

图 29-1-8　漆膜厚度检测

图 29-1-9　黑白格

3. 附着力

附着力是漆层应该满足的另一重要性能，附着力极大程度上取决于底材类型，预处理和清洁过程也很重要。通过百格刀十字切割法测试，使用专用评估表评估产品的附着力，如图 29-1-10 所示。

图 29-1-10　附着力测试

4. 橘皮

橘皮可定义为"高光泽表面的波状结构"，即使是光泽度很高的涂膜，其外观也会受到表面波动度的影响，光泽的变化并不能控制波动的视觉效果，这种效应称为"橘皮"。车身油漆的橘皮可使涂层表面产生斑纹、未流平的视觉外观。可使用橘皮仪测量漆膜橘皮程度，如图 29-1-11 所示。

5. 光泽度

光泽度是评价高光漆和哑光漆涂层光泽质量或哑光程度的重要参数，是涂装质量的重要评价指标。可使用光泽仪测量漆层的光泽度，如图 29-1-12 所示。

图 29-1-11　橘皮测试

图 29-1-12　光泽仪

任务实施

本任务以流挂缺陷为例,介绍漆膜缺陷分析处理的操作步骤。

1. 判断漆膜缺陷类型

仔细观察漆膜表面,缺陷形式为板件的漆面上出现类似水珠状、水滴状、大面积水珠状、水幕状的流痕,由此判断该漆膜缺陷为流挂缺陷。

2. 漆膜缺陷产生原因分析

连续喷涂过厚过湿是流挂的最常见的原因,此外还有:施工场所温度过低,稀料挥发太慢;层间闪干时间太短;喷枪离漆膜过于接近,风速造成湿漆膜的流淌;稀释比例不当,过多的稀料使涂料黏度太低,降低了抗流挂的能力。产生流挂的最根本原因:一是湿膜膜厚过厚;二是施工黏度偏低,但膜厚比黏度影响更大。

3. 漆膜缺陷防治方法

根据漆膜缺陷产生的原因,在喷涂操作过程中可以通过以下几个方面入手进行防治:
1)留有足够的层间闪干时间。
2)冬天施工时,适当减少稀料用量,适当延长层间闪干时间。
3)学习并采用正确的喷漆技术。
4)采用适合的涂料,并按比例使用。
5)正确选择和调配固化剂及稀释剂,以适合不同的环境温度和喷涂面积。
6)确保喷枪是干净的,喷嘴和风帽的口径正确。
7)喷涂要连贯均衡,不走曲线,不要犹豫停顿。

4. 漆膜缺陷处理方法

1)对于局部轻微的流挂,可在漆膜完全干燥后,采用 1000 号以上砂纸水磨,然后抛光处理;当油漆完全固化了后,用漆刨或水磨砂纸去除流痕。使用越是细的砂纸,越是不会对漆膜造成损伤,而且能减少抛光工作量。先用细抛光蜡抛光,再用高光泽蜡恢复光泽。
2)对于流挂问题严重的漆面,待彻底干燥后,重新打磨、清洁后重喷。

任务二 漆面抛光

知识链接

一、抛光概述

1. 抛光目的

抛光是一种表面处理方式,使用超细研磨材料对汽车漆面瑕疵进行研磨处理,使漆膜表面显露光泽的工艺。抛光过程也是进行研磨的过程。

抛光分为旧漆膜抛光和新漆膜抛光。旧漆膜抛光主要指划痕处理和光泽恢复性抛光;新漆膜抛光主要指对涂装缺陷区域的表面处理,目的是修整喷涂缺陷,提高光泽。

2. 抛光可清除的缺陷

抛光能清除的缺陷有轻微鱼眼、轻微溶剂泡、水印、轻微砂纸痕、氧化物沉积、轻微擦伤（未伤到色漆层）、轻微色差、轻微流挂、轻微橘皮、颗粒、尘点、漆雾、失光等。

3. 抛光工作原理

抛光过程中，抛光蜡中的磨料粒子会被碾碎，所以它们会变得越来越细小，导致的结果是抛光的效果更细腻，如图29-2-1所示。

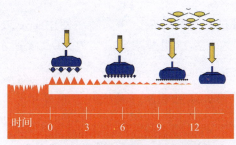

图 29-2-1　抛光工作原理

二、抛光工具材料

抛光常用的工具材料在前面的项目中已进行了介绍，此处不再赘述。

任务实施

漆面抛光操作步骤如下。

1. 穿戴好安全防护用品

施工人员在操作前应穿戴好安全防护用品。

2. 漆面干燥检查

在进行漆面处理之前，务必要检查漆面干燥程度。用手指按压表面，向表面施加足够的压力，如果未在漆面上留下指印则表面已充分干燥（图29-2-2）。如果干燥不彻底，有可能因为正在干燥的漆面收缩而在打磨区域内留下抛光痕迹。

图 29-2-2　漆面干燥检查

3. 缺陷处理

采用不同的方法去除漆面的缺陷，如图29-2-3所示。

1）去除流痕：用P800~P1000号研磨材料配合打磨块，湿磨表面直到流痕消失，和周围一样平整。

2）去除脏点和其他的小缺陷：研磨前用干净的水湿润表面，使用橡胶打磨块配合P2000、P2500号砂纸去除脏点和其他的小缺陷。

3）去除分布面积较大的不理想区域：在150mm或75mm直径打磨机上加装软质打磨垫，使用P1500号砂纸进行打磨。

缺陷处理

图 29-2-3　去除缺陷

4. 细打磨

使用擦拭布将缺陷处理过的漆面清洁干净，随后使用 P3000 砂纸针对处理过的漆面砂纸痕迹进行细化过渡处理，降低后续粗抛难度，如图 29-2-4 所示。

5. 遮蔽防护

使用遮蔽膜配合遮蔽胶带，遮蔽装配件及板件边缘等非抛光施工部位，以免受损和过度抛光，如图 29-2-5 所示。

图 29-2-4　细打磨　　　　　　　图 29-2-5　遮蔽防护

6. 粗抛光

1）将粗蜡均匀地涂到抛光轮上。
2）抛光机搭配羊毛盘或白色海绵盘，将粗蜡均匀抹开。
3）起动抛光机，按照一定方向并施加一定压力进行粗抛，直至漆面砂纸痕被完全去除，如图 29-2-6 所示。

7. 细抛光

采用单向抛光机或者离心式抛光机配合黑色海绵盘进行抛光作业，将镜面蜡涂到海绵垫上抛光表面，清除先前步骤留下的抛光痕迹并提高表面亮度，如图 29-2-7 所示。

图 29-2-6　粗抛光　　　　　　　图 29-2-7　细抛光

8. 清洁

进行设备和场地的 7S 整理工作。在抛光过程中及完成抛光后做表面清洁时，需要使用干净、无尘的高性能擦拭布。

高等职业教育汽车类专业创新教材

汽车钣金喷涂技术任务工单

烟台瑞达汽车科技有限公司 组编

纪建平 付贺阳 宋元利 主编

班级：_____

姓名：_____

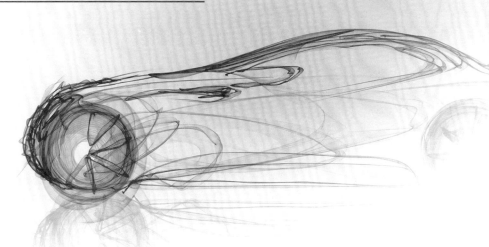

机械工业出版社
CHINA MACHINE PRESS

目 录

第一篇　职业生涯篇

项目一　行业体验 ……………………………………………………………………… 1
　　任务一　行业现状认知 ……………………………………………………………… 1
　　任务二　行业协会与技能大赛认知 ………………………………………………… 2

项目二　维修企业体验 ………………………………………………………………… 3
　　任务一　维修企业认知 ……………………………………………………………… 3
　　任务二　钣喷车间工位划分与工位布置 …………………………………………… 3

项目三　钣喷车间安全 ………………………………………………………………… 5
　　任务一　安全防护 …………………………………………………………………… 5
　　任务二　消防安全 …………………………………………………………………… 6

项目四　职业岗位规划 ………………………………………………………………… 7
　　任务一　钣金维修岗位规划 ………………………………………………………… 7
　　任务二　喷涂维修岗位规划 ………………………………………………………… 7
　　任务三　拓展岗位规划 ……………………………………………………………… 8

项目五　技能证书认知 ………………………………………………………………… 9
　　任务一　职业资格证书认知 ………………………………………………………… 9
　　任务二　职业技能等级证书认知 …………………………………………………… 9
　　课后练习 ……………………………………………………………………………… 10

第二篇　理论知识篇

项目六　车身结构认知 ………………………………………………………………… 16
　　任务一　车身结构分类 ……………………………………………………………… 16
　　任务二　认识车身零部件 …………………………………………………………… 17

项目七　车身材料认知 ... 18
  任务一　钢铁材料认知 ... 18
  任务二　铝合金材料认知 ... 18

项目八　钣喷工具认知 ... 20
  任务一　钣金工具认知 ... 20
  任务二　喷涂工具认知 ... 21

项目九　钣喷耗材与辅料认知 ... 22
  任务一　认识钣金耗材与辅料 ... 22
  任务二　认识喷涂耗材与辅料 ... 23

项目十　碰撞损伤认知 ... 24
  任务一　安全车身认知 ... 24
  任务二　损伤类型认知 ... 24
  课后练习 ... 25

第三篇　钣金技术篇

项目十一　车身钢制外板修复 ... 33
  任务一　车身钢制外板手工具修复 ... 33
  任务二　车身钢制外板外形修复机修复 ... 34
  理论习题 ... 36

项目十二　车身铝制面板修复 ... 37
  任务一　车身铝制面板手工具修复 ... 37
  任务二　车身铝制面板外形修复机修复 ... 38
  理论习题 ... 39

项目十三　免喷漆修复 ... 41
  任务一　撬棒无痕修复 ... 41
  任务二　胶粘无痕修复 ... 42
  理论习题 ... 43

项目十四　旧板件的分离

　　任务一　板件切割分离 44
　　任务二　电阻点焊焊点分离 45
　　任务三　铆接件分离 45
　　理论习题 46

项目十五　电阻点焊

　　任务一　焊机参数设置与调整 48
　　任务二　电阻点焊焊接 49
　　任务三　焊点缺陷分析 49
　　理论习题 50

项目十六　MAG 钢焊接

　　任务一　焊机参数设置与调整 52
　　任务二　对接焊 53
　　任务三　塞焊 54
　　任务四　焊接缺陷分析 54
　　理论习题 55

项目十七　MIG 铝焊接

　　任务一　调整 MIG 焊机 57
　　任务二　铝车身焊接 58
　　理论习题 59

项目十八　MIG 铜焊接

　　任务一　调整 MIG 硬钎焊焊机 60
　　任务二　MIG 硬钎焊 61
　　理论习题 62

项目十九　粘接与铆接

　　任务一　车身粘接 63
　　任务二　车身铆接 63
　　理论习题 64

项目二十　车身测量

　　任务一　二维测量 66

任务二　三维测量 ………………………………………………………… 67
　　理论习题 …………………………………………………………………… 68

项目二十一　车身校正 …………………………………………………… 69
　　任务一　事故车上架举升 ………………………………………………… 69
　　任务二　车身拉拔校正 …………………………………………………… 69
　　理论习题 …………………………………………………………………… 70

第四篇　喷涂技术篇

项目二十二　损伤评估 …………………………………………………… 72
　　任务一　底材鉴别 ………………………………………………………… 72
　　任务二　损伤评估 ………………………………………………………… 73
　　理论习题 …………………………………………………………………… 73

项目二十三　底材处理 …………………………………………………… 75
　　任务一　干磨设备的使用与维护 ………………………………………… 75
　　任务二　羽状边打磨 ……………………………………………………… 75
　　理论习题 …………………………………………………………………… 76

项目二十四　原子灰施工 ………………………………………………… 78
　　任务一　原子灰调配 ……………………………………………………… 78
　　任务二　原子灰刮涂 ……………………………………………………… 78
　　任务三　原子灰打磨 ……………………………………………………… 79
　　理论习题 …………………………………………………………………… 79

项目二十五　喷枪的使用及清洗维护 …………………………………… 82
　　任务一　喷枪的调节 ……………………………………………………… 82
　　任务二　喷枪喷涂操作 …………………………………………………… 82
　　任务三　喷枪的清洗 ……………………………………………………… 83
　　任务四　喷枪的维护保养 ………………………………………………… 84
　　理论习题 …………………………………………………………………… 84

项目二十六　底漆喷涂打磨 ……………………………………………… 86
　　任务一　防腐底漆施工 …………………………………………………… 86

任务二　中涂底漆喷涂 …… 86
任务三　中涂底漆打磨 …… 87
理论习题 …… 87

项目二十七　颜色调配

任务一　颜色检索 …… 89
任务二　油漆调色 …… 89
理论习题 …… 91

项目二十八　面漆喷涂

任务一　溶剂型底色漆喷涂 …… 93
任务二　水性底色漆喷涂 …… 93
任务三　清漆喷涂 …… 94
理论习题 …… 94

项目二十九　喷涂缺陷处理

任务一　漆膜缺陷分析处理 …… 97
任务二　漆面抛光 …… 97
理论习题 …… 98

第一篇　职业生涯篇

项目一　行业体验

任务一　行业现状认知

1. 借助互联网,查询我国历年的汽车销售量数据,并填写下表。

年　份	汽车销售量(万辆)	新能源汽车销售量(万辆)
2017		
2018		
2019		
2020		
2021		
近年汽车和新能源汽车发展概况		

2. 浏览一个二手车网站,选择几款自己喜欢的二手车。

生产年份	汽车品牌型号	价格	主要性能

3. 查询本地近两年的交通事故情况,并完成下表。

省份	年份	恶性交通事故(起)	死亡人数	受伤人数

任务二 行业协会与技能大赛认知

1. 浏览书中介绍的四个国家级行业协会官方网站,查询其近期动态并记录。

协会名称	近期动态

2. 查阅资料,完成下表。

协会等级	名称	网址与地址	简单介绍
省级汽车行业协会			
市级汽车行业协会			

3. 查询在第一届全国技能大赛中,各省、自治区、直辖市的获得奖牌排名。

名次	代表队	金牌数	银牌数	铜牌数	奖牌数
1					
2					
3					

4. 查询你所在的学校,在近三年全国职业院校技能大赛中,获得的获奖项目及相关信息。

年份	获奖项目及相关信息

5. 查询车身修理和汽车喷漆项目,在历届世界技能大赛中的获奖者及相关信息。

届数	获奖者	获奖者相关信息
44届		
44届		
45届		

项目二　维修企业体验

任务一　维修企业认知

1. 查询本地的汽车维修企业，完成下表。

维修企业名称	维修企业种类	是否属于4S店	维修企业简介

2. 查询本地经销商集团及其经营的汽车品牌，并完成下表。

序号	经销商集团名称	经营汽车品牌
1		
2		
3		

任务二　钣喷车间工位划分与工位布置

1. 下图为某4S店钣喷车间，试着设计下面的区域工位。

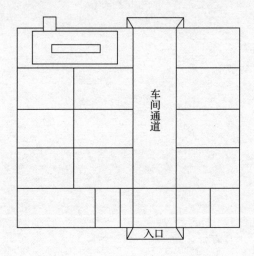

2.钣喷车间经理小王进入钣喷车间,对车间的标识布置进行检查。在车间墙壁上,看到了以下标识。请写出这些标识的含义。

3.小王认为钣喷车间的标识严重缺失,需要在不同工位补足。请你帮助小王补充缺失的标识并记录。

工位名称	需补充的标识名称

项目三 钣喷车间安全

任务一 安全防护

1. 小王在焊接更换车身立柱，像这种大事故的维修项目小王一个月也就干一两次，于是拍了张照片发在朋友圈。观察照片，请帮助小王纠正安全防护方面的错误。写出图片左侧箭头指出的应佩戴的劳保用品，以及图片右侧箭头指出的存在的安全隐患。

2. 观察下图，指出车间中存在的安全隐患并写明原因。

任务二　消防安全

1. 检查你学校车间的灭火器，并填写表格。

灭火器位置	灭火器种类	检查日期	检查记录	检查人

2. 请分析下文，在此次火灾发生的过程中，学徒和技师存在哪些安全防护和消防安全方面的问题？

应师傅要求，学徒小明去库房领取电动砂轮机，以便打磨车辆上的焊缝。在去库房的路上，该学徒看到另一名技师的工位地板上放着一台砂轮机。小明清楚地知道该技师正在休假，因此他决定使用这台设备，因为这样能够节省步行去库房的时间。他回到自己维修的车辆处，将砂轮机通电，然后继续打磨焊缝。

在打磨时，砂轮机产生的火花击中了他的眼睛，造成眼球擦伤。他觉得闭上眼睛会稍好一些，这样就能先完成工作了。因为这辆车的维修进度已经落后了，而洗眼站位于建筑物的另一端。在他睁开眼睛时，他发现附近的一个塑料箱已经被砂轮机的火花点燃了。在恐慌之中，他将砂轮机扔到了地板上。

情急之下，他跑向了最近的位于建筑物对面一侧的灭火器（水基灭火器）。在跑向灭火器时，他还被正在休假技师的工位上的一根空气管绊倒了。然后，他拿起灭火器，返回失火处，并扣动扳机。扳机是固定的并且无法扣动，火势现在变得严重，已经点燃了一罐喷漆车间使用的溶剂。他的师傅回来了，拿起灭火器并对准火焰的顶部喷射，但是无法扑灭火焰。

此时，火势已经失控，因此他们决定跑向消防通道，并尝试打开门，但是发现有人将车辆停放在门口，所以他们不得不从缝隙中挤出去。出去之后，他们站在消防通道旁，打电话叫消防队。然后，小明意识到他的昂贵的夹克留在车间里了，于是他再次返回车间去取衣服。

项目四 职业岗位规划

任务一 钣金维修岗位规划

1. 请写出下列损伤应由哪个钣金岗位进行维修。

2. 请写出下列维修应由哪个钣金岗位进行操作。

3. 查阅智联招聘网站（https://www.zhaopin.com），填写下表。

招聘企业	福利待遇	岗位职责	工作内容

任务二 喷涂维修岗位规划

1. 补足以下对联，在空格处填写喷涂维修的工作岗位，体会对联中蕴含的传统文化和一丝不苟、精益求精的工匠精神。

（　　），明察秋毫，漆膜缺陷了然于心；
（　　），火眼金睛，色彩差异历历在目。

2. 试分析下图中的损伤由一名喷涂中工是否可以完成喷涂维修,并说明理由。

3. 查阅前程无忧网站(https://www.51job.com),填写下表。

招聘企业	福利待遇	岗位职责	工作内容

任务三　拓展岗位规划

1. 欣赏以下对联,讨论对联中涉及的岗位有哪些?在企业岗位中,可以将岗位分为技术岗位和非技术岗位两大类,不同的岗位是可以迁移的(图中的箭头表示迁移方向),分析一下岗位迁移的规律。

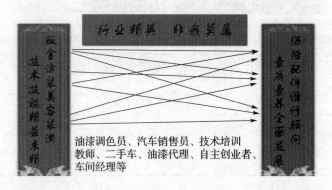

2. 查阅58同城网站(https://www.58.com/job),填写下表。

招聘企业	招聘岗位	福利待遇	岗位职责

项目五 技能证书认知

任务一 职业资格证书认知

职业资格证书是表明劳动者具有从事某一职业所必备的学识和技能的证明。它是劳动者求职、任职、开业的资格凭证，是用人单位招聘、录用劳动者的主要依据，也是境外就业、对外劳务合作人员办理技能水平公证的有效证件。

为降低就业创业门槛，近几年国家陆续取消了300多项职业资格证书。通过互联网查询近几年取消的与汽车相关的职业资格证书，并完成下表。

年　份	证书名称

任务二 职业技能等级证书认知

1. 登录1+X门户网站（https://vslc.ncb.edu.cn），查询北京中车行高新技术有限公司的汽车车身漆面养护与涂装喷漆技术职业技能等级证书，并完成下表。

证书名称	证书等级	证书简介

2. 登录1+X门户网站（https://vslc.ncb.edu.cn），查询北京祥龙博瑞汽车服务（集团）有限公司的车身智能焊接职业技能等级证书，并完成下表。

证书名称	证书等级	证书简介

课后练习

项目一 行业体验

一、填空题

1. 从（　　）年开始，中国汽车产量出现了（　　）年以来的首次下降，至今仍处于下滑状态。
2. 判断一个地区车辆是否饱和，不仅看总量，还要看（　　）。
3. 国内的二手车交易渠道主要分为线下传统渠道和线上渠道。线下传统渠道主要是（　　）、（　　）以及个人间的直接交易等，线上渠道主要是（　　）等方式。
4. 事故车维修市场的目前的格局是（　　）、（　　）和（　　）三足鼎立。
5. 购置成本低、性价比高是选购二手车的主要原因。
6. 中国汽车流通协会是在民政部注册登记的（　　）行业唯一的国家级社团法人组织，总部设在（　　），于（　　）年由民政部正式批准成立。
7. 中国汽车维修行业协会成立于（　　）年4月，是经民政部批准并注册登记，由民政部管理并接受（　　）行业指导。
8. 中国汽车工程学会前身是（　　）汽车工程分会，1963年成立于（　　）。（　　）年9月经民政部批准成为社团法人。
9. 中国汽车工业协会成立于（　　）年5月，是经民政部批准的社团组织，具有社会团体法人资格，总部设在（　　）。
10. 第一届全国技能大赛以"新时代 新技能 新梦想"为主题，于2020年12月10—13日在广东省（　　）举办。
11. 全国职业院校技能大赛每（　　）举办一届，成为中国职教界的年度盛会。
12. 全国职业院校技能大赛分为（　　）和（　　），共设（　　）个赛项。其中，中职组有10个专业大类，（　　）个赛项；高职组有15个专业大类，（　　）个赛项。
13. 世界技能组织成立于（　　）年，是非政府国际组织，主要活动为每年举办一次世界技能组织大会和每（　　）举办一次世界技能大赛。

二、判断题

1. 1998年以前，二手车市场以车贩子倒车为主要方式，1998年之后，我国的二手车市场开始步入快速发展阶段，开始成为汽车市场的重要组成部分。（　　）
2. 二手车市场交易，目前主要以商用车和SUV为主。（　　）

3. 二手车交易网站的优点是二手车源广泛,加快了二手车的流通速度。
（　　）

4. 电子系统等技术门槛高的维修以及大事故车维修将集中在独立维修厂,维修连锁将向事故车专修的方向发展。（　　）

5. 汽车销售利润无疑是如今4S店的主要利润来源。（　　）

6. 第46届世界技能大赛主题口号为"一技之长,能动天下"。
（　　）

7. 中国选手首次参加的世界技能大赛是2011年在英国伦敦举行的第41届世界技能大赛。（　　）

三、简答题

1. 简述二手车的三种交易渠道的优劣。

2. 简述4S店、维修连锁、独立维修厂在事故车维修方面的优势和不足。

项目二　维修企业体验

一、填空题

1. 汽车维修企业包括（　　）和汽车综合小修及汽车专项维修业户。
2. 汽车整车维修企业按规模大小分为（　　）和二类汽车整车维修企业。
3. 汽车综合小修业户和各类（　　）统称为三类汽车维修企业。
4. 4S店是一种以"四位一体"为核心的汽车特许经营模式,"4S"包括整车销售、（　　）、（　　）、信息反馈等。
5. "2021中国汽车经销商集团百强排行榜榜单"显示,（　　）汽车服务集团股份公司、（　　）控股有限公司、（　　）汽车分别位列前三名。
6. 正规的汽车维修企业的生产车间包括（　　）和（　　）,钣喷车间为企业创造的售后服务利润占比超过（　　）。钣喷车间是一个整体,按其功能不同又分为（　　）和（　　）。
7. 钣金车间主要包括（　　）、（　　）、（　　）等。
8. 钣金标准工位的功用包括:（　　）、（　　）、底盘防护罩/轮胎等底部部件拆装、事故车拆解上架作业。
9. 喷涂车间主要包括（　　）、（　　）、抛光工位、调漆室等。
10. 干磨区工位可以有若干个,主要对喷漆前的板件进行处理,主要功用包括:原子灰施工、（　　）、（　　）。
11. 烤漆房主要功用包括:底漆喷涂、色漆喷涂、清漆喷涂、油漆干燥。
12. 维修车间内压缩空气的压强一般为（　　）,同时为了防止积水进入气源终端，管路通常采用（　　　）。

13. 在调漆室和铝合金维修工位需要采用（　　　）开关，吸尘器也需要采用防爆吸尘器。

二、判断题

1. 三类维修厂就是规模较大、技术水平较高的维修企业和专项维修业户，占到总量的50%以上。（　　）

2. 4S店与汽车厂家共同组成汽车品牌联盟，代表汽车品牌文化，体现品牌价值，维持品牌忠诚度，为汽车生产厂家树立汽车品牌的知名度和信誉。（　　）

3. 影响空气喷涂质量的最关键因素是压缩空气的压力，然而，压缩空气的压力也是最容易被忽视的一个环节。（　　）

4. 气体保护焊焊接时的电流不能小于15A，电阻点焊机焊接时的电流不能小于30 A。（　　）

三、简答题

1. 4S店的优势包括哪四个方面？

2. 简述一类、二类、三类维修企业的区别。

3. 车间的安全标识包括哪几类？

项目三　钣喷车间安全

一、填空题

1. （　　　）、（　　　）、（　　　）是汽车钣喷车间的安全防护的三个方面。

2. 在进行钣金喷涂时，如不正确佩戴自身的安全防护用品，操作中产生的（　　　）、（　　　）、（　　　）、（　　　）等会对自身产生损伤。

3. 燃烧的三要素是（　　　）、（　　　）、（　　　）。

4. 生产车间常见的灭火器有（　　　）、（　　　）、（　　　）、二氧化碳灭火器四种类型。

5. 使用灭火器应拔掉（　　），将灭火器对准火焰的（　　）。
6. 检查灭火器是否存在损坏迹象，确保压力表处于（　　）。

二、判断题

1. 在进行打磨或切割时，产生的粉尘对呼吸系统危害极大，应佩戴防尘口罩。（　　）
2. 在焊接、加热除胶、施涂原子灰、喷涂时，会产生有毒烟雾。（　　）
3. 在焊接时不产生紫外线，不会破坏人体皮肤细胞。（　　）
4. 电阻点焊时会产生电磁波，造成基因突变，引发癌症，造成免疫系统伤害。（　　）
5. 车间发生火灾时应尝试扑灭大型火灾。（　　）
6. 如果坚信有人困在建筑物中，应积极展开营救。（　　）
7. 使用灭火器时应距离火焰约 2~3m 的位置。（　　）

三、简答题

1. 举例说明如何对他人及工作环境进行安全防护。

2. 车间发生火灾时，禁止事项包括什么？

项目四　职业岗位规划

一、填空题

1. 汽车钣金是汽车维修的加工方法，可以使发生碰撞变形的车身恢复到原来的（　　）和（　　）。汽车钣金已经由原始的"砸拉焊补"发展成为（　　）。
2. 汽车钣金喷涂简称汽车钣喷，其工作的场所是售后维修的（　　），在事故车维修中钣金和喷涂是前后相连的两个工序，业界有"（　　）"之说。
3. 按照钣金技师工作内容难易程度的不同，可以分为（　　）岗位、（　　）岗位、钣金大工岗位三种，对外统称为（　　）。
4. 汽车涂装是指对汽车表面覆盖保护层或装饰层，在汽车维修企业，由于汽车涂装通常是通过（　　）将油漆喷涂到汽车表面的，所以业界一般将汽车涂装称为（　　）或（　　）。

5. 按照喷涂技师工作内容难易程度和熟练程度的不同，可以分为（　　）岗位、喷涂中工岗位、（　　）岗位三种，对外统称为（　　）。
6. 有些维修企业，采用了新的生产经营模式，将喷涂维修分作（　　）和（　　）两个工作岗位。
7. 维修企业会根据员工的个人特点和企业需求，对员工进行职业规划和岗位调整，将钣金小工或钣金中工岗位员工调整为非技术岗位的（　　）、（　　）、车险理赔员岗位。
8. 售后服务顾问，又叫（　　）、（　　），英文简写（　　），是汽车维修企业一个非常重要的非技术岗位。
9. 广义的配件管理员岗位指的是（　　）、（　　）、柜台销售管理、（　　）等四个岗位。

二、判断题

1. 事故车中损伤的维修工作量，占到了钣喷车间钣金维修岗位工作量的70%左右。　　　　　　　　　　　　　　　　　　　　　　　　　　　（　　）
2. 在汽车维修企业，由于汽车涂装通常是通过喷枪将油漆喷涂到汽车表面的，所以业界一般将汽车涂装称为汽车喷涂或汽车喷漆。　（　　）
3. 严格来说，车险理赔员岗位是服务顾问岗位的一种，属于事故车服务顾问。（　　）
4. 广义的配件管理员仅指仓务管理，也就是平时说的仓库保管。　（　　）

三、简答题

1. 什么是事故车小损伤？

2. 什么是事故车中损伤？

3. 什么是事故车大损伤？

4. 掌握什么技术的喷涂技师称为喷涂小工？

5. 掌握什么技术的喷涂技师称为喷涂中工?

6. 掌握什么技术的喷涂技师称为喷涂大工?

项目五　技能证书认知

一、填空题

1. 机动车检测维修专业技术人员职业资格证书,号称汽车维修人员的（　　）,由中华人民共和国（　　）、中华人民共和国（　　）共同颁发。
2. 机动车检测维修专业技术人员职业水平考试划分为（　　）、（　　）两个级别。
3. 每个级别的机动车检测维修专业技术人员证书可以划分为机动车（　　）、机动车整形技术、机动车（　　）三个专业。
4. 机动车整形技术专业的考生考试时,可选择机动车（　　）和机动车（　　）中的一个专业内容作答。
5. 机动车检测维修士考试设"机动车检测维修法规与技术"和"机动车（　　）"两个科目。
6. 机动车检测维修工程师考试设"机动车（　　）"、"机动车检测维修实务"和"机动车（　　）"三个科目。
7. 2019年1月24日国务院发布《国务院关于印发国家职业教育改革实施方案的通知》,明确要求从2019年开始,在职业院校、应用型本科高校启动"（　　　　　　　　　）"制度试点(以下称1+X证书制度试点)工作。
8. 院校内实施的职业技能等级证书分为（　　）、（　　）、（　　）,是职业技能水平的凭证。
9. 院校是1+X证书制度试点的（　　）。
10. 培训评价组织作为职业技能等级证书及标准的（　　）。

二、判断题

1. "职教二十条"明确职业教育与普通教育是两种不同的教育类型,具有同等的重要地位。　　　　　　　　　　　　　　　　　　　　（　　）
2. 机动车检测维修工程师考试成绩实行1年为一个周期的管理办法。（　　）

第二篇　理论知识篇

项目六　车身结构认知

任务一　车身结构分类

通过互联网查询或实车调查，完成下表，探寻不同的车身结构形式与车身尺寸、价位、驱动方式的关系。

品牌车型	车身尺寸	车身结构形式	价位（万元）	驱动方式
车身结构形式与车身尺寸、价位、驱动方式的关系描述				

任务二　认识车身零部件

仔细观察下图,有哪些车身零部件损坏,完成以下车身零部件损坏清单。

序号	损坏车身零部件名称	损坏情况描述

项目七 车身材料认知

任务一 钢铁材料认知

现代汽车大幅提高了高强度钢在车身上的占比,某品牌汽车车身的高强度钢占比最高值达 80% 以上。请根据所学,在下图中标注出各部分的材料名称。

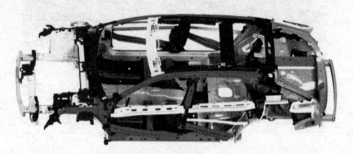

某品牌车身

注:高强度钢覆盖车身纵梁、A柱、B柱、车底横梁等关键部位;在中间车身大量采用强度高达 1500MPa 热成型超高强度钢,这个强度就相当于大拇指甲盖上站了3头成年大象的压强,非常坚固;车身的前后防撞梁则可以采用全铝合金材质,重量轻,兼顾轻量化的同时安全性更高。

任务二 铝合金材料认知

1. 查询相关车型的车身材料完成下表。

品牌车型	车身尺寸	车身形式	价位万元	车身材料介绍

2. 完善以下表格。

铝合金系列	添加合金元素	热处理与否	特 征	用 途
4000系列		非热处理型	抗磨损性佳，低熔点	
5000系列		非热处理型	在所有非热处理铝合金中，此种合金强度最强，且焊接性、耐腐蚀性都很好，易于加工成型	
6000系列			此种合金强度强、耐腐蚀性佳且具有抗压性，有良好的加工性	
7000系列		热处理型		用于汽车的车架和保险杠加强梁

3. 完善以下表格。

材 料	钢 铁	铝合金
密度/（kg/dm³）	7.9	
导热性/[W/(m²·K)]		
熔点/℃		660
电阻率/(Ω·mm²/m)	0.14~0.18	

项目八 钣喷工具认知

任务一 钣金工具认知

某学校建立钣金实训室,需购置一批钣金工具以满足20人(4~6人一个工位)实训要求,预算资金为20000元。请你为该校制作工具购置清单。

序号	工具名称	规格型号	数量	单价(元)	总价(元)
1					
2					
3					
4					
5					
6					
7					
8					
9					
10					
合计					
实训室功能					

任务二　喷涂工具认知

某学校建立喷涂原子灰底材处理实训室，需购置一批钣金工具以满足20人（4~6人一个工位）实训要求，预算资金为15000元。请你为该校制作工具购置清单。

序号	工具名称	规格型号	数量	单价（元）	总价（元）
1					
2					
3					
4					
5					
6					
7					
8					
9					
10					
合计					
实训室功能					

项目九 钣喷耗材与辅料认知

任务一 认识钣金耗材与辅料

1. 修复下图所示的车身损伤,需要什么钣金耗材和辅料?填写耗材和辅料工单。

所需耗材	
所需辅料	
损伤描述	

2. 修复下图所示的车身损伤,需要什么钣金耗材和辅料?填写耗材和辅料工单。

所需耗材	
所需辅料	
损伤描述	

任务二　认识喷涂耗材与辅料

修复下图所示的车身损伤,需要什么喷涂耗材和辅料?填写耗材和辅料工单。

所需耗材	
所需辅料	
损伤描述	

项目十 碰撞损伤认知

任务一 安全车身认知

1. 查询资料，完成车身安全等级表。

品牌车型	价　位	车身形式	车身材料	安全等级

2. 在车身上找到吸能区，并完成下表。

汽车品牌车型：

序号	吸能区所处部位	设计形式	吸能区描述

3. 补全下列表格

星级	分　数	含　义
★★★★★称为五星级	33分以上	
★★★★称为四星级	25~32分	
★★★称为三星级	17~24分	
★★称为二星级	9~16分	
★称为一星级	1~8分	

任务二 损伤类型认知

1. 一辆保时捷轿车前部车身碰撞，在下图中标注车身上可能存在的损伤种类及区域。

2. 一辆路虎揽胜试验车前部 40% 偏置碰撞，在下图中标注车身上可能存在的损伤种类及区域。

课后练习

项目六　车身结构认知

一、填空题

1. 现代车身结构分为两大类：（　　　）和（　　　）。
2. 20世纪20年代，车架开始采用（　　　），且前后部分均如此；20世纪30年代，结构车架开始出现。
3. 非承载式车身因其主要载荷由（　　　）承担，车身几乎不承受载荷而得名。目前它主要应用在货车、部分客车和（　　　）上。
4. 车身一般用（　　　）固定在车架上，为了减少乘员舱内的噪声和振动，车身与车架之间（　　　）。
5. 车架是一种（　　　），各杆件受力均以单向拉、压为主，内部横梁、纵梁和支撑架的合理布置，可适应结构内部的弯矩和剪力分布。
6. SUV是指（　　　）汽车（SUV全称是Sport Utility Vehicle），按照功能性，通常分为（　　　）与（　　　）。
7. 承载式车身取消了（　　　），由车身承受所有载荷，目前几乎所有（　　　）和（　　　）越野车采用这种车身。
8. 汽车前后还设有溃缩（　　　），在发生碰撞时利用车身前后部位的变形来吸收撞击能量，最大程度地保障驾乘人员的安全。
9. 车身前部零件包括前纵梁、减振器支座及挡泥板、散热器支架、发动机舱盖锁等，其中（　　）是前部碰撞的主要承载部件。

10. 车身上采用螺栓连接的零部件主要包括（　　）、（　　）、发动机舱盖、翼子板和行李舱盖。

11. 发动机舱盖由外板、内板和加强梁组成。（　　）和（　　）的四周以折边连接，外板包围内板，密封胶涂抹于内板和外板的间隙中，（　　）则通过点焊连接在内板上。

12. 为防止发生碰撞时发动机舱盖侵入发动机舱，除发动机舱盖采用（　　）外，在车身上还设有预变形的（　　）。

13. 按照制造方法的不同，车门可以分为（　　）、框式车门、（　　）和无框式车门。

14. 车门内板与加强梁采用电阻点焊连接，一旦加强梁发生弯曲变形，则必须更换（　　）。

15. 现代车身制造厂的侧围板一般是（　　）结构，通过电阻点焊接合到车身内板上。

16. 前立柱（即A柱）由前立柱内板、（　　）、外板组成，对于钢铁车身三者通过（　　）接合在一起，三者的材料和厚度都有所区别。

17. 中立柱（即B柱）也是由立柱内板、加强板、外板组成，三者之间通过电阻点焊接合在一起，三者的材料和厚度也是有所区别，（　　）通常是车身上强度最高的部件。

18. 车身后侧围板（　　）通常与内部侧围板通过电阻点焊接合为一个整体，称为（　　）（即C柱），以提高车身的强度。

二、判断题

1. 19世纪末，汽车车身均为木制，仅在某些小型汽车部分采用钢管制车架。（　　）

2. 20世纪30年代，X形结构车架开始出现。（　　）

3. 20世纪30年代中期，因车架结构已变得极为复杂，汽车制造者开始采用全金属承载式车身。（　　）

4. 现代主流车身仍然是车架式车身。（　　）

5. 承载式车身车架是一个独立的部件，没有和车身外壳任何主要部件焊接在一起。（　　）

6. 车架还是汽车的基础，车身和主要部件都固定在车架上，所以要求车架有足够的坚固度，在发生碰撞时可以保持汽车其他部件的正常位置。（　　）

7. 车架式车身可以拥有更好的越野性能，常见的SUV都是车架式车身。（　　）

8. 汽车的前、中、后部还设有溃缩吸能区，在发生碰撞时利用车身前、后部位的变形来吸收撞击能量，最大程度地保障驾乘人员的安全。（　　）

9. 为防止发生碰撞时发动机舱盖变形，除发动机舱盖采用铰链连接外，在车身上还设有预变形的吸能部位。（   ）
10. 整体式车门内板和外板都是由整块钢板制作的。（   ）
11. 车门内板与加强梁采用电阻点焊连接，一旦加强梁发生弯曲变形，则必须更换车门总成。（   ）
12. 车顶外板一般是单独提供。（   ）
13. 中立柱内板通常是车身上强度最高的部件。（   ）

三、简答题

1. 什么是桁架结构车身？

2. 什么是雷门结构车身？

项目七　车身材料认知

一、填空题

1. 车身材料发生了脱胎换骨的变化，（   ）的占比越来越小，（   ）、高强度钢、超高强度钢、热成型超高强度钢占比越来越大。
2. 通过添加合金元素的方法增强材料的强度，称为（   ）。
3. 受弯曲或加工部位的金属都会产生（   ），在车身制造、车身碰撞和车身修理的过程中都会产生（   ）。
4. 钢的热处理是通过调整（   ）和（   ）来控制的，其结果依钢铁的含碳量和合金的种类而有所不同。
5. （   ）是指将材料加热到临界温度（760℃）以上40℃保持一段时间后空气冷却，可以调整材料内部结构，使机械性能得到提升。
6. 淬火是指将材料加热到临界温度（760℃）以上40℃保持一段时间后急速冷却，可以使材料（   ）增加，（   ）下降。
7. （   ）是指将淬火的材料再次加热到一定温度后保持一段时间再冷却，可以增加材料韧性。
8. （   ）将材料加热到临界温度（760℃）以上25℃后保持一段时间后慢慢冷却，可以增加材料（   ），提高冷加工性能。
9. 现代汽车的设计尝试克服两种相互冲突的需求：（   ）（更轻、空气动力特性和燃油感应技术）和（   ）（这通常需要更高规格和增加更多附件）。

10. 铝在空气中极易与氧气发生反应生成氧化铝，氧化铝形成的时间非常短，大约半小时之内，在处理后的铝板表面就形成一层（　　　）的氧化铝薄膜。
11. 如果钢铁与铝合金紧密接触在电解液中，（　　　）腐蚀就会不断进行。

二、判断题

1. 透过现象看本质是一种科学认识方法。（　　　）
2. 抗拉强度指的是金属即将发生塑性变形的载荷。（　　　）
3. 屈服强度分为上屈服强度和下屈服强度，一般把上屈服强度作为屈服强度。（　　　）
4. 在车身碰撞中会产生新的加工硬化，这是碰撞损伤的根源，而不正确的维修会加剧加工硬化。（　　　）
5. 硼钢就是通过时效强化获得的强度，其抗拉强度能达到1300~1400MPa，在侧面碰撞时它可以防止车内乘员免受或减少伤害。（　　　）
6. 铝材主要应用于发动机舱盖、车门和翼子板，但也更多地应用于车身结构部件中，但目前还没有全铝车身。（　　　）
7. 氧化铝形成的时间非常短，大约半小时之内，在处理后的铝板表面就形成一层致密的氧化铝薄膜。（　　　）
8. 在车身维修和制造中，要采取措施使钢铁和铝合金不直接接触。（　　　）

三、简答题

1. 什么是电化学腐蚀？

2. 常见的热处理方式有哪几种？

项目八　钣喷工具认知

一、填空题

1. 锤类工具包括球头锤、（　　　）、木锤、（　　　）、冲击锤、精修锤等，其中镐锤和（　　　）也可以统称为钣金锤。
2. 顶铁也叫（　　　），一般由合金钢制成，重量是锤子的2~3倍，敲击时，顶铁不会（　　　）。
3. 匙形铁可以当作（　　　）或（　　　）使用。
4. 大力钳可分为直嘴大力钳、（　　　）、（　　　）、折边大力钳等。

5. (　　)一般用于打磨狭窄和凹陷位置的漆膜和焊点。
6. (　　)用于车身电阻点焊焊点的去除分离,有进度限位装置,保证在分离板件的同时不会(　　)。
7. 刮刀是原子灰施涂作业中的主要工具,按其软硬程度的不同,可分为(　　)和(　　)。
8. (　　)砂垫外形都呈矩形,沿直线轨迹移动,整个砂垫以小圆圈振动。
9. (　　)是指利用空气压力将液体转化为小液滴的喷涂工具,该过程即(　　)。
10. 汽车烤漆房一般是用来(　　)和(　　)的,因此,烤漆房最确切的描述应为汽车喷漆烤漆房。

二、判断题

1. 球头锤用于校正弯曲的基础结构,修平重规格部件,加工未开始用车身锤和手顶铁作业之前粗成形的车身部件。(　　)
2. 橡胶锤和木锤经常与吸杯配合用于大面积的凹陷修复上。(　　)
3. 精修锤锤顶面大,打击力散布在较大的面积上,用于凹陷板面初始的校正,或加工内部板和加强部位的板件。(　　)
4. 顶铁与面板外形的配合非常重要,假如在高隆起的面板上使用平面或低隆起的顶铁,结果将会减少凹陷。(　　)
5. 在免喷漆修复时,需使用撬杠。(　　)
6. 钣金锉的作用是锉平板件,锉去高点。(　　)
7. 使用手锯时,锯齿应朝后,用"推"的动作进行锯切。(　　)
8. 用于车身板件塞焊时在新板件上打孔的操作,打孔与钻孔相比没有金属毛刺。(　　)
9. 折边机用于车身板件搭接的接缝的折边或车门等内外板的折边成形。(　　)
10. 干磨指示层的作用主要是用来打磨原子灰缺陷。(　　)

三、简答题

1. 为什么要保养锤子?如何保养?

2. 如何对气动工具进行保养?

3. 金属板件切割工具的用途有何不同？

4. 什么是无尘干磨系统？

项目九　钣喷耗材与辅料认知

一、填空题

1. 植绒砂纸配合圆盘打磨机使用，按照（　　）、（　　）、粒度可以组合成多种型号。
2. 砂带配合（　　）使用，用于车身（　　）区域的打磨。
3. 不同的锯片齿数指的是（　　）的齿数。
4. 车身结构胶广泛应用在原厂制造与售后维修中的钢板件与钢板件连接、铝板件与铝板件连接、（　　）连接等位置。
5. 钣金维修中常用的铆钉为（　　）和（　　）。
6. （　　）广泛应用于车身维修后内腔的防护。
7. 粘扣式砂纸适用于车身板件的干磨，使用时需与（　　）配套使用。
8. （　　）适合打磨外形复杂或特殊材料的表面。
9. （　　）适用于对局部非修补区域进行覆盖保护，（　　）适用于整车遮蔽。
10. （　　）适用于在发动机舱盖或车门处防止涂料透入缝隙。
11. 按照涂料装饰性的不同，面漆可分为（　　）、（　　）、珠光色漆和罩光清漆。

二、判断题

1. 碟形打磨片和砂轮片均可用于打磨金属、去除毛刺。　　　　　　　　（　　）
2. 黑金刚打磨片配合砂轮打磨机使用，适用于漆面、焊缝、去污除锈等打磨作业。　　　　　　　　　　　　　　　　　　　　　　　　　　　　（　　）
3. 麻花钻头配合焊点去除钻使用，用于车身电阻点焊焊点的去除分离，有6.5mm、8mm两种钻头。　　　　　　　　　　　　　　　　　　　（　　）
4. 1mm以下的钢板用32齿的锯条切割。　　　　　　　　　　　　（　　）
5. 清洁剂属于辅料。　　　　　　　　　　　　　　　　　　　　（　　）
6. 铆钉属于耗材。　　　　　　　　　　　　　　　　　　　　　（　　）
7. 砂纸属于耗材。　　　　　　　　　　　　　　　　　　　　　（　　）
8. 擦拭纸属于辅料。　　　　　　　　　　　　　　　　　　　　（　　）

9. 塑料清洁剂用于去除旧漆膜、干燥且已完成打磨的中涂漆漆面以及新板件的硅油、沥青、蜡、油脂、油和环境的脏物。（　　）
10. 中涂底漆属于喷涂耗材。（　　）

三、简答题

1. 耗材与辅料的区别是什么？

2. 简述钢焊丝、铝焊丝、铜焊丝的特点与用途。

项目十　碰撞损伤认知

一、填空题

1. 安全车身指的是在重大事故发生后（　　）能几乎保持完整，使乘员免于受到严重伤害的车身。
2. 汽车（　　）和（　　）要设计为在某种程度上容易损伤。
3. 当汽车以一定的速度撞上障碍物时，发动机机舱和行李舱溃缩区域的长度会被压缩（　　），但安全区域乘员舱的长度仅被压缩（　　）。
4. （　　）最早始于美国，用于在正面碰撞中评价汽车保护车内乘员的性能。
5. 中国新车安全评价机构评价与车身有关的主要是乘员保护中的（　　）和（　　）、侧面碰撞和（　　）。
6. 正面碰撞速度为（　　），侧面碰撞速度为（　　）。
7. 为了获得安全系数高的车身，除了需要提高车身上（　　）的占比外，还要在车身上设置（　　）（预溃缩区）。
8. 当一个截面积处处相等的物体受到拉伸或压缩负荷时，该物体所有截面上将会受到恒量应力的作用。因截面积的改变而导致该部位的应力变大，即称为（　　）。
9. 在车身上，吸能区通常采用的设计形式有（　　）、波纹加工、（　　）、孔洞等。
10. 当碰撞点位于车身前部中间位置，则车身发生前后（　　）方向变形；当碰撞点位于车身前部一侧位置，则车身不仅发生前后（　　）方向变形，也发生（　　）变形。

二、判断题

1. 前部车身要设计得结实牢固、不易变形，能够给驾驶员和乘客提供一个安全的生存空间。（   ）
2. 在20世纪90年代末进行的碰撞试验中，几乎没有车型能获得3星以上的成绩。（   ）
3. 在横截面积突然变化及弯曲的部位，就会产生应力集中。（   ）
4. 如果驾驶员的第一反应是制动，则汽车的侧面会被碰撞蹭伤。（   ）
5. 同一辆车同样速度碰撞，碰撞面积越大，其损伤程度越严重。（   ）

三、简答题

1. 一次损伤包括哪些？

2. 二次损伤包括哪些？

3. 惯性损伤形成的原因是什么？

4. 波纹效应损伤形成的原因是什么？

5. 维修损伤形成的原因是什么？

第三篇　钣金技术篇

项目十一　车身钢制外板修复

任务一　车身钢制外板手工具修复

根据提供的车身钢制翼子板,对损伤部位进行手工具修复,并完成以下操作流程记录表。

姓　名		班　级		日　期	
学　号		场　地		成　绩	
任务目的	1. 能准确完成受损板件评估 2. 能独立完成钢制车身外板件的手工具修复作业				
实施流程					
序号	项目名称	具体内容	是否完成	备　注	
1	个人防护	a. 工作帽 b. 耳塞/耳罩 c. 工作服 d. 护目镜 e. 棉线手套 f. 安全鞋	是□　否□ 是□　否□ 是□　否□ 是□　否□ 是□　否□ 是□　否□		
2	损伤评估	a. 目测 b. 触摸 c. 对比 d. 按压	是□　否□ 是□　否□ 是□　否□ 是□　否□		

(续)

实施流程				
序号	项目名称	具体内容	是否完成	备注
3	判定损伤范围	a. 车身线有无损伤 b. 板件边缘有无损伤 c. 损伤范围有无标记	是□ 否□ 是□ 否□ 是□ 否□	
4	粗修	a. 有无用橡胶锤/木锤粗修 b. 虚敲/实敲 c. 维修过程中不断检查维修程度	是□ 否□ 是□ 否□ 是□ 否□	
5	精修	a. 有无用橡胶锤/木锤粗修 b. 虚敲/实敲 c. 表面是否平整度不够	是□ 否□ 是□ 否□ 是□ 否□	
6	缩火	a. 旧漆膜打磨 b. 参数调试 c. 碳棒缩火 d. 打磨缩火痕迹	是□ 否□ 是□ 否□ 是□ 否□ 是□ 否□	
7	质量评估	a. 无高低 b. 低点小于 1mm c. 车身线和钢板边缘恢复 d. 修复区域强度恢复 e. 满足装配要求	是□ 否□ 是□ 否□ 是□ 否□ 是□ 否□ 是□ 否□	
8	防腐处理	a. 确认防腐区域 b. 背面防腐防锈处理	是□ 否□ 是□ 否□	
9	7S管理	a. 安全问题 b. 设备工具整理 c. 场地卫生打扫	是□ 否□ 是□ 否□ 是□ 否□	

任务二　车身钢制外板外形修复机修复

学习技能操作，根据提供的车身钢制门板，对损伤区域进行外形修复机修复，并完成记录填写。

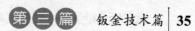

姓 名		班 级		日 期	
学 号		场 地		成 绩	
任务目的	1. 能规范使用外形修复机 2. 能独立完成钢制车身外板件的外形修复机修复作业				

实施流程					
序号	项目名称	具体内容	是否完成	备 注	
1	个人防护	a. 工作帽 b. 耳塞/耳罩 c. 工作服 d. 护目镜 e. 棉线手套 f. 安全鞋	是□ 否□ 是□ 否□ 是□ 否□ 是□ 否□ 是□ 否□ 是□ 否□		
2	损伤评估	a. 目测 b. 触摸 c. 对比 d. 按压	是□ 否□ 是□ 否□ 是□ 否□ 是□ 否□		
3	判定损伤范围	a. 标记损伤范围和高低点 b. 标记直接损伤和间接损伤区域 c. 标记弹性变形和塑性变形区域	是□ 否□ 是□ 否□ 是□ 否□		
4	打磨旧漆膜	a. 圆盘式打磨机打磨 b. 砂带式打磨机打磨 c. 按要求打磨出损伤区域 d. 搭铁区域涂层清除 e. 打磨后要清洁板件	是□ 否□ 是□ 否□ 是□ 否□ 是□ 否□ 是□ 否□		
5	凹陷拉拔修复	a. 搭铁 b. 焊枪三角片检查 c. 施焊（参数调整） d. 拉拔与敲击	是□ 否□ 是□ 否□ 是□ 否□ 是□ 否□		
6	缩火	a. 参数调试 b. 碳棒/铜棒缩火 c. 打磨缩火痕迹	是□ 否□ 是□ 否□ 是□ 否□		
7	质量评估	a. 无高低 b. 低点小于1mm c. 车身线和钢板边缘恢复 d. 修复区域强度恢复 e. 满足装配要求	是□ 否□ 是□ 否□ 是□ 否□ 是□ 否□ 是□ 否□		
8	防腐处理	a. 确认防腐区域 b. 背面防腐防锈处理	是□ 否□ 是□ 否□		
9	7S管理	a. 安全问题 b. 设备工具整理 c. 场地卫生打扫	是□ 否□ 是□ 否□ 是□ 否□		

理论习题

一、填空题

1. 锤子敲击方法有（　　　）和（　　　）。
2. 损伤评估的四种方法是（　　　）、（　　　）、（　　　）和（　　　）。
3. 缩火的主要目的是（　　　）和（　　　）。

二、选择题

1. 采用锤子和手顶铁车身修理方式修理哪个部位最好？（　　　）
   A. 后翼子板轮眉区　　　　　　B. 前门中心部分
   C. 前翼子板　　　　　　　　　D. 前、中、后部车身立柱
2. 用锤子和手顶铁修理钢板时为什么首先用木锤？（　　　）
   A. 防止钢板收缩　　　　　　　B. 防止钢板拉伸
   C. 防止钢板划伤　　　　　　　D. 防止工作时发出噪声
3. 缩火的目的是什么（　　　）
   A. 使钢板表面更光滑　　　　　B. 拉伸钢板
   C. 减少钢板的抗拉强度　　　　D. 提高钢板的抗拉强度
4. 用单作用打磨机研磨喷漆表层时推荐用的砂纸粒度是哪一个？（　　　）
   A. 60号粒度砂纸　　　　　　　B. 120号粒度砂纸
   C. 240号粒度砂纸　　　　　　 D. 480号粒度砂纸
5. 如果长期吸入粉尘颗粒，以下哪种身体器官会受到最严重的伤害？（　　　）
   A. 肾脏　　　　　　　　　　　B. 胰脏
   C. 肺　　　　　　　　　　　　D. 心脏
6. 当用锤子敲击放在平面上的金属板时，哪种锤面将在金属板上产生最大的变形？（　　　）

   A.　　　　B.　　　　C.　　　　D.

三、简答题

1. 四种损伤评估方法及操作要领是什么？

2. 手工具维修一般流程是什么？

3. 在进行手工具维修时需要佩戴的个人防护用品有哪些？

项目十二 车身铝制面板修复

任务一 车身铝制面板手工具修复

根据提供的维修车辆或车身板件,对损伤部位进行铝制面板手工具修复,并完成下面的操作记录表。

姓 名		班 级		日 期	
学 号		场 地		成 绩	
任务目的	1. 能准确完成受损板件评估 2. 能独立完成铝制车身面板件的手工具修复作业				

实施流程					
序号	项目名称	具体内容	是否完成		备 注
1	个人防护	a. 工作帽 b. 耳塞/耳罩 c. 工作服 d. 护目镜 e. 棉线手套 f. 安全鞋	是□ 是□ 是□ 是□ 是□ 是□	否□ 否□ 否□ 否□ 否□ 否□	
2	损伤评估	a. 目测 b. 触摸 c. 对比 d. 按压	是□ 是□ 是□ 是□	否□ 否□ 否□ 否□	
3	判定损伤范围	a. 车身线有无损伤 b. 板件边缘有无损伤 c. 损伤范围有无标记 d. 是否需要热维修	是□ 是□ 是□ 热维修□	否□ 否□ 否□ 冷维修□	
4	铝板加热	a. 有无用热风枪加热 b. 有无控制加热温度不超过140℃ c. 维修过程中需要多次加热维修区域	是□ 是□ 是□	否□ 否□ 否□	
5	敲击(铝板校正)	a. 有无用橡胶锤/木锤粗修 b. 虚敲/实敲 c. 表面是否平整度不够	是□ 是□ 是□	否□ 否□ 否□	
6	锉刀锉平	a. 是否正确使用车身锉 b. 铝板表面是否过度研磨	是□ 是□	否□ 否□	
7	缩火	a. 旧漆膜打磨 b. 参数调试 c. 碳棒缩火 d. 打磨缩火痕迹 e. 选用砂纸型号	是□ 是□ 是□ 是□ P80□	否□ 否□ 否□ 否□ P120□	

（续）

实施流程				
序号	项目名称	具体内容	是否完成	备注
8	质量评估	a. 无高低 b. 低点小于1mm c. 车身线和钢板边缘恢复 d. 修复区域强度恢复 e. 满足装配要求	是□ 否□ 是□ 否□ 是□ 否□ 是□ 否□ 是□ 否□	
9	7S 管理	a. 安全问题 b. 设备工具整理 c. 场地卫生打扫	是□ 否□ 是□ 否□ 是□ 否□	

任务二　车身铝制面板外形修复机修复

根据提供的车身铝制翼子板，对损伤部位进行手工具修复。

姓　　名		班　　级		日　　期	
学　　号		场　　地		成　　绩	
任务目的	1. 能规范使用外形修复机 2. 能独立完成铝制车身外板件的外形修复机修复作业				

实施流程				
序号	项目名称	具体内容	是否完成	备注
1	个人防护	a. 工作帽 b. 耳塞/耳罩 c. 工作服 d. 护目镜 e. 棉线手套 f. 安全鞋	是□ 否□ 是□ 否□ 是□ 否□ 是□ 否□ 是□ 否□ 是□ 否□	
2	损伤评估	a. 目测 b. 触摸 c. 对比 d. 按压	是□ 否□ 是□ 否□ 是□ 否□ 是□ 否□	
3	判定损伤范围	a. 标记损伤范围和高低点 b. 标记直接损伤和间接损伤区域 c. 标记弹性变形和塑性变形区域	是□ 否□ 是□ 否□ 是□ 否□	
4	清除氧化膜	a. 圆盘式打磨机打磨 b. 钢丝刷	是□ 否□ 是□ 否□	
5	铝焊钉焊接	a. 参数设定是否合适 b. 铝焊钉是否垂直面板 c. 焊钉焊接是否牢靠	是□ 否□ 是□ 否□ 是□ 否□	

（续）

实施流程				
序号	项目名称	具体内容	是否完成	备注
6	凹陷拉拔修复	a. 搭铁 b. 是否结合加热修复 c. 拉拔配合敲击 d. 反复不断检查	是□ 否□ 是□ 否□ 是□ 否□ 是□ 否□	
7	打磨	a. 偏口剪剪短铝焊钉 b. 车身锉锉平	是□ 否□ 是□ 否□	
8	质量评估	a. 无高低 b. 低点小于 1mm c. 车身线和钢板边缘恢复 d. 修复区域强度恢复 e. 满足装配要求	是□ 否□ 是□ 否□ 是□ 否□ 是□ 否□ 是□ 否□	
9	7S 管理	a. 安全问题 b. 设备工具整理 c. 场地卫生打扫	是□ 否□ 是□ 否□ 是□ 否□	

理论习题

一、填空题

1. 加热 6000 系列铝板时，加热温度不超过（　　）℃。
2. 铝板打磨时，通常选用粒度为（　　）或（　　）的砂纸打磨。

二、选择题

1. 考虑强度高、成型好以及耐腐蚀性优等特点，我们通常选用（　　）铝合金作为车身覆盖件材料。
   A. 1000 系列　　　B. 4000 系列　　　C. 5000 系列　　　D. 6000 系列
2. 下列不属于铝合金特性的是（　　）。
   A. 粉末易燃易爆　　　　　　B. 延展性好
   C. 化学性能活泼　　　　　　D. 高熔点
3. 铝介子机修复方法修理车身哪个部位最有效？（　　）
   A. 铝制车身覆盖件　　　　　B. 车身立柱
   C. 车身大梁　　　　　　　　D. 塑料保险杠
4. 关于铝合金面板修复的描述，下列哪一项叙述不正确？（　　）
   A. 铝板修复前需要打磨表面的氧化膜
   B. 铝焊钉可以重复使用，节约维修成本
   C. 铝板可以采用碳棒缩火的方式消除高低
   D. 铝板修复后可无需做防腐处理

5. 除去铝合金表面的氧化膜,不可取的方法是(　　)。
　　A. 钢丝刷刷去　　　　　　　　B. 选用 80 号粒度砂纸打磨
　　C. 选用 120 号粒度砂纸打磨　　D. 砂轮机研磨

三、简答题

1. 汽车的车身为什么选用铝合金材料?其优点有哪些?

2. 铝合金面板维修时要注意哪些事项?

项目十三 免喷漆修复

任务一 撬棒无痕修复

根据提供的车身翼子板，对损伤部位进行撬棒无痕修复，并完成以下操作流程记录表。

姓　名		班　级		日　期	
学　号		场　地		成　绩	
任务目的	1. 能准确完成受损板件评估 2. 能独立完成车身面板撬棒无痕修复作业				

实施流程					
序号	项目名称	具体内容	是否完成		备　注
1	个人防护	a. 工作帽 b. 耳塞/耳罩 c. 工作服 d. 护目镜 e. 棉线手套 f. 安全鞋	是□ 否□ 是□ 否□ 是□ 否□ 是□ 否□ 是□ 否□ 是□ 否□		
2	损伤评估	a. 目测 b. 触摸 c. 对比 d. 按压	是□ 否□ 是□ 否□ 是□ 否□ 是□ 否□		
3	判定损伤范围	a. 漆膜有无破损 b. 背面是否触及 c. 圈出损伤范围 d. 圈出高点	是□ 否□ 是□ 否□ 是□ 否□ 是□ 否□		
4	推压修复	a. 有无借用热风枪加热辅助 b. 选用合适"钩子"从背面顶压修复 c. 按照由外向内逐一顶推，反复修复	是□ 否□ 是□ 否□ 是□ 否□		
5	恢复高点	选用橡胶锤配合胶棒修复高点	是□ 否□		
6	抛光	是否对修复表面进行抛光处理	是□ 否□		
7	7S管理	a. 安全问题 b. 设备工具整理 c. 场地卫生打扫	是□ 否□ 是□ 否□ 是□ 否□		

任务二　胶粘无痕修复

根据提供的车身外板,对损伤部位进行胶粘无痕修复,并完成以下操作流程记录表。

姓　　名		班　　级		日　　期	
学　　号		场　　地		成　　绩	
任务目的	1. 能规范胶粘无痕修复工具套装 2. 能独立完成汽车车身面板胶粘无痕修复作业				

实施流程				
序号	项目名称	具体内容	是否完成	备　注
1	个人防护	a. 工作帽 b. 耳塞/耳罩 c. 工作服 d. 护目镜 e. 棉线手套 f. 安全鞋	是□ 否□ 是□ 否□ 是□ 否□ 是□ 否□ 是□ 否□ 是□ 否□	
2	清洁	a. 除油 b. 除尘	是□ 否□ 是□ 否□	
3	标记损伤	标记损伤范围和高低点	是□ 否□	
4	粘接粘耳	a. 热熔胶枪提前预热 3~5min b. 塑料粘耳可预热,提高粘接性	是□ 否□ 是□ 否□	
5	拉拔修复	a. 配合强力拉拔组合工具使用 b. 拉拔过程中不断检查表面情况	是□ 否□ 是□ 否□	
6	取下粘耳	a. 可使用塑料铲子辅助,避免破坏漆膜 b. 可使用专业的清洁剂来清除胶	是□ 否□ 是□ 否□	
7	修整高点	使用橡胶锤子和销子修整高点	是□ 否□	
8	抛光处理	是否对修复表面进行抛光处理	是□ 否□	
9	7S 管理	a. 安全问题 b. 设备工具整理 c. 场地卫生打扫	是□ 否□ 是□ 否□ 是□ 否□	

理论习题

一、填空题

用于修复紧凑区域中的凹痕,就像车门加强杆或面板加强件的后面,此工具为(　　　　)。

二、选择题

1. 下列工具不属于胶粘无痕修复工具的有 (　　　　)。
   A. 热熔胶枪　　　　B. 拉拔滑锤　　　　C. 平整销　　　　D. 撬棒
2. 下列陈述不正确的是 (　　　　)。
   A. 铝热熔胶胶贴可使用多次
   B. 带有尖锐褶皱的损伤可能需要使用聚酯车身填料,这仍然属于 PDR 维修
   C. 使用滑动锤时要小心,因为可能被夹伤
   D. PDR 杆由弹性钢制成
3. 撬棒的头部有多种形状,图为 (　　　　)。
   A. 刀形　　　　　　　　　　　B. 弹头形
   C. 尖头形　　　　　　　　　　D. 球形
4. 撬棒无痕修复在恢复高点时,使用不到的工具是 (　　　　)。
   A. 胶棒　　　　　　B. 橡胶锤　　　　C. 撬棒　　　　D. 楔块

三、简答题

1. 陈述撬棒无痕修复流程以及注意事项。

2. 简述胶粘无痕修复流程。

项目十四　旧板件的分离

任务一　板件切割分离

根据提供的维修车辆或车身板件，对损坏部位进行切割分离操作，并完成下面的操作记录表。

姓　名		班　级		日　期	
学　号		场　地		成　绩	
任务目的	1. 能正确使用各种切割分离工具 2. 能独立完成旧板件的切割分离作业				

<table>
<tr><th colspan="5">实施流程</th></tr>
<tr><th>序号</th><th>项目名称</th><th>具体内容</th><th>是否完成</th><th>备注</th></tr>
<tr><td>1</td><td>个人防护</td><td>a. 工作帽
b. 耳塞/耳罩
c. 工作服
d. 护目镜
e. 皮手套
f. 安全鞋</td><td>是□ 否□
是□ 否□
是□ 否□
是□ 否□
是□ 否□
是□ 否□</td><td></td></tr>
<tr><td>2</td><td>确定切割位置</td><td>a. 切割位置避开加强件区域
b. 切割位置避开急弯处</td><td>是□ 否□
是□ 否□</td><td></td></tr>
<tr><td>3</td><td>划线定位</td><td>a. 使用划针画出切割位置
b. 或使用胶带纸粘贴切割位置，标注哪一侧切割</td><td>是□ 否□
是□ 否□</td><td></td></tr>
<tr><td>4</td><td>设备调试</td><td>a. 选用合适的切割工具：气动切割锯
b. 更换气动切割锯片
c. 设备滴入几滴润滑油</td><td>是□ 否□
是□ 否□
是□ 否□</td><td></td></tr>
<tr><td>5</td><td>压力切割</td><td>a. 从棱线位置开始切割
b. 沿着定位线切割
c. 切割过程始终保持压力切割</td><td>是□ 否□
是□ 否□
是□ 否□</td><td></td></tr>
<tr><td>6</td><td>质量检查</td><td>a. 检查切割线与定位线是否一致
b. 毛刺去除</td><td>是□ 否□
是□ 否□</td><td></td></tr>
<tr><td>7</td><td>7S管理</td><td>a. 安全问题
b. 设备工具整理
c. 场地卫生打扫</td><td>是□ 否□
是□ 否□
是□ 否□</td><td></td></tr>
</table>

任务二　电阻点焊焊点分离

根据提供的维修车辆或车身板件，对损坏部位进行电阻点焊分离操作，并完成下面的操作记录表。

姓　名		班　级		日　期	
学　号		场　地		成　绩	
任务目的	1. 能规调整焊点去除钻钻孔间隙 2. 能规范完成焊点的快速分离作业				

实施流程				
序号	项目名称	具体内容	是否完成	备　注
1	个人防护	a. 工作帽 b. 耳塞/耳罩 c. 工作服 d. 护目镜 e. 皮手套 f. 安全鞋	是□ 否□ 是□ 否□ 是□ 否□ 是□ 否□ 是□ 否□ 是□ 否□	
2	确定焊点位置	使用点位冲确定焊点中心位置	是□ 否□	
3	工具调试	调整除去钻间隙，与板厚一致	是□ 否□	
4	焊点钻除	a. 焊点完整钻除 b. 底板未打伤	是□ 否□ 是□ 否□	
5	板件分离	a. 使用錾子使两块板件慢慢分离 b. 去毛刺 c. 底板整形	是□ 否□ 是□ 否□ 是□ 否□	
6	7S 管理	a. 未出现任何安全问题 b. 设备工具整理 c. 场地卫生打扫	是□ 否□ 是□ 否□ 是□ 否□	

任务三　铆接件分离

根据提供的维修车辆或车身板件，对铆接件进行焊分离操作，并完成下面的操作记录表。

汽车钣金喷涂技术任务工单

姓 名		班 级		日 期	
学 号		场 地		成 绩	

| 任务目的 | 1. 能正确分离拉铆接件
2. 能正确分离压铆接件 | | | | |

实施流程					
序号	项目名称	具体内容	是否完成	备 注	
1	个人防护	a. 工作帽 b. 耳塞／耳罩 c. 工作服 d. 护目镜 e. 皮手套 f. 安全鞋	是□ 否□ 是□ 否□ 是□ 否□ 是□ 否□ 是□ 否□ 是□ 否□		
2	准备工作	选用合适的拆卸工具和设备	是□ 否□		
3	拉铆接件分离	a. 4mm 平行销冲头和锤子，拆除铆钉中心杆（铆钉芯） b. 6.5mm 的钻头钻除铆钉	是□ 否□ 是□ 否□		
4	压铆接件分离	a 使用电动铆接设备（ESN50）配合拆卸附件（冲头、铁砧）拆卸压铆钉 b. 使用 5.3mm 钻头钻除压铆钉	是□ 否□ 是□ 否□		
5	毛刺打磨	a. 除去铆钉周围区域的毛刺 b. 板件整形	是□ 否□ 是□ 否□		
6	7S 管理	a. 未出现任何安全问题 b. 设备工具整理 c. 场地卫生打扫	是□ 否□ 是□ 否□ 是□ 否□		

理论习题

一、填空题

1. 使用气动切割锯切割1mm厚的薄板件，气动锯片建议使用每英寸（　　）齿的切割锯。
2. 6.4mm的断杆式铆钉使用直径为（　　）的钻头钻除。
3. 自攻铆钉可使用电动铆接设备（　　）拆除。

二、选择题

1. 下列陈述不正确的是（　　）。
    A. 切割操作之前，一定做好个人的防护
    B. 切割时不要伤到内部或加强面板
    C. 使用砂轮机切割盘切割时，需要更好地控制切割深度
    D. 切割时，应将气锯锯条尽量垂直面板表面

2. 焊点钻除作业时，应佩戴的防护用品不包括（　　）。
   A. 防切割手套　　　B. 护目镜　　　C. 耳罩　　　D. 线手套
3. 气动切割锯切割方式不包括（　　）。
   A. 重叠切割　　　B. 标记切割　　　C. 末端切割　　　D. 对比切割

三、判断题
1. 气动切割锯可用于超高强度钢的切割。　　　　　　　　　　　（　　）
2. 焊点去除钻严禁持续长时间作业，以免钻头高温强度退化。　（　　）
3. 电阻点焊点的分离建议采用带式砂轮机拆卸分离。　　　　　（　　）

四、简答题
1. 简述断杆式铆钉拆卸方法。

2. 陈述电阻点焊分离操作流程。

项目十五 电阻点焊

任务一 焊机参数设置与调整

根据要求,完成电阻点焊机的参数设置和调整作业,并完成下面的操作记录表。

姓　名		班　级		日　期	
学　号		场　地		成　绩	
任务目的	1.能正确对焊机模式和参数进行设定 2.能正确完成焊机参数的调整				
实施流程					
序号	项目名称	具体内容	是否完成		备　注

序号	项目名称	具体内容	是否完成	备　注
1	个人防护	a. 工作帽 b. 耳塞/耳罩 c. 工作服 d. 护目镜 e. 焊接全面罩 f. 焊接头盔 g. 棉线手套 h. 安全鞋	是□　否□ 是□　否□ 是□　否□ 是□　否□ 是□　否□ 是□　否□ 是□　否□ 是□　否□	
2	开机	a. 设备电源(380V)是否正确接入 b. 设备开关正确开启,是否报故障 c. 设备接入压缩气源	是□　否□ 是□　否□ 是□　否□	
3	调整气压	a. 正确调整气压 b. 读取气压值	是□　否□ 设备气压值:＿＿＿bar	
4	板厚选择	a. 用游标卡尺测试焊件的厚度 b. 选择合适的板厚参数	焊件厚度:＿＿＿mm 是□　否□	
5	功率选择	a. 采用设备默认功率值 b. 进行功率微调整	是□　否□ 是□　否□	
6	模式选择	a. 焊件材质:是否高强度钢板 b. 焊件材质:是否镀锌板 c. 焊件材质:是否多层板(两层以上)焊接 d. 选择合适的焊接模式	是□　否□ 是□　否□ 是□　否□ 是□　否□	
7	7S管理	a. 安全问题 b. 设备工具整理 c. 场地卫生打扫	是□　否□ 是□　否□ 是□　否□	

任务二　电阻点焊焊接

根据提供的维修车辆或车身板件，对车身板件进行电阻点焊连接，并完成下面的操作记录表。

姓　名		班　级		日　期	
学　号		场　地		成　绩	
任务目的	1. 能规范使用电阻点焊机 2. 能正确完成板件电阻点焊作业				

实施流程					
序号	项目名称	具体内容	是否完成	备　注	
1	个人防护	a. 工作帽 b. 耳塞/耳罩 c. 工作服 d. 护目镜 e. 焊接全面罩 f. 焊接头盔 g. 棉线手套 h. 安全鞋	是□　否□ 是□　否□ 是□　否□ 是□　否□ 是□　否□ 是□　否□ 是□　否□ 是□　否□		
2	焊接预处理	a. 划线 b. 清洁 c. 防腐 d. 固定夹持	是□　否□ 是□　否□ 是□　否□ 是□　否□		
3	焊机调试	a. 参数设定 b. 试焊 c. 撕裂试验 d. 参数调整	是□　否□ 是□　否□ 是□　否□ 是□　否□		
4	焊接	跳焊	是□　否□		
5	效果评估	a. 焊点外观检查 b. 焊点尺寸测量	是□　否□ 是□　否□		
6	7S 管理	a. 安全问题 b. 设备工具整理 c. 场地卫生打扫	是□　否□ 是□　否□ 是□　否□		

任务三　焊点缺陷分析

电阻点焊完成后，对其进行效果评估，分析焊接缺陷原因，并完成以下记录表。

姓　名		班　级		日　期	
学　号		场　地		成　绩	
任务目的	1. 能正确进行撕裂试验 2. 能正确完成焊件缺陷分析				

实施流程			
序号	项目名称	具体内容	是否完成	缺陷原因分析
1	外观缺陷	检查焊点外观，有无以下缺陷： a. 表面裂缝 b. 表面气孔 c. 表面喷溅 d. 面板过热 e. 焊点变形	是□ 否□ 是□ 否□ 是□ 否□ 是□ 否□ 是□ 否□	可能原因分析： ①＿＿＿＿ ②＿＿＿＿ ③＿＿＿＿ ④＿＿＿＿ ⑤＿＿＿＿
2	尺寸测量	检查焊点尺寸： a. 焊点直径 b. 压痕深度	焊点直径： 压痕深度：	可能原因分析： ①＿＿＿＿ ②＿＿＿＿
3	撕裂试验	试焊件撕裂试验： a. 部分断裂 b. 界面断裂	是□ 否□ 是□ 否□	可能原因分析： ①＿＿＿＿ ②＿＿＿＿
4	7S 管理	a. 安全问题 b. 设备工具整理 c. 场地卫生打扫	是□ 否□ 是□ 否□ 是□ 否□	

理论习题

一、填空题

1. 标准的电阻点焊点直径为（　　　）。
2. 点焊的压痕深度不超过单层板厚的（　　　）。
3. 电极臂主要选用（　　　）材质。
4. 为了确保电极臂能产生足够的挤压力，要求气源压力在（　　　）以上。
5. 焊枪通常有（　　　）和（　　　）两种类型。

二、选择题

1. 如图所示，此模式主要用于（　　　）的焊接。

    A. 多层板电阻点焊接

    B. 高强度钢板焊接

    C. 镀锌钢板焊接

    D. 两层高强度镀锌钢板焊接

2. 当焊点出现表面喷溅时，其产生的原因不包括（　　　）。

    A. 焊接电流过大　　　　　　B. 板件表面脏污

    C. 焊接时间过长　　　　　　D. 电极头非垂直板件

3. 电阻点焊机采用变频技术，可以节省高达40%的能量，同时可以在更短时间内完成点焊作业，其关键部分靠（ ）来实现，使直流电转换成内部所需要的电压和频率。

   A. 整流器　　　　　B. 变压器　　　　　C. 逆变器　　　　　D. 电容

三、判断题

1. 电阻点焊机可以实现铝板件的焊接。（   ）
2. 电阻点焊焊接时，有高电流流入，伴随强磁场，所以要注意强磁的危险。（   ）
3. 电阻点焊操作复杂，要求技术人员的操作经验和专业技术水平很高，才能完成作业。（   ）
4. 电阻点焊最适用于厚板件的焊接作业。（   ）
5. 板件固定夹具离焊接区域很近，会产生分流现象。（   ）
6. 单层板厚为1mm的板件进行电阻点焊时，建议焊点间距为30mm。（   ）

四、简答题

1. 简述电阻点焊的特征有哪些。

2. 陈述电阻点焊的操作流程。

项目十六 MAG 钢焊接

任务一 焊机参数设置与调整

根据要求,完成 MAG 钢焊机的参数设置和调整作业,并完成下面的操作记录表。

姓 名		班 级		日 期	
学 号		场 地		成 绩	
任务目的	1. 能正确对焊机参数进行设定 2. 能正确完成焊机参数的调整				
实施流程					
序号	项目名称	具体内容	是否完成		备注
1	个人防护	a. 焊接头盔 b. 耳塞/耳罩 c. 工作服 d. 护目镜 e. 焊接全面罩 f. 棉线手套 g. 焊接手套 h. 阻燃服	是□ 否□ 是□ 否□ 是□ 否□ 是□ 否□ 是□ 否□ 是□ 否□ 是□ 否□ 是□ 否□		
2	清洁	a. 试焊片除锈 b. 试焊片除油 c. 试焊片除尘	是□ 否□ 是□ 否□ 是□ 否□		
3	气体流量设定	a. 正确打开气瓶阀门(逆开顺关) b. 读取气体流量	是□ 否□ 气体流量:__L/min		
4	焊接电流、出丝速度设定	a. 根据板厚大小,选择合适的焊接电流和出丝速度 b. 记录焊接电流和出丝速度	是□ 否□ 焊接电流:____A 出丝速度:__m/min		
5	焊接方向与焊接角度	a. 焊接方向 b. 焊接角度	正向□ 逆向□ 角度:_____		
6	导电嘴到母材的距离	a. 导电嘴到母材的距离 b. 握稳焊枪,保持距离不变	距离建议值:___mm 是□ 否□		
7	7S 管理	a. 安全问题 b. 设备工具整理 c. 场地卫生打扫	是□ 否□ 是□ 否□ 是□ 否□		

任务二 对接焊

根据提供的维修车辆或车身板件，对车身板件进行对接焊作业，并填写下面的操作记录表。

姓 名		班 级		日 期	
学 号		场 地		成 绩	
任务目的	能正确完成板件对接焊作业				
实施流程					
序号	项目名称	具体内容	是否完成	备 注	
1	准备工作	a. 焊接头盔 b. 耳塞/耳罩 c. 工作服 d. 护目镜 e. 焊接全面罩 f. 棉线手套 g. 焊接手套 h. 阻燃服	是□ 否□ 是□ 否□ 是□ 否□ 是□ 否□ 是□ 否□ 是□ 否□ 是□ 否□ 是□ 否□		
2	板件清洁	a. 除锈 b. 除油 c. 除尘	是□ 否□ 是□ 否□ 是□ 否□		
3	定位夹持	a. 焊缝均匀 b. 板件表面平整，无高度差 c. 大力钳牢牢固定板件	焊缝：____ mm 是□ 否□ 是□ 否□		
4	试焊	通过试焊，调整最佳设备参数	是□ 否□		
5	定位焊	a. 确定定位焊点数量 b. 确保板件无变形	定位焊点间距： ____ mm 是□ 否□		
6	连续点焊	a. 采用分段连续点焊接 b. 焊点无缺陷	是□ 否□ 是□ 否□		
7	7S 管理	a. 安全问题 b. 设备工具整理 c. 场地卫生打扫	是□ 否□ 是□ 否□ 是□ 否□		

任务三 塞焊

根据提供的维修车辆或车身板件，对车身板件进行塞焊作业，并填写下面的操作记录表。

姓 名		班 级		日 期	
学 号		场 地		成 绩	
任务目的	能正确完成板件塞焊作业				
实施流程					
序号	项目名称	具体内容	是否完成	备 注	
1	准备工作	a. 焊接头盔 b. 耳塞/耳罩 c. 工作服 d. 护目镜 e. 焊接全面罩 f. 棉线手套 g. 焊接手套 h. 阻燃服	是□ 否□ 是□ 否□ 是□ 否□ 是□ 否□ 是□ 否□ 是□ 否□ 是□ 否□ 是□ 否□		
2	板件清洁	a. 除锈 b. 除油 c. 除尘	是□ 否□ 是□ 否□ 是□ 否□		
3	定位夹持	a. 上下层板件间无间隙 b. 板件牢牢固定	是□ 否□ 是□ 否□		
4	试焊	通过试焊，调整最佳设备参数	是□ 否□		
5	塞焊	a. 错位交叉焊接，避免过多热量集中 b. 确保焊点无缺陷	是□ 否□ 是□ 否□		
6	7S管理	a. 安全问题 b. 设备工具整理 c. 场地卫生打扫	是□ 否□ 是□ 否□ 是□ 否□		

任务四 焊接缺陷分析

MAG钢焊接完成后，对其进行效果评估，分析焊接缺陷原因，并完成下面的记录表。

姓　　名		班　　级		日　　期	
学　　号		场　　地		成　　绩	
任务目的		1. 能正确判定焊接缺陷类型 2. 能正确完成焊接缺陷原因分析			

实施流程				
序号	项目名称	具体内容	是否完成	缺陷原因分析
1	焊点观察	检查焊点外观，判定有无缺陷： a. 使用 2~5 倍的放大镜 b. 光照强度 400lx 以上的环境下	是□ 否□ 是□ 否□ 是□ 否□	
2	熔深不足	是否存在熔深不足缺陷	是□ 否□	缺陷原因可能是： ①_____ ②_____
3	咬边	是否存在咬边缺陷	是□ 否□	缺陷原因可能是： ①_____ ②_____
4	气孔	是否存在气孔缺陷	是□ 否□	缺陷原因可能是： ①_____ ②_____
5	飞溅	是否存在飞溅缺陷	是□ 否□	缺陷原因可能是： ①_____ ②_____
6	焊道错位	是否存在焊道错位缺陷	是□ 否□	缺陷原因可能是： ①_____ ②_____
7	烧穿	是否存在烧穿缺陷	是□ 否□	可能原因分析： ①_____ ②_____

理论习题

一、填空题

1. 气体保护焊焊枪导电嘴到工件的标准距离是（　　　）。
2. 在 1mm 钢板上进行塞焊时，一般的塞孔直径是（　　　）。
3. 气体保护焊气体流量一般建议为（　　　）。
4. 焊接根据位置不同，可分为平焊、横焊、（　　　）和（　　　）四种。

二、选择题

1. 焊接时的防护镜片是（　　）。
   A. 茶色镜片　　　B. 深色镜片　　　C. 淡色镜片　　　D. 黑色镜片
2. 惰性气体保护焊搭铁夹钳的作用是（　　）。
   A. 作为搭铁线使用　　　　　　B. 使电流形成回路
   C. 使电流稳定，焊接效果好　　D. 固定板件
3. 决定惰性气体保护焊焊接速度的因素为（　　）。
   A. 出丝速度和电流　　　　　　B. 板厚和电流
   C. 气体流量和电流　　　　　　D. 焊接方向和角度
4. 惰性气体保护焊保护气中的二氧化碳含量增大时，发生的变化是（　　）。
   A. 焊接熔深加大，焊缝宽度加大
   B. 焊接熔深加大，焊缝宽度减小
   C. 焊接熔深减小，焊缝宽度加大
   D. 焊接熔深减小，焊缝宽度减小
5. 惰性气体保护焊进行仰焊操作时，应（　　）。
   A. 调低电压，缩短电弧　　　　B. 调高电压，缩短电弧
   C. 调低电压，加大电弧　　　　D. 调高电压，加大电弧
6. 保护焊的定位焊各焊点间距与板件厚度有关，一般是板件厚度的（　　）。
   A. 5~15 倍　　　B. 30~40 倍　　　C. 15~30 倍　　　D. 40~50 倍
7. 惰性气体保护焊焊枪移动过慢时，可能会产生的问题是（　　）。
   A. 焊缝变窄　　　B. 熔穿　　　C. 熔深变浅　　　D. 气孔

三、判断题

1. MAG 钢焊焊接汽车车身薄钢板，一般选用 $\varPhi 1.0$ 的钢焊丝。　　　（　　）
2. MAG 焊指的是惰性气体保护焊。　　　（　　）
3. 气体保护焊的焊接电流过大时，板件极容易出现烧穿现象。　　　（　　）
4. 双排送丝机构的送丝要比单排送丝机构的更加平顺。　　　（　　）

四、简答题

1. 简述对接焊的工艺流程。

2. 简述塞焊的工艺流程。

3. 陈述气体保护焊常见的焊接缺陷，并分析原因。

项目十七 MIG 铝焊接

任务一 调整 MIG 焊机

根据要求,完成 MIG 焊机调整作业,并完成下面的操作记录表。

姓 名		班 级		日 期	
学 号		场 地		成 绩	
任务目的	1. 能了解铝合金的相关特性 2. 能正确完成 MIG 焊机的调整				

实施流程					
序号	项目名称	具体内容	是否完成	备 注	
1	个人防护	a. 焊接头盔 b. 耳塞/耳罩 c. 工作服 d. 护目镜 e. 焊接全面罩 f. 棉线手套 g. 焊接手套 h. 阻燃服	是□ 否□ 是□ 否□ 是□ 否□ 是□ 否□ 是□ 否□ 是□ 否□ 是□ 否□ 是□ 否□		
2	更换焊丝盘	a. 更换焊丝盘 b. 使用硅铝焊丝 4043/4047,还是镁铝焊丝 5554	是□ 否□ 铝焊丝规格:_____		
3	更换导电嘴	更换正确的铝焊丝专用导电嘴	是□ 否□ 导电嘴规格:_____		
4	更换送丝导管	更换聚四氟乙烯或石墨材质的送丝导管	是□ 否□		
5	更换送丝毂	更换正确的送丝毂	是□ 否□ 送丝毂规格:_____		
6	更换保护气体	更换合适的保护气体	是□ 否□ 保护气体为:_____		
7	7S 管理	a. 安全问题 b. 设备工具整理 c. 场地卫生打扫	是□ 否□ 是□ 否□ 是□ 否□		

任务二　铝车身焊接

根据提供的维修车辆或车身板件,对车身铝板件进行焊接作业,并填写下面的记录表。

姓　　名		班　　级		日　　期	
学　　号		场　　地		成　　绩	
任务目的	能正确完成铝车身焊接作业				
实施流程					
序号	项目名称	具体内容	是否完成	备　　注	
1	准备工作	a. 焊接头盔 b. 耳塞/耳罩 c. 工作服 d. 护目镜 e. 焊接全面罩 f. 棉线手套 g. 焊接手套 h. 阻燃服	是□ 否□ 是□ 否□ 是□ 否□ 是□ 否□ 是□ 否□ 是□ 否□ 是□ 否□ 是□ 否□		
2	板件清洁	a. 除锈 b. 除油 c. 除尘	是□ 否□ 是□ 否□ 是□ 否□		
3	清除氧化膜	a. 用粒度为80号的砂轮的砂轮机磨去宽度为25 mm范围内的涂层 b. 用不锈钢钢丝刷刷净铝表面,直到表面发亮为止	是□ 否□ 是□ 否□		
4	定位夹持	a. 焊缝均匀 b. 板件表面平整,无高度差 c. 大力钳牢牢固定板件 d. 首尾装有引弧板和弧板	是□ 否□ 是□ 否□ 是□ 否□ 是□ 否□		
5	试焊	通过试焊,调整最佳设备参数	是□ 否□		
6	定位焊	a. 确定定位焊点数量 b. 确保板件无变形	定位焊点间距: ———— mm 是□ 否□		
7	连续焊	a. 采用正向连续焊接 b. 效果评估:无瑕疵、无缺陷	是□ 否□ 是□ 否□		
8	7S管理	a. 安全问题 b. 设备工具整理 c. 场地卫生打扫	是□ 否□ 是□ 否□ 是□ 否□		

理论习题

一、填空题

1. 铝板焊接采用（　　）向焊接方式。
2. 铝焊接使用到的送丝毂是（　　）型。
3. MIG 铝焊接可使用（　　）或（　　）作为其保护气体。

二、选择题

1. 铝的密度大约是钢铁的（　　）。
   A. 1/2　　　　B. 1/3　　　　C. 1/4　　　　D. 1/5
2. 铝外层氧化物的熔点可以达到（　　）。
   A. 2050℃　　　B. 2150℃　　　C. 660℃　　　D. 1535℃
3. 铝板进行气体保护焊焊接时，要采用（　　）。
   A. 100%氩气的保护气
   B. 100%二氧化碳的保护气
   C. 50%氩气、50%二氧化碳的保护气
   D. 75%氩气、25%二氧化碳的保护气
4. 气体保护焊焊接铝板时，焊枪的焊接角度是（　　）。
   A. 5°~15°　　　B. 10°~20°　　　C. 20°~30°　　　D. 10°~30°
5. 气体保护焊焊接铝板时，下列操作方法正确的是（　　）。
   A. 保护气比焊接钢板时多 20%　　　B. 送丝速度比焊接钢板快
   C. 在焊接前只对板件进行清洗　　　D. 采用连续点焊形式焊接

三、判断题

1. 铝板表面氧化物不能使用钢丝刷刷去，因为会发生电化学腐蚀。（　　）
2. MIG 焊指的是惰性气体保护焊。（　　）
3. 5554（$AlMg_3$）型号的铝焊丝可用于所有系列的铝材的焊接。（　　）
4. 焊接铝板前需要及时清除其表面的氧化膜。（　　）

四、简答题

1. 简述 MIG 铝焊的工艺流程。

2. 简述 MIG 铝焊的注意事项。

项目十八 MIG 铜焊接

任务一 调整 MIG 硬钎焊焊机

根据要求,完成 MIG 硬钎焊焊机调整作业,并完成下面的操作记录表。

姓 名		班 级		日 期	
学 号		场 地		成 绩	
任务目的	能正确完成 MIG 硬钎焊焊机的调整				
实施流程					
序号	项目名称	具体内容	是否完成		备 注
1	个人防护	a. 焊接头盔 b. 耳塞/耳罩 c. 工作服 d. 护目镜 e. 焊接全面罩 f. 棉线手套 g. 焊接手套 h. 阻燃服	是□ 否□ 是□ 否□ 是□ 否□ 是□ 否□ 是□ 否□ 是□ 否□ 是□ 否□ 是□ 否□		
2	更换焊丝盘	a. 更换焊丝盘 b. 使用 $CuSi_3$ 焊丝	是□ 否□ 是□ 否□		
3	更换导电嘴	更换正确的导电嘴	是□ 否□ 导电嘴规格:____		
4	更换送丝导管	更换聚四氟乙烯或石墨材质的送丝导管	是□ 否□		
5	更换送丝毂	更换正确的送丝毂	是□ 否□ 送丝毂规格:____		
6	更换保护气体	更换合适的保护气体	是□ 否□ 保护气体为:____		
7	7S 管理	a. 安全问题 b. 设备工具整理 c. 场地卫生打扫	是□ 否□ 是□ 否□ 是□ 否□		

任务二　MIG 硬钎焊

根据提供的维修车辆或车身板件，对车身板件进行铜焊作业，并填写下面的记录表。

姓　　名		班　　级		日　　期	
学　　号		场　　地		成　　绩	
任务目的	能正确完成铜焊接作业				
实施流程					
序号	项目名称	具体内容	是否完成	备　　注	
1	准备工作	a. 焊接头盔 b. 耳塞/耳罩 c. 工作服 d. 护目镜 e. 焊接全面罩 f. 棉线手套 g. 焊接手套 h. 阻燃服	是□　否□ 是□　否□ 是□　否□ 是□　否□ 是□　否□ 是□　否□ 是□　否□ 是□　否□		
2	开槽	a. 能正确开槽 b. 相邻槽之间的距离合适	开槽尺寸：_____ 槽间距：_____ mm		
3	板件清洁	a. 槽孔去毛刺 b. 板件整平 c. 清洁	是□　否□ 是□　否□ 是□　否□		
4	定位夹持	a. 焊缝均匀 b. 板件表面平整，无高度差 c. 大力钳牢牢固定板件	是□　否□ 是□　否□ 是□　否□		
5	试焊	通过试焊，调整最佳设备参数	是□　否□		
6	定位焊	a. 确定定位焊点数量 b. 定位焊点正面打磨平整	定位焊点间距：___ mm 是□　否□		
7	对接焊	a. 采用正向连续点焊 b. 效果评估	是□　否□ 是□　否□		
8	塞焊	a. 采用连续焊，填满整个槽孔 b. 效果评估	是□　否□ 是□　否□		
9	7S 管理	a. 安全问题 b. 设备工具整理 c. 场地卫生打扫	是□　否□ 是□　否□ 是□　否□		

理论习题

一、填空题

1. 钎焊可分为（   ）和（   ）。
2. 硬钎焊作用时，建议采取的铜焊丝的材质是（   ），直径是（   ），出气量是（   ）。
3. 铜焊丝上所用的送丝毂为（   ）类型。
4. 在进行MIG硬钎焊作业时，控制热影响区在（   ）范围内。

二、选择题

1. 铜焊接属于（   ）。
   A. 熔接焊 B. 压接焊 C. 硬钎焊 D. 软钎焊
2. MIG硬钎焊时，保护气体建议选用（   ）。
   A. 99.99%氩气的保护气
   B. 99.99%二氧化碳的保护气
   C. 50%氩气、50%二氧化碳的保护气
   D. 75%氩气、25%二氧化碳的保护气
3. 铜焊时，焊枪的行走角度是（   ）。
   A. 5°~15° B. 10°~20° C. 20°~30° D. 10°~30°

三、判断题

1. 在车身修理中，MIG硬钎焊的焊接温度比钢焊接要低，因此板件变形小。（   ）
2. 硬钎焊的焊接温度在965~1035℃。（   ）
3. 钢焊接建议采取逆向焊接手法。（   ）
4. 硬钎焊时，为了更好地产生熔深，需要倾斜焊枪，加大行走角度。（   ）
5. 在剪切焊丝端部时，务必朝下操作，避免焊丝崩到操作人员的眼睛和面部。（   ）

四、简答题

1. 简述MIG对接焊操作流程。

2. 简述MIG塞焊操作流程。

项目十九 粘接与铆接

任务一 车身粘接

根据要求,完成车身板件粘接作业,并完成下面的操作记录表。

姓 名		班 级		日 期	
学 号		场 地		成 绩	
任务目的	能正确完成车身板件粘接作业				
实施流程					
序号	项目名称	具体内容	是否完成		备 注
1	个人防护	a. 溶胶手套 b. 耳塞/耳罩 c. 工作服 d. 护目镜 e. 焊接全面罩 f. 棉线手套	是口 否口 是口 否口 是口 否口 是口 否口 是口 否口 是口 否口		
2	清洁	清洁板件	是口 否口		
3	打胶	a. "Z"字形打胶 b. 避开孔洞位置 c. 控制打胶密度	是口 否口 是口 否口 是口 否口		
4	刮胶	使用刮刀均匀刮涂	是口 否口 刮涂厚度:___mm		
5	板件结合	a. 略施加压力,使打胶面结合均匀 b. 及时清理周边溢出来的胶	是口 否口 是口 否口		
6	7S 管理	a. 安全问题 b. 设备工具整理 c. 场地卫生打扫	是口 否口 是口 否口 是口 否口		

任务二 车身铆接

根据提供的维修车辆或车身板件,对车身铝板件进行铆接作业,并填写下面的记录表。

姓　名		班　级		日　期	
学　号		场　地		成　绩	
任务目的	能正确完成铝车身铆接作业				

实施流程				
序号	项目名称	具体内容	是否完成	备　注
1	准备工作	a. 防切割手套 b. 耳塞/耳罩 c. 工作服 d. 护目镜 e. 口罩 f. 棉线手套	是□　否□ 是□　否□ 是□　否□ 是□　否□ 是□　否□ 是□　否□	
2	划线	确定铆钉位置，并划线	是□　否□	
3	固定夹持	法兰边对齐	是□　否□	
4	钻孔	钻孔 6.5mm	是□　否□	
5	打磨清洁	a. 打磨去毛刺 b. 清洁	是□　否□ 是□　否□ 是□　否□	
6	调整预压力	a. 调整预压力调整螺钉 b. 多次测试，调整到最佳压力	是□　否□ 是□　否□	
7	拉铆接	铆钉垂直板件进行铆接	是□　否□	
8	压铆接	一次只能安装一个铆钉	是□　否□ 是□　否□	
9	效果评估	目视观察，有无缺陷	是□　否□ 是□　否□	
10	7S 管理	a. 安全问题 b. 设备工具整理 c. 场地卫生打扫	是□　否□ 是□　否□ 是□　否□	

理论习题

一、填空题

1. 钣金双组分结构胶的主要成分有（　　）和（　　）。
2. 3M 08115钣金结构胶需要粘接（　　）h后，连接强度达到最大值。

二、选择题

1. 在无其他要求下，对于相同厚度的钢板和铝板的铆接，怎么铆接？（　　）
 　A. 从钢板一侧铆向铝板　　　　　　B. 从铝板一侧铆向钢板
 　C. 都可以　　　　　　　　　　　　D. 不确定

2. 使用 Φ6.4mm 的拉铆钉进行铆接，错误的是（　　）。
   A. 提前在板件开好 Φ6.4mm 的孔
   B. 提前在板件开好 Φ6.5mm 的孔
   C. 开孔前要固定好板件，以防孔错位
   D. 铆接时要佩戴护目镜

三、判断题

1. ESN50 压铆接设备一次可以铆接多个铆钉。　　　　　　　（　　）
2. 车身的法兰边一般采用拉铆接方式连接。　　　　　　　　（　　）
3. 拉铆接前需要提前在板件上开好合适的孔。　　　　　　　（　　）

四、简答题

1. 简述车身粘接的工艺流程。

2. 简述车身铆接的工艺流程。

项目二十 车身测量

任务一 二维测量

根据要求,完成车身底部多个测量孔的尺寸测量作业,并完成下面的操作记录表。

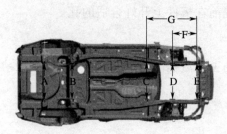

序号	从	至	尺寸/mm
A	后副车架,右后固定孔	后副车架,左后固定孔	
B	后副车架,右前固定孔	后副车架,左前固定孔	
C	前纵梁,右侧工具孔	前纵梁,左侧工具孔	
D	前副车架,右中央固定孔	副车架,左中央固定孔	
E	前副车架,右前固定孔	前副车架,左前固定孔	
F	前副车架,右前固定孔	前副车架,右中央固定孔	
G	前副车架,右前固定孔	前纵梁,右侧工具孔	

姓 名		班 级		日 期	
学 号		场 地		成 绩	
任务目的	能正确完成车身二维测量作业				

实施流程					
序号	项目名称	具体内容	是否完成	备 注	
1	个人防护	a. 棉线手套 b. 耳塞/耳罩 c. 工作服 d. 护目镜 e. 工作帽 f. 硬质头盔	是□ 否□ 是□ 否□ 是□ 否□ 是□ 否□ 是□ 否□ 是□ 否□		

（续）

实施流程				
序号	项目名称	具体内容	是否完成	备注
2	定损	通过目测，初步判断损伤部位、损伤范围和损伤程度	是□ 否□	
3	量规校准	使用钢直尺对轨道式量规进行校准	是□ 否□	
4	调整轨道式量规水平高度	利用水平刻度仪，调整两边测量柱位于统一高度	是□ 否□	
5	测量、记录	进行车身测量时，车辆尺的两端都要放于孔中心，若主尺的长度不够，可用副尺或者次尺进行延长。测量后，要正确地读取测量值，并记录下来。	是□ 否□	
6	7S 管理	a. 安全问题 b. 设备工具整理 c. 场地卫生打扫	是□ 否□ 是□ 否□ 是□ 否□	

任务二 三维测量

根据提供的维修车辆，完成对车身的电子测量作业，并填写下面的记录表。

姓 名		班 级		日 期	
学 号		场 地		成 绩	
任务目的	能正确完成车身电子测量作业				

实施流程				
序号	项目名称	具体内容	是否完成	备 注
1	准备工作	a. 防切割手套 b. 耳塞/耳罩 c. 工作服 d. 护目镜 e. 硬质头盔 f. 棉线手套	是□ 否□ 是□ 否□ 是□ 否□ 是□ 否□ 是□ 否□ 是□ 否□	
2	新建工单	a. 填写客户信息 b. 填写车辆信息	是□ 否□ 是□ 否□	
3	车辆模式选择	a. 有无悬架选择/部分悬架 b. 铝梁和车身方向是否一致	是□ 否□ 是□ 否□	
4	基准点选择	a. 在车身中部选择两组基准点 b. 在损伤区域选择多组合适的测量点	是□ 否□ 是□ 否□	

（续）

实施流程				
序号	项目名称	具体内容	是否完成	备注
5	安装发射器	a. 安装测量探头 b. 安装超声波发射器	是□ 否□ 是□ 否□	
6	测量点测量	完成测量点的三维数据测量	是□ 否□	
7	7S 管理	a. 安全问题 b. 设备工具整理 c. 场地卫生打扫	是□ 否□ 是□ 否□ 是□ 否□	

理论习题

一、填空题

1. 整体式车身发生轻微损伤，可以使用（　　）、（　　）进行测量。
2. 超声波测量系统由（　　）、（　　）、（　　）、（　　）组成。

二、选择题

1. 对于比较复杂的车身损坏检查，需要使用（　　）。

　　A. 轨道式量规、定心量规　　　B. 三维测量系统　　C. 钢卷尺

2. 下面属于机械测量系统的是（　　）。

　　A. 自由臂式测量系统　　　　　B. 专用测量系统

　　C. 超声波测量系统

3. 汽车的高度尺寸以（　　）为基准测的。

　　A. 基准面　　　　B. 中心面　　　　C. 零平面

4. 在测量中，车身的基准面与测量系统的基准面（　　）。

　　A. 平行　　　　　B. 重合　　　　　C. 平行或重合

三、判断题

1. 使用轨道量规，可以对车身进行三维测量。　　　　　　　　　　（　　）
2. 测量的尺寸越长，精度越高。　　　　　　　　　　　　　　　　（　　）
3. 超声波测量系统可以同时对多点进行实时测量。　　　　　　　　（　　）

四、简答题

1. 简述车身测量的注意事项。
2. 简述超声波测量系统的优点。

项目二十一 车身校正

任务一 事故车上架举升

根据要求,完成事故车上架举升作业,并填写以下记录表。

姓　名		班　级		日　期	
学　号		场　地		成　绩	
任务目的	能正确完成事故车的上架举升作业				
实施流程					
序号	项目名称	具体内容		是否完成	备注
1	个人防护	a. 棉线手套 b. 耳塞/耳罩 c. 工作服 d. 护目镜 e. 工作帽 f. 硬质头盔		是□ 否□ 是□ 否□ 是□ 否□ 是□ 否□ 是□ 否□ 是□ 否□	
2	拆卸附件	拆除妨碍操作的车身外覆盖件和机械部件		是□ 否□	
3	事故车上台操作	将平台降到最低高度,借助拖车器等工具将事故车拉到平台上的合适位置		是□ 否□	
4	事故车在平台上定位	将事故车辆在校正平台上定位		是□ 否□	
5	7S 管理	a. 安全问题 b. 设备工具整理 c. 场地卫生打扫		是□ 否□ 是□ 否□ 是□ 否□	

任务二 车身拉拔校正

根据提供的维修车辆,完成对事故车拉拔校正作业,并填写下面的记录表。

姓　名		班　级		日　期	
学　号		场　地		成　绩	
任务目的	能正确完成车身校正拉拔作业				

实施流程					
序号	项目名称	具体内容	是否完成	备　注	
1	准备工作	a. 防切割手套 b. 耳塞/耳罩 c. 工作服 d. 护目镜 e. 硬质头盔 f. 棉线手套	是□ 否□ 是□ 否□ 是□ 否□ 是□ 否□ 是□ 否□ 是□ 否□		
2	固定拉伸塔柱	将塔柱固定于维修作业区	是□ 否□		
3	安装钣金夹具	a. 选择合适的钣金夹具 b. 使用安全绳将夹具、链条和车身串联在一起	是□ 否□ 是□ 否□		
4	调整	a. 调整导向轮高度 b. 拉伸链调整 c. 将校正设备液压缸置于塔柱拉伸状态 d. 检查拉伸链条是否处于锁紧槽内 e. 旋动塔柱液压缸阀门至"ON"位置	是□ 否□ 是□ 否□ 是□ 否□ 是□ 否□ 是□ 否□		
5	拉伸校正作业	a. 使用钣金锤敲击受损区域 b. 不能拉伸过度,对车身造成二次损伤	是□ 否□ 是□ 否□		
6	7S管理	a. 安全问题 b. 设备工具整理 c. 场地卫生打扫	是□ 否□ 是□ 否□ 是□ 否□		

理论习题

一、填空题

1. 校正车身有一个基本的原则,即按照(　　　),在碰撞区施加(　　　)。
2. 拉伸操作方式可以分为(　　　)、(　　　)两种。
3. 平台式车身校正仪由平台、升降系统、液压系统、(　　　)、(　　　)、(　　　)、(　　　)等组成。

二、选择题

1. 拉伸操作在(　　)时,停止拉伸放松应力。
   A. 链条拉紧　　　B. 出现一定变形　　　C. 拉动标准尺寸
2. 对车身进行校正时,要遵循(　　　)。
   A. 先里后外　　　B. 先外后里　　　C. 里外同时

3. （　　）可以处理过度拉伸。
   A. 用力顶回去　　　B. 更换新件　　　C. 热收缩
4. 拉伸时总产生回弹，（　　）可减少回弹。
   A. 大力拉伸　　　B. 小力拉伸　　　C. 拉伸中锤击

三、判断题
1. 在整体式车身拉伸过程中，应用最多的是单拉系统。　　　（　　）
2. 在车身校正中，消除由于碰撞而产生的变形和应力是非常重要的。
   　　　　　　　　　　　　　　　　　　　　　　　　　（　　）
3. 在进行校正前，车身下部的四个位置都要进行固定。　　　（　　）

四、简答题
1. 简述车身校正设备应具备的条件。

2. 简述产生过度拉伸的原因。

第四篇　喷涂技术篇

项目二十二　损伤评估

任务一　底材鉴别

根据提供的维修车辆或车身板件，对损伤部位的底材类型进行鉴别，并完成下面的操作记录表。

姓名		班级		学号		实习日期	
实训项目				底材类型鉴别			
物料准备							
车辆信息记录		品牌			整车型号		
		发动机型号			发动机排量		
		行驶里程			车辆识别码		
损伤部位清洁		清洗工具名称				清洗剂名称	
损伤部位底材类型鉴别		损伤部件名称		鉴别方法		底材类型	

任务二　损伤评估

根据提供的维修车辆或车身板件,对损伤部位进行评估,并完成下面的操作记录表。

姓名		班级		学号		实习日期	
实训项目		损伤评估					
物料准备							
车辆信息记录		品牌			整车型号		
		发动机型号			发动机排量		
		行驶里程			车辆识别码		
直尺测量损伤程度		损伤部位位置			测量数据		
触摸评估损伤程度		损伤部位位置		损伤类型		损伤程度	
损伤位置漆膜厚度测量		损伤部位位置			测量数据		
损伤范围确定及维修方案							

理论习题

一、填空题

1. 汽车涂装修补工作主要涉及底材有(　　)、(　　)和(　　)三种类型。

2. 板件清洁应在除油剂尚未完全挥发之前，用干净的擦拭布做（　　）擦拭。
3. 采用溶剂擦拭鉴别旧漆膜类型，若旧漆膜溶解并在棉纱上留下印记，则漆膜是（　　）漆膜，否则是（　　）漆膜。
4. 损伤评估方法通常有（　　）、（　　）和（　　）三种方法。
5. 损伤面积超过板件的三分之一，采用（　　）修补方法更有效。
6. 损伤区域面积较小，靠近板件边缘，可以采用（　　）修补方法。

二、选择题

1. 除油清洁后，不得徒手触摸表面的原因是（　　）。
   A. 防止留下指纹，影响美观
   B. 灰尘等物质粘附在手上，造成危害
   C. 手汗含有盐分，盐分将留在待涂装表面，导致涂层缺陷
   D. 损坏打磨表面
2. 全车清洗时，应首先进行的操作是（　　）。
   A. 用高压水枪进行冲洗　　　　　B. 用海绵蘸洗涤液擦洗
   C. 将车身表面用喷壶喷湿　　　　D. 用压缩空气吹净
3. 下列哪种修补方式不需要了解车身漆面的种类？（　　）
   A. 全车涂装　　　　　　　　　　B. 原厂漆面修补
   C. 修补过的漆面再修补　　　　　D. 整板修补
4. 用细砂纸打磨面漆后，发现砂纸上沾有白色呈透明状的粉末，据此可判断该面漆为（　　）。
   A. 单层金属漆　　B. 双层素色漆　　C. 单层素色漆　　D. 双层金属漆
5. 目测评估时一般采用的角度是（　　）。
   A. 30°　　　　　　B. 45°　　　　　　C. 60°　　　　　　D. 多个不同角度
6. 通常损伤面积超过板件的三分之一时应采用哪种修补方法？（　　）
   A. 整板喷涂　　　　　　　　　　B. 整车喷涂
   C. 板块间过渡喷涂　　　　　　　D. 板内过渡喷涂

三、判断题

1. 在对整个部件进行清洁时不要来回擦拭，以免造成二次污染。（　　）
2. 双工序面漆，从涂膜外观看上去没有金属闪烁感，立体感不强。（　　）
3. 可以采用测色仪检测方式，评估车身漆面损伤情况。（　　）

四、简答题

1. 如何通过目测方式鉴别评估旧漆膜类型？

2. 在进行修补区域检查时，主要进行哪些项目检查？

项目二十三 底材处理

任务一 干磨设备的使用与维护

在汽车喷漆工作中,打磨工艺很重要,如果处理不好,严重影响涂装质量,必要时还要返修,费时费力。利用研磨机进行板件打磨练习,并对实训场地的中央集尘式以及移动式干磨设备进行操作维护,完成下面的操作记录表。

姓名		班级		学号		实习日期	
实训项目			干磨设备的使用与维护				
物料准备							
干磨系统信息		干磨设备品牌			干磨设备型号		
中央集尘式系统使用							
研磨机使用							
研磨设备维护记录							
干磨系统维护记录							

任务二 羽状边打磨

利用研磨机对待维修板件进行羽状边打磨操作,并完成下面的操作记录表。

姓名		班级		学号		实习日期	
实训项目				羽状边打磨			
物料准备							
清洁除油		清洁剂型号			清洁除油方法		
去除旧漆层		研磨机型号		砂纸型号		研磨方法	
羽状边打磨		研磨机型号		砂纸型号		研磨方法	

（续）

过渡区域打磨	研磨机型号	砂纸型号	研磨方法
研磨效果检查	受损区域是否有旧漆残留	羽状边宽度	过渡区域宽度

理论习题

一、填空题

1. 按照不同的吸尘方式，干磨设备可分为（　　）、（　　）和（　　）三种类型。
2. 研磨机根据运动方式的不同，可分为（　　）、（　　）和（　　）三种类型。
3. 如果没有做羽状边研磨就直接补上原子灰，会造成漆面出现（　　）。
4. 在进行羽状边研磨时，应使用偏心距为（　　）的研磨机配合（　　）砂纸研磨。
5. 除旧漆膜时打磨盘与板件夹角适当，夹角太大会（　　），太小会（　　）。
6. 受损区域的旧漆层应全部清除干净，否则会（　　）。

二、选择题

1. 旧涂膜损伤区域研磨成羽状边的目的是（　　）。
   A. 增加涂膜的附着力
   B. 将损伤范围扩大，保证面漆光滑
   C. 提高面漆的丰满度
   D. 使损伤区域平滑过渡到完好区域，形成无台阶的斜面
2. 下列选项不属于研磨作用的是（　　）。
   A. 提高附着力　　B. 整形　　C. 耐候性　　D. 清洁表面
3. 打磨羽状边可以采用多少号砂纸？（　　）
   A. P80　　B. P150　　C. P240　　D. P320
4. 去除工件表面的锈蚀，应使用（　　）。
   A. 单动作打磨机
   B. 偏心距3mm的双动作打磨机
   C. 偏心距5mm的双动作打磨机

三、判断题

1. 对于漆膜损伤部位,一定要将旧漆膜清除到漏出底材为止。   (   )
2. 清除旧漆膜后,如果旧漆膜较薄,可以不用进行羽状边打磨操作。
                                                              (   )
3. 单作用研磨机的运动轨迹是单向旋转,其切削力强,效率高,
   多用在去除旧漆层、除锈等工作中。   (   )
4. 双作用式研磨机,一般偏心越大,振动幅度越小,切削力越强。   (   )
5. 小毛边的打磨要用P150砂纸。   (   )

四、简答题

1. 简述什么是羽状边。为何要进行羽状边的打磨?

2. 简述羽状边打磨的操作步骤。

3. 简述打磨过渡区域的操作步骤。

项目二十四 原子灰施工

任务一 原子灰调配

原子灰调配时要求用最少的时间把原子灰混合均匀，混合均匀的标准是原子灰无大理石花纹。利用聚酯原子灰进行调配练习，并完成下面的操作记录表。

姓名		班级		学号		实习日期	
实训项目		原子灰调配					
物料准备							
安全防护用品穿戴							
原子灰、固化剂选用		原子灰型号			固化剂		
原子灰罐内搅拌							
固化剂混合							
原子灰、固化剂称量		原子灰调配重量			固化剂调配重量		
原子灰调配方法							

任务二 原子灰刮涂

原子灰调配完成后，在20℃的天气下的活化时间为4~5min，这就要求原子灰的打磨操作要在4~5min内完成。在打磨好羽状边的车身或板件上进行原子灰刮涂操作，并完成下面的操作记录表。

姓名		班级		学号		实习日期	
实训项目		原子灰刮涂					
物料准备							
安全防护用品穿戴							

（续）

第一层原子灰刮涂	刮涂要点	刮涂效果
第二层原子灰刮涂	刮涂要点	刮涂效果
第三层原子灰刮涂	刮涂要点	刮涂效果

任务三　原子灰打磨

原子灰干燥后，原子灰刮涂区域的表面粗糙不平，必须充分打磨平整后，才能进行下一道喷涂底漆的工艺。如果不将其充分地打磨平整，等面漆喷涂后，在光的反射下，便会发现在修补区域出现明显缺陷。在刮涂好原子灰的车身或板件上进行打磨操作，并完成下面的操作记录表。

姓名		班级		学号		实习日期	
实训项目		原子灰打磨					
物料准备							
安全防护用品穿戴							
烘干原子灰							
粗磨原子灰		打磨机型号		砂纸型号		平整度检查情况	
中等程度打磨原子灰		打磨机型号		砂纸型号		平整度检查情况	
细磨原子灰		打磨机型号		砂纸型号		平整度检查情况	
原子灰周边区域打磨		打磨机型号		砂纸型号		平整度检查情况	

理论习题

一、填空题

1. 原子灰俗称（　　　　），也是一种涂料，以（　　　　）为主要原料。
2. 在进行原子灰调配时，原子灰与固化剂调配比例是（　　　　）。

3. 常见的原子灰（腻子）类型有（　　）、（　　）和硝基原子灰。
4. 红外线干燥方式，基于红外线特性，干燥过程总是由（　　）先开始的。
5. 混合好的原子灰有可用时间的限制，通常在 20℃条件下可以保持（　　）左右。
6. 红外线烤灯干燥原子灰时，烘烤距离一般为（　　）以上，烘烤时间在（　　）左右即可。
7. 碳粉指示剂的主要作用是用来（　　），使用时，用海绵将黑色的碳粉均匀地涂抹到原子灰上。

二、选择题

1. 红外线烤灯烘烤时灯面与漆面之间的距离通常应为（　　）。
   A. 40~80cm　　　B. 70~90cm　　　C. 80~120cm
2. 检查腻子区域是否干燥主要检查（　　）。
   A. 腻子区域边缘厚的部分　　　B. 腻子区域边缘薄的部分
   C. 腻子区域的中间位置　　　D. 腻子区域的任何一点
3. 用于 839-20 腻子细整平的砂纸型号是（　　）。
   A. P80~P150　　　　　　　　B. P150~P240
   C. P240~P320　　　　　　　D. P320~P400
4. 普通原子灰多为聚酯树脂型，其膏体细腻，操作方便，填充能力强，适用于大多数底材，但不宜刮涂得（　　）。
   A. 过厚　　　B. 过平　　　C. 过多　　　D. 过少
5. 弧度较大的部位刮涂原子灰时刮板最好是选择（　　）。
   A. 橡胶刮刀　　　B. 硬刮板　　　C. 胶木板
6. 原子灰手工打磨时，打磨的往复方向为（　　）。
   A. 逆车身水平方向
   B. 顺车身水平方向
   C. 圆周运动
7. 固化剂太少会导致原子灰干燥速度（　　）。
   A. 快　　　B. 慢　　　C. 一样
8. 首次粗研磨原子灰区域，研磨方式正确的是（　　）。
   A. P80 砂纸，手磨板　　　　　B. P180 砂纸，手磨板
   C. P240 砂纸，5mm 研磨机　　D. P320 砂纸，3mm 研磨机
9. 下列关于原子灰刮涂说法正确的是（　　）。
   A. 原子灰刮涂区域大于砂纸打磨区域
   B. 原子灰刮涂第一次采用厚涂填充凹陷
   C. 原子灰刮涂第一次薄刮可以填充微小针孔凹陷
   D. 原子灰刮涂后表面低于板件标准面

10. 原子灰粗整平选用的砂纸型号是（　　）。
    A. P80~P150　　　B. P120~P180　　　C. P150~P240　　　D. P240~P320
11. 原子灰细整平选用的砂纸型号是（　　）。
    A. P80~P150　　　B. P120~P180　　　C. P150~P240　　　D. P240~P320
12. 刮涂后的原子灰必须要比原来的表面（　　）。
    A. 略高一点　　　B. 略低一点　　　C. 持平　　　D. 都可以
13. 第一遍薄刮原子灰的范围正确的是（　　）。
    A. 超出羽状边　　　　　　　　B. 盖住羽状边
    C. 裸金属范围内　　　　　　　D. 都可以

三、判断题

1. 打磨原子灰层主要是为了取得平整光亮的表面。　　　　　　　　（　　）
2. 水磨原子灰时，残留水分不能很好地挥发，会导致漆膜起泡。　　（　　）
3. 固化剂的加入量越多越好。　　　　　　　　　　　　　　　　　（　　）
4. 刮涂第二层原子灰以填平为主要目的，不求光滑。　　　　　　　（　　）
5. 原子灰与底漆、中涂底漆及面漆应有良好的配套性，以避免发生咬底、起
   皱等现象。　　　　　　　　　　　　　　　　　　　　　　　　（　　）
6. 体质颜料也叫填充颜料，它不具有遮盖力和着色力。　　　　　　（　　）

四、简答题

1. 简述原子灰的性能及其要求。

2. 原子灰的调和为什么要遵循一定的比例？

3. 如何检测原子灰是否干燥？

项目二十五　喷枪的使用及清洗维护

任务一　喷枪的调节

在喷涂施工前,应首先检查并调节喷枪,使之处于良好状态,保证能正常施工,才能获得较好的喷涂效果。对喷枪进行调节练习,并完成下面的操作记录表。

姓名		班级		学号		实习日期	
实训项目		喷枪的调节					
物料准备							
安全防护用品穿戴							
喷枪选用		喷枪型号			喷枪调节参数要求		
喷枪出漆量调节		调节方法:					
喷枪喷幅调节		调节方法:					
喷枪进气压力调节		调节方法:					
喷枪喷涂试验		喷雾形态测试记录:					

任务二　喷枪喷涂操作

喷枪是整个系统的核心,只有充分了解了喷枪的工作原理,掌握正确的操作方法,才能在喷涂中取得良好的效果。在车身或板件上进行喷枪喷水操作练习,并完成下面的操作记录表。

姓名		班级		学号		实习日期	
实训项目		喷枪喷涂操作					
物料准备							
安全防护用品穿戴							
检查喷枪		喷枪是否完好		喷嘴是否堵塞		风帽是否堵塞	

（续）

喷枪的调整	喷枪型号	气压	流量	喷幅
喷枪的握法				
喷涂站位				
喷涂时身体移动				
喷枪扳机控制				
喷水练习				

任务三 喷枪的清洗

喷涂施工后应立即清洗喷枪，以保证喷枪的性能处于良好的状态。对喷枪进行手工清洗，并完成下面的操作记录表。

姓名		班级		学号		实习日期	
实训项目		喷枪手工清洗					
物料准备							
安全防护用品穿戴							
喷枪拆卸	喷枪型号			喷枪拆卸步骤			
涂料通道清洗	清洗方法：						
枪体清洗及吹干	清洗方法：						
喷嘴清洗	清洗方法：						
风帽清洗	清洗方法：						
枪针清洗	清洗方法：						

任务四 喷枪的维护保养

喷枪清洗完成后,对喷枪进行安装。喷枪安装时,需对活动部件进行润滑保养,提高配件的使用寿命,保证喷枪的操作更顺畅。对喷枪进行安装维护保养,并完成下面的操作记录表。

姓名		班级		学号		实习日期	
实训项目				喷枪的维护保养			
物料准备							
安全防护用品穿戴							
喷嘴风帽套装安装		安装方法:					
枪针、弹簧润滑安装		润滑安装方法:					
流量调节旋钮润滑安装		润滑安装方法:					
扳机顶杆润滑		润滑方法:					

理论习题

一、填空题

1. 空气喷枪按照进料方式不同分为（　　　）、（　　　）、（　　　）。
2. 空气喷枪根据雾化技术不同可分为（　　　）、（　　　）和（　　　）三种。
3. 喷枪空气帽中心三个小孔为（　　　）、（　　　）、（　　　）。
4. 空气喷枪要想获得合适的喷雾扇形,必须进行以下三个方面的基本调节：（　　　）、（　　　）、（　　　）。
5. 喷枪正常的喷幅形态为（　　　），由里向外依次为（　　　）区和（　　　）区。

二、选择题

1. 空气喷枪调节喷雾形状的部件是（　　　）。
   A. 流体空气帽　　B. 气嘴　　C. 扳机　　D. 喷嘴
2. 涂料的物理性干燥成膜过程是以（　　　）挥发等物理过程为主的干燥。
   A. 溶剂　　　　　　　　　　B. 助剂
   C. 主要成膜物质　　　　　　D. 次要成膜物质
3. 涂料的附着力是漆膜对（　　　）的黏合能力。
   A. 底材或底层　　　　　　　B. 底层或面层
   C. 腻子或底层　　　　　　　D. 腻子或底材

4. HVLP 是指（　　）。
    A. 高出漆量，高气压　　　　　　　B. 高出漆量，低气压
    C. 因为高明度，低涂料使用量　　　D. 低喷漆量，低涂料使用量
5. 关于喷涂条件，下列说法正确的是（　　）。
    A. 减小喷枪距离会产生较干涂层。
    B. 调大扇形会产生较湿的涂层。
    C. 适量增加涂料稀释剂会产生较光滑的纹理
    D. 增大气压，可以得到更湿的涂层
6. 传统型喷枪的上漆率是（　　）。
    A. 30%~40%　　　B. 40%以上　　　C. 40%~60%
7. 下列哪一项是喷涂前喷枪旋钮的正确调节顺序？（　　）
    A. 涂料调节旋钮、扇幅、气压　　　　B. 扇幅、旋钮、涂料调节旋钮
    C. 扇幅、涂料调节旋钮、气压　　　　D. 涂料调节旋钮、气压、扇幅
8. 空气喷枪的扳机扣动有几个档位？（　　）
    A. 1个　　　　　B. 2个　　　　　C. 3个　　　　　D. 4个
9. 在喷涂时喷枪喷嘴距离板件建议为（　　）。
    A. 5~10cm　　　B. 10~15cm　　　C. 15~20cm　　　D. 20~30cm
10. 喷枪清洗时的拆卸顺序为（　　）。
    A. 风帽—枪针—喷嘴　　　　　B. 枪针—风帽—喷嘴
    C. 喷嘴—风帽—枪针　　　　　D. 风帽—喷嘴—枪针
11. 不适合汽车维修行业修补漆喷涂的喷枪是（　　）。
    A. 压送式喷枪　　　　　　　　B. 重力式喷枪
    C. 吸力式喷枪　　　　　　　　D. HVLP 喷枪

三、判断题

1. 传统高压喷枪喷涂距离25cm左右，HVLP喷枪喷涂距离为10~15cm。（　　）
2. 全自动喷枪清洗槽只能清洗溶剂型喷枪。（　　）
3. 口径 1.7~1.9mm 的喷枪通常用于喷涂面漆涂层。（　　）
4. 喷枪清洗机的检查每日都要进行。（　　）
5. 空气喷枪扳机扣动有两个档位。（　　）

四、简答题

1. 简述空气喷枪雾化的三个阶段。
2. 如何进行喷枪的喷涂试验？
3. 喷枪喷涂操作的要点有哪些？
4. 简述喷枪手工清洗的操作步骤。

项目二十六　底漆喷涂打磨

任务一　防腐底漆施工

好的底漆施工质量是面漆耐久美观的前提，涂装人员掌握良好的专业知识，才能取得最佳的修补效果。对进行完原子灰施工的板件进行防腐底漆施工，并完成下面的操作记录表。

姓名		班级		学号		实习日期	
实训项目				防腐底漆施工			
物料准备							
安全防护用品穿戴							
遮蔽	遮蔽手法：						
底漆调配	底漆型号		固化剂型号		稀释剂型号		调配比例
喷枪调整	流量		喷幅			气压	
试喷评估							
喷涂环氧底漆	喷涂方法：						

任务二　中涂底漆喷涂

中涂底漆和底漆配套使用是确保长期防腐的最佳组合，防腐底漆闪干后进行中涂底漆喷涂。喷涂中涂底漆，并完成下面的操作记录表。

姓名		班级		学号		实习日期	
实训项目				中涂底漆喷涂			
物料准备							
安全防护用品穿戴							
中涂底漆调配	中涂底漆型号		固化剂型号		稀释剂型号		调配比例

（续）

喷枪调试	流量	喷幅	气压
试喷评估			
喷涂中涂底漆	喷涂方法：		

任务三 中涂底漆打磨

中涂底漆层要打磨得非常光滑，表面不得有砂痕或小坑凹陷，否则会严重影响面漆装饰性能，所以中涂底漆的打磨要格外小心。进行中涂底漆打磨，并完成下面的操作记录表。

实训项目	中涂底漆打磨		
物料准备			
安全防护用品穿戴			
施涂碳粉			
原子灰区域手磨	打磨工具	砂纸型号	打磨要点
整板打磨	打磨工具	砂纸型号	打磨要点
清洁除油			

理论习题

一、填空题

1. 遮蔽的基本手法有（　　）、（　　）。
2. 在维修中，为防止金属生锈和增加附着力，要在裸露的金属区域喷涂（　　）。
3. 中涂底漆干燥可采用（　　）或（　　）方式进行。
4. 中涂底漆的第一涂层，主要用于密封底材，因此需（　　）。
5. 中涂底漆的成分主要以（　　）为主，在中涂底漆中大约为（　　）。
6. 中涂底漆喷涂，应选用（　　）口径喷枪进行施工。

二、选择题

1. 285-505中涂底漆的活化时间是多久？（　　）。
   A. 1h　　　　B. 2h　　　　C. 3h　　　　D. 4h
2. 以下哪一项是未施涂底漆所导致的缺陷？（　　）
   A. 锈蚀　　　B. 褪色　　　C. 熔化　　　D. 开裂
3. 801-72环氧底漆作为防腐涂层的施工膜厚是（　　）。
   A. 10~15μm　　B. 15~20μm　　C. 30~40μm　　D. 50~70μm
4. 下列不是中涂漆的主要功能的是（　　）。
   A. 抗紫外线　B. 弹性　　　C. 硬度　　　D. 层间附着力
5. 研磨中涂底漆时，建议使用（　　）偏摆直径的打磨机。
   A. 7mm　　　B. 5mm　　　C. 3mm　　　D. 以上都可以
6. 关于中涂底漆的特性，下列叙述正确的是（　　）。
   A. 有良好的填充性能　　　　B. 有很好的装饰性
   C. 色彩丰富　　　　　　　　D. 有良好的防腐性

三、判断题

1. 贴分界胶带时，从一旁查看，更容易观察出贴得直不直。（　　）
2. 中涂底漆层的主要功能是防腐蚀。（　　）
3. 中涂底漆打磨完成后要对打磨表面质量进行检查，检查修饰表面是否均匀，有没有腻子和金属露出。（　　）
4. 反向遮蔽在进行点修补或需要平滑过渡的喷涂时容易引起"台阶"。（　　）
5. 对于整个油漆体系而言，中涂漆的膜厚是没有明确要求的。（　　）
6. 在汽车修理涂装中，中涂底漆主要用于填补平整表面，而且一直是以作业性为中心来选择使用。（　　）
7. 中涂底漆的第一涂层主要用于密封底材，因此需湿喷。（　　）
8. 湿碰湿中涂漆主要用于无损伤的新板件。（　　）

四、简答题

1. 什么是反向遮蔽？

2. 中涂底漆涂层有何功能？

3. 简述中涂底漆的喷涂步骤。

4. 简述中涂底漆的打磨步骤。

项目二十七　颜色调配

任务一　颜色检索

根据提供的两台不同颜色的车辆，完成颜色检索，并将数据填写到下面的操作记录表中。

姓名		班级		学号		实习日期	
		实训项目		颜色检索			
		物料准备		两台不同颜色的车辆、联网电脑、色卡、测色仪			
		实训车辆		1号实训车		2号实训车	
车辆信息		汽车品牌					
		车型					
		生产年份					
查询颜色代码		利用汽车生产厂商提供资料查询到的颜色代码					
		利用色卡查询到的颜色代码					
		利用测色仪查询到的颜色代码					
查询颜色初始配方		最接近的颜色配方					

任务二　油漆调色

1. 根据维修车辆或目标样板，查找出最接近的颜色配方，并计量调配出200g涂料，然后喷涂颜色试板，将试色板与目标板进行比对，对有颜色差异的色母进行微调，完成下面的操作记录表。

姓名		班级		学号		实习日期	
实训项目				金属漆调色			
物料准备							

（续）

颜色效果：		颜色代码：		色母品牌系列：	
目标板比配方板					
正面观察			侧面观察		
银粉颗粒			银粉颗粒		
色相			色相		
明度			明度		
彩度			彩度		
色母代号	净含量（g）	第1次添加（g）	第2次添加（g）	第3次添加（g）	最终配方（g）

2. 根据喷涂样板时的涂料调配及喷涂方法，完成以下喷涂样板记录表。

姓名		班级		学号		实习日期	
实训项目			喷涂样板				
物料准备							
涂料调配		底色漆和配套辅料型号及调配比例（体积分数）：			清漆和配套辅料型号及调配比例（体积分数）：		
喷枪选用		底色漆喷枪型号及口径：			清漆喷枪型号及口径：		
喷枪调整		喷幅：	出漆量：			气压：	
喷涂方法		底色漆喷涂层数及每层的目的及要点：			清漆喷涂层数及每层的目的及要点：		

理论习题

一、填空题

1. 当一个色彩呈现在我们眼前时,可以用（　　）、（　　）、（　　）三个基本特征来描述它,这三个基本特征称为色彩的三属性。
2. 色彩系统中最基本的色相是（　　）、（　　）和（　　）,它们也称为"三原色",几乎所有的颜色都可以用它们调配出来。
3. 彩度是物体反射出的光线（　　）的强弱,是表示颜色偏离具有相同明度（　　）的程度,是颜色在心理上的纯度感觉。
4. 一般在正午时,天空颜色光谱的（　　）部分比较强。
5. 以减色的理论,我们称呼色环中与基色相邻的颜色为（　　）。
6. 为让颜色更亮,增加配方中所有（　　）的用量,而匹配闪烁效果,则应添加（　　）的铝粉色母。
7. 颜料可分为两类：（　　）和（　　）,大约有7000种,加入添加剂可产生"随角易色效果"。
8. 相比铝粉颗粒,珍珠效果颜料颗粒反射较少的光线,所以（　　）。

二、选择题

1. 银粉面漆涂料中,所谓的"银粉"是指（　　）。
   A. 锌粉粒子　　　B. 银粉粒子　　　C. 铝粉粒子　　　D. 铁粉粒子
2. 珍珠漆中的珍珠是（　　）。
   A. 细小的铝片组成　　　　　　　B. 由云母片组成
   C. 由二氧化钛组成　　　　　　　D. 由二氧化钛和云母片等组成
3. 下面喷漆作业中正确的说法是（　　）。
   A. 减少喷枪距离会产生较干涂层
   B. 减少喷涂量会产生较湿的涂层
   C. 增加涂料稀释剂会产生较光滑的纹理
   D. 在标准稀释剂比基础上增加更多稀释剂,不会导致纹理的变化
4. 使用银粉控制添加剂改变金属漆时,添加剂的效果是（　　）。
   A. 添加剂可使铝粉颗粒密度减低,展示正面较亮
   B. 添加剂可使铝粉产生正面较暗、侧面较亮
   C. 添加剂可使铝粉配合颜料产生更好的遮盖力
   D. 添加剂可使铝粉排列更整齐
5. 在涂装修补施工中,喷涂手法对（　　）影响最小。
   A. 素色　　　　　B. 金属色　　　　C. 珍珠色　　　　D. 幻彩色
6. 我们能感觉到颜色的原因是（　　）。
   A. 物质的结构决定颜色
   B. 物质的表面形状和光滑度决定颜色

C. 物质的反射光波决定颜色

D. 物质的吸收光波决定颜色

7. 哪一种颜色于干燥过程中颜料最容易下沉？（　　）

　　A. 黑色　　　　B. 白色　　　　C. 红色　　　　D. 黄色

8. 调配颜色应在哪种条件下进行？（　　）

　　A. 调漆房的颜色是白色的

　　B. 调漆房的颜色是浅灰色的

　　C. 只要调漆房的颜色是浅色的就可以

　　D. 以上都可以

9. 可见光的光波处于哪个波段？（　　）

　　A. 480~720nm　　　B. 320~700nm　　　C. 380~780nm

10. 必须加什么颜色让蓝金属漆变浅？（　　）

　　A. 白色　　　　B. 蓝色　　　　C. 铝粉色

三、判断题

1. 物体颜色和人眼睛对于光的感觉无关。（　　）
2. 加色法的三原色是红、绿、白。（　　）
3. 颜色可分为两大类，即有彩色系和无彩色系。（　　）
4. 黑色、白色和灰色属于有彩色系。（　　）
5. 黑、白和灰三色在调色过程中没有作用。（　　）
6. 明度用 0~10 的数字表示。（　　）
7. 颜色的三属性为色相（H）、明度（V）、饱和度（C）。（　　）
8. 人眼对于物体颜色的整体反应叫色知觉。（　　）
9. 按照减色法理论，红色的补色是蓝色。（　　）
10. 一般在正午时，天空中颜色光谱蓝色部分比较强。（　　）

四、简答题

1. 简述颜色的三属性。

2. 简述金属漆的微调方法。

3. 当喷涂试色样板时，为正确显现色漆的真实颜色，需要遵照哪些规定？

4. 当进行颜色微调时，怎样防止条件等色的问题？

项目二十八 面漆喷涂

任务一 溶剂型底色漆喷涂

底色漆喷涂时喷枪行程必须与喷涂表面平行，走枪轨迹也应与车身形状相吻合，只有采用正确的持枪方式才能喷涂出完美的效果。对中涂底漆施工后的板件进行溶剂型底色漆施工，并完成下面的操作记录表。

姓名		班级		学号		实习日期	
实训项目				溶剂型底色漆喷涂			
物料准备							
安全防护用品穿戴							
底色漆配方							
底色漆调配		底色漆品牌		底色漆颜色代码		稀释剂型号	调配比例
调试喷枪		流量		喷幅		气压	
溶剂型底色漆第一层喷涂		喷涂方法：					
溶剂型底色漆第二层喷涂		喷涂方法：					
溶剂型底色漆第三层喷涂		喷涂方法：					

任务二 水性底色漆喷涂

底色漆喷涂时喷枪行程必须与喷涂表面平行，走枪轨迹也应与车身形状相吻合，只有采用正确的持枪方式才能喷涂出完美的效果。对中涂底漆施工后的板件进行水性底色漆施工，并完成下面的操作记录表。

姓名		班级		学号		实习日期	
实训项目				水性底色漆喷涂			
物料准备							

（续）

安全防护用品穿戴				
底色漆配方				
底色漆调配	底色漆品牌	底色漆颜色代码	稀释剂型号	调配比例
调试喷枪	流量	喷幅		气压
水性底色漆第一层喷涂	喷涂方法：			
水性底色漆第二层喷涂	喷涂方法：			
水性底色漆第三层喷涂	喷涂方法：			

任务三　清漆喷涂

底色漆第三层喷涂后闪干 2~3min，即可进行清漆喷涂施工。清漆喷涂要严格按照产品技术说明书要求进行，这样才能获得最佳的喷涂效果和使用性能。对喷涂完底色漆的板件进行清漆喷涂，并完成下面的操作记录表。

姓名		班级		学号		实习日期	
实训项目		清漆喷涂					
物料准备							
安全防护用品穿戴							
清漆调配	清漆型号		固化剂型号		稀释剂型号		调配比例
调试喷枪	流量		喷幅				气压
清漆喷涂	喷涂方法：						
清漆干燥	干燥方法：						

理论习题

一、填空题

1. 根据施工工序的不同，面漆分为三类：（　　）、（　　）和（　　）。

2. 溶剂型底色漆混合配方包括（　　）的稀释剂（352-91）和（　　）的色母。
3. 55系列底色漆第一层的喷涂不能太湿，以保证最少的（　　），最少的（　　）。
4. 90系列底色漆混合配方中包含（　　）的M4和（　　）的色母，每升90系列色母可调配大约（　　）可施工底色漆。
5. 90-M4对霜冻（　　），保质期（　　）个月。
6. 调配90系列底色漆时，只使用鹦鹉调漆尺及认可的调漆罐，以（　　）的比例添加93-E3水性调整剂。
7. 吹风筒与被喷涂板件的入射角必须是（　　），这样才能幅及整个喷涂表面，距离建议控制在（　　）之间。
8. 清漆是由（　　）作为主要成膜物质，与（　　）、（　　）混合后的透明涂料。

二、选择题

1. 在鹦鹉90系列色母车身颜色配方中，第一个加入的是（　　）。
   A. 90-M1　　　B. 93-E3　　　C. 90-M4　　　D. 90-098
2. 调配90系列底色漆时，不能选用的调漆容器是（　　）。
   A. 塑料罐　　　　　　　　　　B. 金属罐
   C. 内壁有涂层的金属罐　　　　D. 玻璃罐
3. 按配方混合1L 90系列底色漆，色母占比约（　　）。
   A. 30%　　　　B. 50%　　　　C. 40%　　　　D. 60%
4. 90系列底色漆选用喷枪的口径是（　　）。
   A. 1.1mm　　　B. 1.3mm　　　C. 1.7mm　　　D. 1.9mm
5. 923-335清漆与固化剂及稀释剂的正确比例是（　　）。
   A. 2:1　　　　B. 3:1　　　　C. 2:1:10%　　D. 4:1:1
6. 下列关于清漆成膜说法正确的是（　　）。
   A. 由树脂作为主要成膜物质　　B. 由溶剂作为主要成膜物质
   C. 由助剂作为主要成膜物质　　D. 由调和剂作为主要成膜物质
7. 使用文丘里吹风筒时建议与喷涂表面的距离是（　　）。
   A. 30~80cm　　B. 20~60cm　　C. 40~70cm　　D. 50~80cm

三、判断题

1. 清漆内添加929-91固化剂和352-50/352-91稀释剂，不要用于水平表面喷涂（如发动机舱盖）。（　　）
2. 对于923-155清漆，在按照标准施工和烘烤。冷却后，需要隔10min后再进行表面抛光。（　　）
3. 水性漆的挥发速度较快，水分挥发阶段的持续时间较短。（　　）
4. 水性漆喷涂后，为提高工作效率，通常采取升温或使用吹风枪吹干的方法加速水分的挥发速度。（　　）

5. 使用塑料罐或不会锈蚀的金属罐作为调配容器,可以防止水性漆中的水对金属件产生腐蚀。( )
6. 单工序面漆不需要再喷涂清漆。( )
7. 鹦鹉90系列水性底色漆色母对霜冻敏感。( )

四、简答题

1. 简述溶剂型底色漆的喷涂方法。

2. 简述水性底色漆的喷涂方法。

3. 简述文丘里吹风筒的使用方法。

4. 简述清漆喷涂的施工方法。

项目二十九　喷涂缺陷处理

任务一　漆膜缺陷分析处理

对于涂装缺陷，在施工过程中难以避免，能够正确判断缺陷类型，分析原因并进行预防处理，对于喷涂技师至关重要。对产生的漆膜缺陷进行分析处理，并完成下面的操作记录表。

姓名		班级		学号		实习日期	
实训项目		\multicolumn{6}{c}{漆膜缺陷分析处理}						
物料准备							
判断漆膜缺陷类型		缺陷类型					
		选用工具、设备					
		检测部件					
		检测数据					
漆膜缺陷原因分析							
预防措施							
缺陷处理方法							

任务二　漆面抛光

对于板件上的细微缺陷，可通过抛光方式清除缺陷，恢复漆面纹理。对干燥后的板件缺陷部位进行抛光处理，并完成下面的操作记录表。

姓名		班级		学号		实习日期	
实训项目				漆面抛光			
物料准备							
安全防护用品穿戴							
漆面干燥情况检查		检查方法					
		检查结果					

(续)

缺陷处理	缺陷类型	
	选用工具	
	处理方法	
粗抛光	抛光方法：	
细抛光	抛光方法：	
清洁		

理论习题

一、填空题

1. 喷涂过厚会导致（　　），增加漆面剥落、粉化、失光或产生溶剂泡的风险。喷涂太薄，可能导致（　　），（　　）并增加面漆剥落、分层、流平差、涂膜下陷以及由此导致的失光等风险。
2. 起皱指当新漆喷涂时或喷涂过程中表面起皱纹或干枯收缩、开裂、鼓起，严重程度不等，且常见于修补的（　　），下面的漆层可能破裂至最外层。
3. 漆膜膨胀是指刚喷涂完的涂膜中，残留溶剂（　　），这将造成漆面大面积的膨胀隆起或（　　）。
4. 针孔为一很细小如针眼样的穿透整个漆膜的小孔，会降低漆膜的（　　），使（　　）等浸入漆膜至底材。
5. 粉化是指漆膜表面起粘合作用的（　　）分解，导致（　　）的分离。
6. 新漆膜抛光主要指对涂装缺陷区域的表面处理，目的是（　　），提高光泽。
7. 常用抛光蜡分为：（　　）、（　　）。
8. 在进行漆面处理之前，务必要检查漆面（　　）。

二、选择题

1. 喷漆后在漆膜表面留有水珠状、雨滴状、大球体状或者水帘状的流痕叫做（　　）。
   A. 流挂　　　　　B. 橘皮　　　　　C. 脏物　　　　　D. 起云
2. 以下涂膜缺陷不可用抛光修整的是（　　）。
   A. 流挂　　　　　B. 橘皮　　　　　C. 脏物　　　　　D. 起云
3. 各类抛光盘的研磨切削力性能均有不同程度的差异，抛光盘软硬程度和表面形状也有所区别，以下切削研磨能力最强的是（　　）。
   A. 白色海绵盘　　B. 白色羊毛盘　　C. 内色海绵盘　　D. 黄色海绵盘

4. 下列哪一项不是产生流挂的主要原因？（　　）
   A. 层间闪干时间太长　　　　　　B. 油漆或待喷漆板件的温度太低
   C. 喷涂时，喷枪太靠近板件　　　D. 喷漆动作不流畅，时快时慢
5. 关于抛光下列说法正确的是（　　）。
   A. 抛光能解决漆面所有缺陷
   B. 抛光只针对于清漆表面的微小缺陷
   C. 羊毛盘是镜面还原盘
   D. 抛光工位靠近烤漆房比较方便
6. 下列关于起云预防的说法错误的是（　　）。
   A. 喷涂均匀　　　　　　　　　　B. 重叠正确
   C. 快速闪干　　　　　　　　　　D. 正确施工底色漆
7. 百格刀用来检测漆膜的（　　）。
   A. 膜厚　　　　B. 附着力　　　　C. 遮盖力　　　　D. 光泽
8. 流挂缺陷的处理方法，以下哪项是错误的？（　　）
   A. 使用 1000#~2000# 砂纸粗磨
   B. 为提高效率可选用 800# 砂纸打磨
   C. 打磨基本完成后可逐级用细一号砂纸打磨
   D. 可以使用软垫机磨
9. 抛光机的速度需要调节，先慢速转动，然后逐步加速，避免金属（　　）变形，灼伤漆面。
   A. 碰撞　　　　B. 击打　　　　C. 摩擦　　　　D. 过热

三、判断题

1. 发花缺陷常见于金属漆涂膜。　　　　　　　　　　　　　　　　　（　　）
2. 层间闪干时间太长易导致流挂产生。　　　　　　　　　　　　　　（　　）
3. 抛光只针对于清漆表面的微小缺陷。　　　　　　　　　　　　　　（　　）
4. 涂磨颗粒过大的缺陷，最合适的方法为先用刮刀刮除处理，再逐级打磨。
   　　　　　　　　　　　　　　　　　　　　　　　　　　　　　　（　　）
5. 油漆或待喷漆板件的温度太高，易导致流挂产生。　　　　　　　　（　　）
6. 选择快干的固化剂和稀释剂，可预防橘皮现象产生。　　　　　　　（　　）
7. 发生缩孔(走珠)现象的主要成因是，工件表面受到油脂或有机硅的污染。
   　　　　　　　　　　　　　　　　　　　　　　　　　　　　　　（　　）
8. 对于新漆膜产生的缺陷，采用羊毛盘进行抛光比较合适。　　　　　（　　）

四、简答题

1. 简述流挂缺陷及其成因。

2. 简述发花缺陷成因及其预防措施。

3. 简述抛光的目的及其可解决的漆膜缺陷类型。

4. 如何进行漆膜干燥检查？